Olaf Gruß
Manfred Wolff

Phalaenopsis

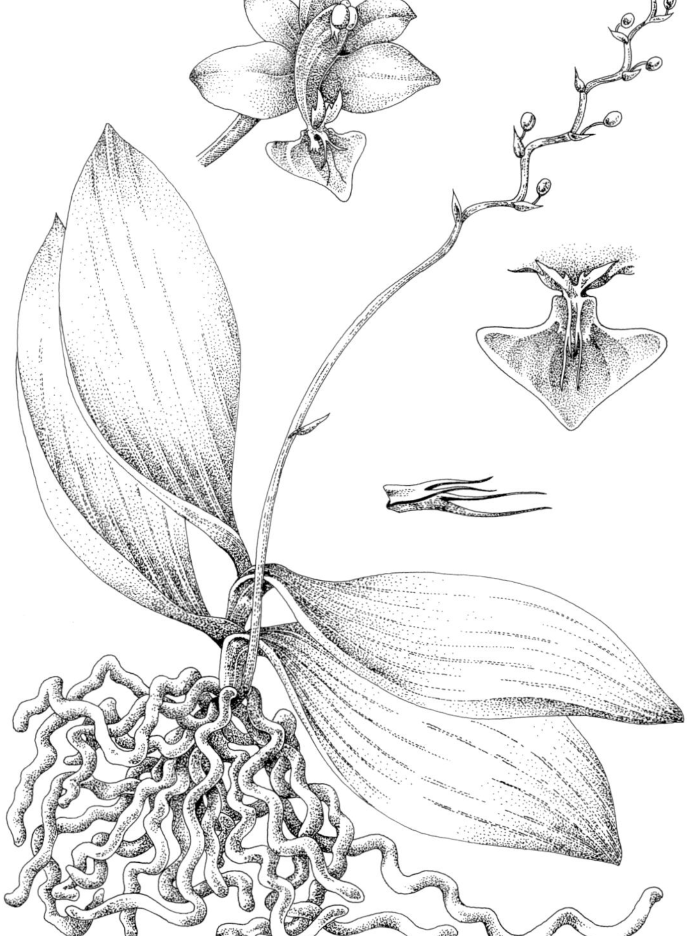

Phalaenopsis gibbosa

Olaf Gruß · Manfred Wolff

Phalaenopsis

160 Farbfotos
63 Zeichnungen

E.U.
VERLAG
EUGEN
ULMER

Einbandfotos
Vorderseite: *Phalaenopsis* Orchid World 'Franzi'
Rückseite: *Phalaenopsis* Escapade

Die Deutsche Bibliothek – CIP-Einheitsaufnahme

Gruss, Olaf:
Phalaenopsis / Olaf Gruss ; Manfred Wolff. – Stuttgart (Hohenheim) : Ulmer, 1995
ISBN 3-8001-6551-1
NE: Wolff, Manfred:

Wollgrasweg 41, 70599 Stuttgart (Hohenheim)
Printed in Germany
Lektorat: Dr. Steffen Volk
Herstellung: Jürgen Sprenzel
Einbandgestaltung: Alfred Krugmann, Freiberg am Neckar
Gesamtherstellung: Friedrich Pustet, Regensburg

Vorwort

Phalaenopsis, ein Zauberwort für die Einführung der Orchideen in unsere Gewächshäuser und Wohnungen. Gleichzeitig aber auch ein Beispiel, wie sehr unser Wissen hier noch am Anfang ist. Vor wenigen Jahrzehnten erst waren die Arten und Spielformen dieser Gattung so selten, daß sie nur ungern gezeigt wurden, und wenn, dann nur unter besonderen Sicherheitsvorkehrungen.

Amateure und Gärtner gemeinsam waren es, die dem Ausverkauf von Arten direkt aus der Natur frühzeitig durch kulturpflegerische und züchterische Maßnahmen entgegentraten. Die Wissenschaft unterstützte sie dabei sehr wesentlich. Der Kenner weiß, daß bei dieser Arbeit Idealismus und Kreativität im Vordergrund standen, und wohl kaum das Streben nach kommerziellem Gewinn. Schönheit und Anpassung zu verbinden, ohne die naturgegebenen Eigenheiten aus dem Auge zu verlieren, ist nach wie vor einer der obersten Leitgedanken. Heute haben wir – ohne ein Ende absehen zu können – eine reiche Palette von Formen und Farben vor uns. Die Illustration des vorliegenden Buches gibt am Beispiel von *Phalaenopsis* einen überzeugenden Eindruck davon.

Ein wichtiger Teil des Buches soll dem unerfahrenen Pfleger guten Rat, Anleitung und Verständnis vermitteln. Darüber Geschichte und Entwicklung nicht zu vergessen, ist ebenfalls ein Anliegen der Autoren.

Wenn auch die *Phalaenopsis* heute eine der bekanntesten Orchideengattungen ist, so handelt es sich dennoch um kein einfaches Thema. Die Autoren faßten es mutig, fachkundig und gründlich an. Sie kennen ihre *Phalaenopsis* und die spezielle Problematik genau. Sie verbinden gewissermaßen Natur und Menschenhand, alles in allem Grundlagen, Wissen und Praxis, derer es bei Orchideen immer wieder bedarf, wenn man zum Ziel kommen will.

In diesem Sinne soll das Buch allen Orchideenfreunden eine lehrreiche Anschauung und Hilfe sein. Ich wünsche ihm im Interesse unserer Sache besten Erfolg.

Gerd Röllke, Präsident der D.O.G.

Die Arten der Gattung *Phalaenopsis* und ihre Hybriden gehören wegen ihrer attraktiven Blüten zu den beliebtesten Orchideen. Sie sind zudem sehr blühfreudig und auch relativ einfach und erfolgreich zu kultivieren.

Ziel dieses Buches ist es, die Gesamtgattung *Phalaenopsis* für den Orchideenfreund anschaulich darzustellen und einen Überblick über ihre Hybriden zu geben. Dabei wird aber darauf verzichtet, die Gattung taxonomisch zu überarbeiten, sondern es wird bei der Einstufung der Arten weitgehend auf die Arbeit von Herman R. Sweet „The Genus *Phalaenopsis*" Bezug genommen. Zudem wurden alle neueren Arbeiten über die Gattung und ihre Arten berücksichtigt. Alle in Kultur befindlichen Arten werden ausführlich kommentiert. Ferner werden auch die zweifelhaften Arten kurz vorgestellt.

Ein Überblick über die verwandten Gattungen wie *Doritis, Kingidium* und *Paraphalaenopsis* soll den Blick über die Gattung *Phalaenopsis* hinaus öffnen.

Sowohl die Kultur und Pflege als auch mögliche Pflanzenkrankheiten werden eingehend erläutert. Schließlich werden auch die Kriterien der Orchideenbewertung und -auszeichnung dargelegt.

Grassau und Mainhausen, Januar 1995

Olaf Gruß
Manfred Wolff

Inhaltsverzeichnis

Für Alice und Martina

Geschichte der Gattung Phalaenopsis

Bereits 1704 wurde von Georg Joseph Kamel die erste Art dieser Gattung in John Ray's „Historia Plantarum" (Band 3) beschrieben. Der Jesuitenbruder Kamel weilte zur Missionierung auf den Philippinen und war der erste Sammler und Berichterstatter über die dortige Pflanzenwelt. Er benannte diese erste bekannt gewordene Art der heutigen Gattung *Phalaenopsis* als *Visco-Aloes Luzonis decima quarta*. Nach der 1709 in der „Gazophyllacii Naturae et Artis" von Petiver veröffentlichten Zeichnung von Kamel läßt sich diese Art als *Phalaenopsis aphrodite* identifizieren.

Üblicherweise wird die *Phalaenopsis amabilis* als die Art angenommen, die als erste entdeckt und beschrieben wurde.

Besonders herausragend in der Geschichte der Gattung *Phalaenopsis* war dabei die Arbeit von Reichenbach, der zwischen 1870 und 1887 sowohl in englischen als auch in deutschen Fachzeitschriften eine Vielzahl neuer Arten der Gattung *Phalaenopsis* beschrieb.

Von großer Bedeutung für diese Gattung war auch J. J. Smith, der 1906–1921 mehrere wichtige neue Species beschrieb.

In der Aufstellung auf Seite 10/11 sind die Arten nach dem Jahr ihrer Entdeckung bzw., wenn dies nicht bekannt ist, nach dem Jahr der Erstbeschreibung geordnet. Dabei wurde als Erstbeschreibung für die Reihenfolge auch die Beschreibung dieser Art als Varietät angesehen, nicht eine spätere Erhebung zur Art.

Phalaenopsis aphrodite als Visco-Aloes Luzonis decima quarta nach einer Zeichnung von Georg Joseph Kamel 1704, die im Museum of Natural History in London aufbewahrt wird.

Die Gattung Phalaenopsis in der Literatur

Alle bekannten Arten der Gattung *Phalaenopsis* wurden das erste Mal 1860 von Reichenbach in der „Hamburger Garten- und Blumenzeitung" ausführlich behandelt. Zwei Jahre später erschien eine erweiterte Bearbeitung in der „Xenia Orchidacea". Diese umfaßte insgesamt 11 Arten, die in zwei Gruppen eingeteilt waren. Entscheidendes Merkmal für die Zuordnung zu den Gruppen war das Vorhandensein bzw. Fehlen eines Anhängsels an der Lippenspitze.

	Entdeckung		Erstbeschreibung		
	Jahr	durch	Jahr	durch	in
Phal. aphrodite		Kamel	1704	Kamel	Historia Plantarum
			(1825	Lindley	Botanical Register)
Phal. amabilis			1750	Rumphius	Herbarium Amboinense
	(1752	Osbeck	1753	Linné	Species Plantarum)
Phal. cornu-cervi			1827	Breda	Gen. Spec. Orch.
Phal. sumatrana	1839	Korthals	1860	Korthals & Reichenbach	Hamburger Gartenz.
Phal. equestris		Meyen	1843	Schauer	Nov. Acad. Cur.
Phal. lobbii	1845	T. Lobb	1870	Reichenbach	Ref. Bot.
Phal. pallens			1850	Lindley	Journ. Hort. Soc.
Phal. schilleriana	1858	Porte	1860	Reichenbach	Hamb. Gartenz.
Phal. violacea	1859	Teijsmann	1860	Witte	Ann. Hort. Bot. Leiden
Phal. lowii	1862	Parish	1862	Reichenbach	Gardeners' Chronicle
Phal. pantherina		Low	1864	Reichenbach	Botanische Zeitung
Phal. parishii	1864	Parish	1865	Reichenbach	Botanische Zeitung
Phal. lueddemanniana	1865	Low & Lueddemann	1865	Reichenbach	Botanische Zeitung
Phal. tetraspis	1868	T. Lobb	1868	Reichenbach	Xenia Orch.
Phal. mannii	1868	Mann	1871	Reichenbach	Gardeners' Chronicle
Phal. fuscata		Bull	1874	Reichenbach	Gardeners' Chronicle
Phal. pulchra			1875	Reichenbach	Gardeners' Chronicle
Phal. stobartiana			1877	Reichenbach	Gardeners' Chronicle
Phal. mariae	1878	Burbidge	1883	Warner & Williams	Orchid Album
Phal. corningiana			1879	Reichenbach	Gardeners' Chronicle
Phal. stuartiana	1880	Boxall	1881	Reichenbach	Gardeners' Chronicle
Phal. maculata	1880	Curtis	1881	Reichenbach	Gardeners' Chronicle
Phal. speciosa	1881	Low	1881	Reichenbach	Gardeners' Chronicle
Phal. sanderiana	1881	Roebelen	1882	Reichenbach	Flora
Phal. reichenbachiana			1881	Reichenbach & Sander	Gardeners' Chronicle
Phal. fasciata	1882	Low	1882	Reichenbach	Gardeners' Chronicle
Phal. hieroglyphica	1887	Boxall	1887	Reichenbach	Gardeners' Chronicle
Phal. micholitzii	1889	Micholitz	1920	Rolfe	Kew Bulletin
Phal. kunstleri		Kunstler	1890	Hooker	Fl. Brit. Ind.
Phal. thalebanii	1891		1988	Seidenfaden	Opera Botanica
Phal. lindenii			1895	Loher	Journ. Orch.
Phal. gigantea	1896	M. Jaheri	1909	Smith	Bull. Dept. Agric. Ind. Neerl.
Phal. modesta	1903	Bot. Gard. Bogor	1906	Smith	Icones Bogoriensis
Phal. viridis		Heidt	1907	Smith	Bull. Dept. Agric. Ind. Neerl.
Phal. amboinensis			1911	Smith	Bull. Dept. Agric. Ind. Neerl.
Phal. robinsonii			1917	Smith	Phil. Journ. Sci.
Phal. javanica			1918	Smith	Bull. Jard. Bot. Buit.

	Entdeckung Jahr	durch	Erstbeschreibung Jahr	durch	in
Phal. fimbriata			1921	Smith	Bull. Jard. Bot. Buit.
Phal. appendiculata			1929	Carr	Gard. Bull. Str. Settl.
Phal. celebensis	1934	Karthaus & Dakkus	1980	Sweet	Genus *Phalaenopsis*
Phal. cochlearis		R. Kho	1964	Holttum	Orchid Review
Phal. gibbosa			1970	Sweet	AOS Bulletin
Phal. mysorensis			1974	Saldanha	Indian Forester
Phal. philippinensis			1987	Fowlie & Tang	Orchid Digest
Phal. thalebanii			1988	Seidenfaden	Opera Botanica
Phal. bastianii			1991	Gruß & Röllke	Die Orchidee
Phal. floresensis	1988	Marthias	1993	Fowlie	Orchid Digest

In „The Garden" publizierte Burbidge 1882 einen Überblick über die damals bekannten und nach seiner Einschätzung anerkennenswerten 24 Arten.

1883 stellte Bentham 15 Arten im 3. Band der „Genera Plantarum" dar, die er auf die 2 Sektionen *Eu-Phalaenopsis* und *Stauroglottis* aufteilte. Kennzeichnende Unterscheidungsmerkmale waren hierbei erneut die Anhängsel an der Lippenspitze und zudem die Breite der Petalen.

In einer Überarbeitung der Gattung 1886 im „Gardeners' Chronicle" begründete Rolfe 4 Sektionen, die sich nach den Merkmalen der Blütenteile unterscheiden. Diese Sektionen waren: *Euphalaenopsis, Proboscidioides, Esmeralda* und *Stauroglottis.*

In seiner Bearbeitung der Gattung *Phalaenopsis* übernahm Pfitzer 1888 in „Die natürlichen Pflanzenfamilien" von Engler & Prantl diese Einteilung. Er schlug aber zusätzlich die Sektion *Zebrinae* vor, die er von der Sektion *Stauroglottis* abtrennte.

1947 machte Quisumbing im „Philippine Journal of Science" den Versuch einer Überarbeitung der Gattung, wobei er sich aber auf die philippinischen Arten beschränkte.

1980 folgte eine grundlegende Revision der Gattung von Dr. Herman R. Sweet in seinem Buch „The Genus Phalaenopsis". Dieser Veröffentlichung vorangegangen waren viele Artikel zu dieser Gattung bis 1969 im AOS Bulletin, die auch zusammenfassend als Paperback-Ausgabe erschienen. Zudem folgten von 1970 bis 1973 verschiedene Artikel im „Orchid Digest" unter dem Obertitel „Beobachtung an der Gattung Phalaenopsis". Das 1980 erschienene Buch stellte eine Zusammenfassung und Überarbeitung der vorherigen Veröffentlichungen dar.

Diese Gesamtdarstellung wurde zwar kritisiert (siehe Wallbrunn, USA, und Pelz, Merseburg), aber es erfolgte von keiner Seite bislang eine Revision der Gattung. Zumeist wurde die Einstufung der Arten in nachfolgenden Publikationen übernommen.

Geographische Verbreitung

Das Verbreitungsgebiet der Gattung *Phalaenopsis* reicht von Bhutan und dem Osten Bangladeshs über Burma*, Südchina, Taiwan, der malaiischen Halbinsel, über die Inselwelt Indonesiens und der Philippinen bis Neuguinea und nach Queensland in Nordaustralien. Manche Arten haben ein sehr großes Verbreitungsgebiet mit einer Ausdehnung von mehr als 1000 km.

Das Entwicklungszentrum der Gattung befindet sich auf den Philippinen und auf den indonesischen Inseln. Hier findet man den größten Teil der beschriebenen Arten.

Die Pflanzen der Gattung *Phalaenopsis* wachsen in der Regel epiphytisch auf wenig belaubten Bäumen überwiegend im Nahbereich von Gewässern. Nur selten sind sie auch lithophytisch auf meist bemoosten Felsen wachsend zu finden.

Die Mehrheit der Arten wächst an Standorten mit einer Temperatur am Tage von 28–35 °C und in der Nacht von 20–24 °C. Die Niederschlagsmenge beträgt etwa 2000 mm im Jahr, so daß am Standort zumeist eine relative Luftfeuchtigkeit von annähernd 100% herrscht.

* Burma oder Birma ist gleichbedeutend mit der heutigen Union (Republik) Myanmar. Der alten Gewohnheit folgend wird in diesem Buch Burma geschrieben.

Übersicht über die Verbreitung der Arten

Australien	*Phal. amabilis*	Queensland
Bhutan	*Phal. lobbii*	
Burma (Myanmar)	*Phal. cornu-cervi*	
	Phal. kunstleri	
	Phal. lobbii	
	Phal. lowii	Moulmein
	Phal. parishii	Moulmein
	Phal. stobartiana	
	Phal. sumatrana	
China	*Phal. stobartiana*	Hainan
	Phal. wilsonii	Sezuan, Yunnan, Osttibet
Indien	*Phal. lobbii*	Assam
	Phal. mannii	Assam
	(Phal. mysorensis)	Karnataka States
	Phal. speciosa	Nikobaren
	Phal. sumatrana	Sumatra, Borneo, Java
	Phal. tetraspis	Sumatra, Andamanen, Nikobaren
Indonesien	*Phal. amabilis*	
	Phal. amboinensis	Molukken: Ambon, Seran; (Sulawesi?)
	Phal. celebensis	Sulawesi (Celebes)
	Phal. corningiana	Borneo

Indonesien	*Phal. cornu-cervi*	Java, Borneo
	Phal. fimbriata	Java
	Phal. floresensis	Flores
	Phal. fuscata	Borneo
	Phal. gigantea	Borneo
	Phal. inscriptiosinensis	Sumatra
	Phal. javanica	Java
	(Phal. lamelligera)	Borneo
	Phal. mariae	Westborneo
	Phal. modesta	Zentral-, Ost- und Nordborneo (Sabah)
	Phal. pallens	u. a. Luzon
	Phal. pantherina	Borneo
	Phal. robinsonii	Ambon
	Phal. violacea	Sumatra, Borneo
	Phal. viridis	Sumatra
Laos	*Phal. gibbosa*	
Malaysia	*(Phal. appendiculata)*	Pahang State
	Phal. cochlearis	Sarawak
	Phal. fimbriata	Sarawak
	Phal. fuscata	
	Phal. kunstleri	Johore, Perak
	Phal. maculata	Sarawak
	Phal. pantherina	Sarawak
	Phal. sumatrana	Johore, Perak
	Phal. violacea	Perak, Selangor, Malacca
Papua-Neu-Guinea	*Phal. amabilis*	
Philippinen	*Phal. amabilis*	Palawan
	Phal. aphrodite	
	Phal. bastianii	
	Phal. equestris	weit verbreitet
	Phal. fasciata	Luzon, Bohol, Mindanao
	Phal. fuscata	
	Phal. hieroglyphica	Palawan, Luzon, Polillo
	Phal. lindenii	u. a. Luzon
	Phal. lueddemanniana	
	Phal. mariae	Mindoro, Mindanao, Luzon, Sulu
	Phal. micholitzii	Mindanao
	Phal. philippinensis	
	Phal. pulchra	Luzon, Leyte
	Phal. reichenbachiana	Mindanao
	Phal. sanderiana	Mindanao, Igat, Balut, Sarangani
	Phal. schilleriana	Luzon, Biliran
	Phal. stuartiana	Mindanao
	Phal. venosa	Sulawesi (Celebes)
Sikkim	*Phal. lobbii*	
	Phal. mannii	
Taiwan	*Phal. aphrodote*	
	Phal. equestris	
Thailand	*Phal. cornu-cervi*	
	Phal. sumatrana	
	Phal. thalebanii	Yaroi Falls
Vietnam	*Phal. gibbosa*	
	Phal. mannii	

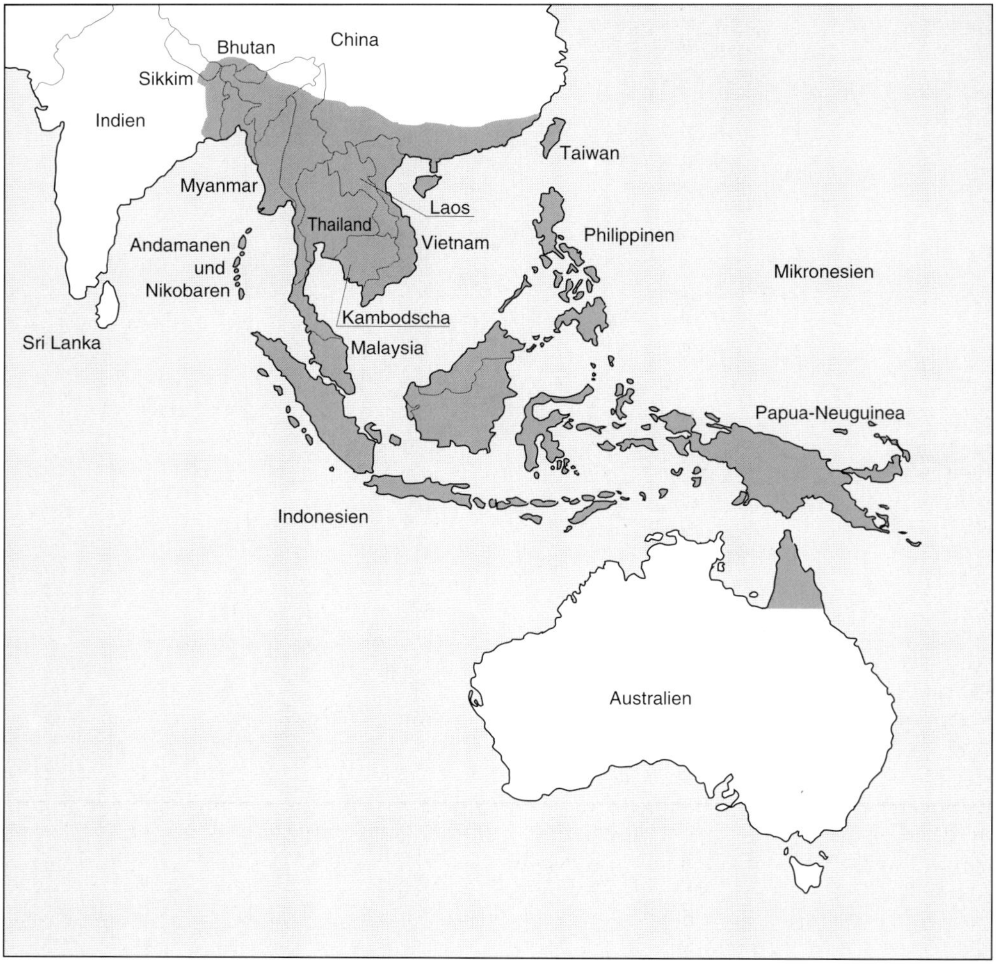

Verbreitungsgebiet der Gattung Phalaenopsis.

Botanischer Steckbrief

Merkmale und Eigenschaften

Daß die Pflanzen der Gattung *Phalaenopsis* zu den Orchideen gehören, weiß wohl jeder Pflanzenliebhaber. In diesem Kapitel sollen in aller Kürze die charakteristischen Merkmale und Eigenschaften vor Augen geführt werden, in denen sich die Gattung *Phalaenopsis* von den anderen Gattungen der Orchideenfamilie unterscheidet.

Gleichzeitig werden die notwendigen Fachausdrücke gegeben und erläutert, die später immer wieder auftauchen. Ein entsprechendes Glossar findet der Leser am Schluß des Buches.

Die Pflanzen wachsen in der Regel epiphytisch auf Bäumen, selten lithophytisch auf mit Moos überzogenen Felsen. Sie besitzen zahlreiche glatte, fleischige Wurzeln, die sich an der Basis des Stammes oder an den unteren Knotenpunkten zum Teil auch zwischen den Blättern entwickeln. Die vielen kräftigen Wurzeln ermöglichen den Pflanzen nicht nur die Wasser- und Nährstoffaufnahme, sondern dienen auch als Haftorgane zur Verankerung an den Wirtspflanzen. In der Regel haben die Wurzeln einen fast kreisförmigen Querschnitt, sind aber bei einigen Arten deutlich abgeflacht. Sie sind mit einem silbergrauen, lockeren, schwammigen Gewebe, dem Velamen, überzogen und zeigen eine grüne Wurzelspitze. Das Velamen besitzt eine große Saugfähigkeit und erscheint nach dem Aufnehmen von Wasser grün. Die Wurzeln der blattabwerfenden Arten sind chlorophylltragend, da sie neben der Nährstoffaufnahme auch die Assimilation übernehmen müssen.

Die Arten der Gattung *Phalaenopsis* gehören zu den monopodialen Orchideen, d.h. die Pflanzen bilden keine seitlichen Sprosse, sondern wachsen nur in die Höhe. Aus der Mitte, dem sogenannten Herz, kommt alle 6–12 Monate ein neues Blatt. Die Wuchsrichtung ist immer gegenständig, ein Blatt nach links, ein Blatt nach rechts. Wenn die Pflanze auf der Fensterbank nicht parallel sondern quer zum Fenster steht, dann erscheint es so, als würde die Pflanze nur in eine Richtung wachsen, weil die Blätter sich immer dem Licht zuwenden. Die Pflanzen haben 2–5, mehr oder weniger ledrige Blätter, die den

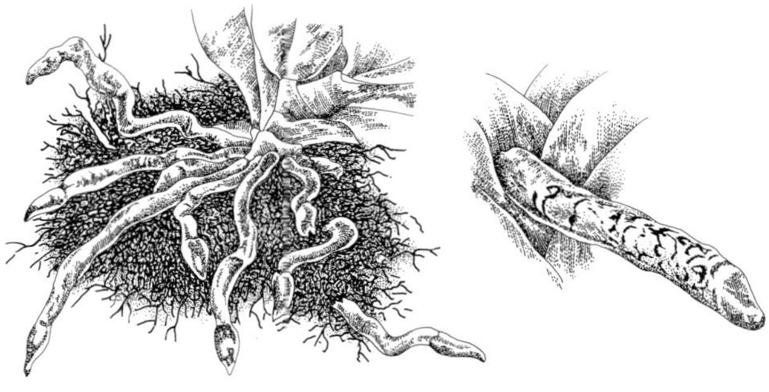

Wurzeln der Phalaenopsis amabilis. Links mit glasig durchsichtigem Velamen überzogen, rechts mit grünlicher Wurzelhaube und glasig silberhäutigem Velamen.

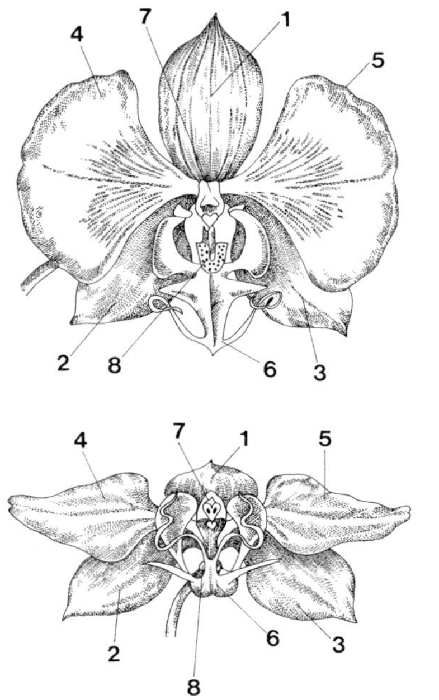

Phalaenopsis-Blüte, oben Frontalansicht, unten um 90° gekippt. 1 = dorsales Sepalum, 2, 3 = Sepalen, 4, 5 = Petalen, 6 = Lippe, 7 = Säule, 8 = Schwiele.

kurzen Stamm mit ihrer Basis sich dachziegelartig überdeckend umschließen. Die Form ist je nach Art recht variabel. Sie reicht von elliptisch bis länglich-lanzettlich. Am breitesten sind die Blätter im äußeren Drittel, sie verengen sich deutlich zur in einer Scheide steckenden Basis. Von Zeit zu Zeit wird das unterste Blatt gelb und fällt ab, so daß mit der Zeit der kurze Stamm sichtbar werden kann.

Die Infloreszenz (Blütenstand) entspringt seitlich vom Stamm unter oder zwischen den Blättern und entwickelt sich je nach Art entweder aufrecht nach oben, bogenförmig überhängend oder hängend. Einige Arten können gleichzeitig mehrere Blütenstände entwickeln. Durch einen einseitigen Lichteinfluß am Fensterbrett kann es zu verdrehten Formen kommen, wenn man die Blütenstände dauernd dem Licht zudreht und auch nicht entsprechend aufbindet. Je nach Art tragen sie einige bis viele Blüten, die jedoch sehr lange halten. Entweder sind alle Blüten gleichzeitig geöffnet, oder sie öffnen sich nacheinander. *Phalaenopsis* gehört zu den am längsten durchblühenden Pflanzen. Es gibt Exemplare, die über mehr als drei Jahre ständig geblüht haben.

Die Blüten sind in Form einer Traube oder verzweigten „Rispe"* angeordnet. Am Blütenstandsstiel befinden sich kleine, trockenhäutige Deckblätter, die teilweise eng am Stiel anliegen und dort Verdickungen, die sogenannten Nodien, umschließen. An diesen Stellen kann es entweder zu Verzweigungen kommen oder nach dem Abblühen der ersten Infloreszenz zur Ausbildung eines weiteren Blütenstandes. Unter den oberen Deckblättern entwickelt sich das kurze Blütenstielchen und der Fruchtknoten, der die Blüte trägt. Dieser Fruchtknoten ist zylindrisch oder keulenförmig und immer am Fuß verborgen.

Die Blüten sind je nach Art klein bis auffällig groß und recht unterschiedlich gefärbt. Die Färbung der Blütenblätter reicht von weiß oder blaßrosa bei den großblumigen Arten über gelb mit rotbrauner Zeichnung bis tiefrosa und dunkel magentarot.

Die Blütenblätter sind meist weit in einer Ebene ausgebreitet, mitunter aber sind sie auch krallenförmig nach vorne gebogen. Die Blüten insgesamt haben ein recht rundes oder sternförmiges Aussehen. Die vollkommen runde und geschlossene Ausformung der Blüte ist auch ein erstrebtes Zuchtziel und ein wichtiger Punkt in der Pflanzenbewertung. Die Blütenblätter stehen in einem doppelten Hüllkreis, wobei man die äußeren Sepalen (Kelchblätter) und die inneren Petalen (Kronblätter) nennt. Die Sepalen unterscheidet man in die zwei stets gleichen seitlichen oder lateralen Sepalen und das obere oder dorsale Sepalum (Einzahl), das etwas kleiner oder größer sein kann.

Auch bei den Petalen weicht ein Blütenblatt in seiner Ausformung deutlich ab. Da die Natur meist auf Symmetrie bedacht ist, muß es hier das untere Blatt sein, die Lippe.

---

* Botanisch korrekt ist Traube, aber unter den Orchideenfreunden hat sich Rispe eingebürgert.

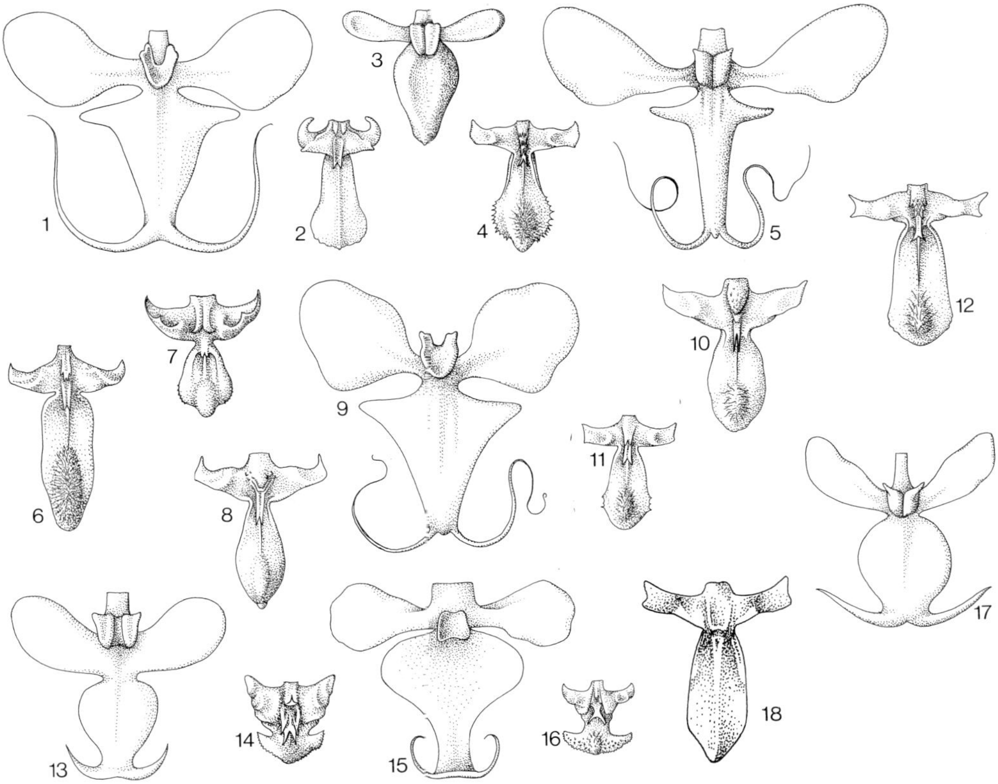

Phalaenopsis
Lippen ausgebreitet
1 = Phal. sanderiana
2 = Phal. lowii
3 = Phal. equestris
4 = Phal. fimbriata
5 = Phal. amabilis
6 = Phal. sumatrana
7 = Phal. gigantea
8 = Phal. violacea
9 = Phal. aphrodite
10 = Phal. lueddemanniana
11 = Phal. pallens
12 = Phal. hieroglyphia
13 = Phal. schilleriana
14 = Phal. cornu-cervi
15 = Phal. × intermedia
16 = Phal. mannii
17 = Phal. stuartiana
18 = Phal. inscriptiosinensis
(1–17 aus Bechtel/Cribb/Launert 1993)

Die Lippe (Labellum) ist ein auffälliger, zumeist prächtig gefärbter und gezeichneter, oft komplizierter Schauapparat und enthält die meisten Unterscheidungsmerkmale von Art zu Art. Sie ist der Hauptanziehungspunkt für die Bestäuber. Bei *Phalaenopsis* ist die Lippe mit ihrer Basis am Säulenfuß angeheftet und immer dreilappig ausgeformt. Man unterscheidet zwischen dem Mittellappen und den Seitenlappen. Der Mittellappen ist vielgestaltig, rund, oval, anker- oder sichelförmig und manchmal zu langen, gewundenen Fäden (Cirrhi) ausgezogen. Mitunter muß man auch den Mittellappen noch genauer bezeichnen und spricht dann von einem Hinter-, Mittel- und Vorderteil (Hypochil, Mesochil, Epichil). Die Seitenlappen weisen meist im basalen Drittel eine Verdikkung auf, die man Kiel, Wulst oder Kallus (Mehrzahl Kalli) nennt. Die Scheibe zwischen den Seitenlappen an der Basis des Mittellappens ist entweder glatt oder weist eine oder ein Paar zumeist zweispaltige Schwielen bzw. Kalli (Mehrzahl von Kallus) auf. Teils ist auch eine halb gefaltete, schildartige Schwiele zu finden. Die Kalli auf dem Mittellappen sind oft recht filigran ausgezogen und liegen auf der Lippe auf oder stehen deutlich ab. Von Art zu Art verschieden ist auch der Grad der Behaarung.

Aus der Blüte heraus ragt die Säule (Columna oder Gynostemium). Sie enthält die männlichen und weiblichen Organe und ist zylindrisch geformt, teils bogenartig angeordnet und bei einigen Arten deutlich eingeschnürt. An der Spitze der Säule befindet sich ein Hohlraum, das Klinandrium, das gewöhnlich flach, gerändert, kapuzenähnlich ist. Hinein ragt die Anthere (Staubbeutel), die zwei fast kugelförmige Pollinien enthält. Das sind Pollen-Ansammlungen zu einem kompakten Paket verbunden und durch eine Antherenkappe verdeckt. Die Pollinien sind von rückwärts und von unten tief geschlitzt und besitzen ein kleines Stielchen (Stipes) mit Klebscheibe (Viscidium) von unterschiedlicher Form, das auf dem Rücken der bestäubenden Insekten gut haften bleibt. Die Anthere wird von einem zweizähnigen Rostellum (umgewandelter Narbenlappen) von der Narbenfläche getrennt.

Die Arten der bisherigen Sektion *Aphyllae* der Gattung *Phalaenopsis* haben 4 anstelle von 2 Pollinien und sind deshalb sinnvollerweise der Gattung *Kingidium* zuzuordnen.

Namensgebung

Kennen Sie *Anggrek bulan* (so sagt man in Indonesien)? Oder kennen Sie *Pombo terbang* (so sagt man auf den Molukken)? Aber Sie kennen doch sicher die Malayen-Blume? Oder sollte man nach einer Nachtfalterorchidee fragen? Bei all diesen verschiedenen Namen handelt es sich um die Art *Phalaenopsis amabilis*.

Der Namenswirrwar in allen Sprachen ist groß, und so mußte man einen Weg finden, sich international verständlich zu machen, über welche Pflanze man nun tatsächlich spricht. Seit alters her ist die Sprache in der Wissenschaft das Lateinische und das (Alt)-Griechische. Selbst bis in unser Jahrhundert wurden wissenschaftliche Bücher in der ganzen Welt meist in lateinischer Sprache abgefaßt. Entdeckt man ein neues Tier oder eine neue Pflanze, so muß diese Erstbeschreibung auch heute noch lateinisch erfolgen.

Die für den Laien komplizierten wissenschaftlichen Namen verraten dem Kenner mehr, als man vermutet. Wir wollen versuchen, das dem Leser verständlich zu machen. Anfänglich konnte jeder Botaniker lateinische Bezeichnungen für seine Pflanzen frei nach seinen Vorstellungen wählen. Es ergaben sich bisweilen Namen von solcher Länge, daß sie bereits einer Pflanzenbeschreibung glichen. So wählte z. B. Kamel für *Phalaenopsis aphrodite* den – noch einigermaßen kurzen – Namen „Visco-Aloes Luzonis decima quarta".

Die heutige Namensgebung basiert auf dem Werk „Species Plantarum" von Linné aus dem Jahre 1753. Basierend auf dieser Arbeit bestehen heute alle Pflanzen-, Tier- und Artennamen aus zwei Teilen: zuerst der Gattungsname (vergleichbar am ehesten unserem Familiennamen), dann der „Vorname" oder die Artbezeichnung (Epitheton specificum). Der Anfangsbuchstabe des Gattungsnamens muß immer groß geschrieben werden. Der „Vor-Name" einer Art beginnt mit einem kleinen Buchstaben. Den vollen, also zweiteiligen Namen einer Art schreibt man kursiv.

Bei Hybriden schreiben wir den Gattungsnamen wiederum kursiv. Der zweite Teil der Bezeichnung, der Grex-Name (Schwarm) beginnt mit einem Großbuchstaben und wird nicht kursiv geschrieben, z. B. *Phal.* Orchid World. Handelt es sich um eine in der Natur entstandene Hybride, so schreibt man den Namen wie bei einer Art, setzt aber ein Malkreuz ×, das übliche Zeichen für eine Kreuzung, vor die Artbezeichnung (z. B. *Phal.* × *intermedia*).

Bei Kreuzungen zwischen Gattungen wird bei Zweigattungshybriden (manchmal auch bei Dreigattungshybriden) ein neuer Name gebildet, der aus Wortteilen dieser Gattungen besteht (z. B. *Asconopsis*). Bei Mehrgattungshybriden ab drei Kreuzungspartner kann ein neuer Name „erfunden" werden, muß aber immer auf *-ara* enden. Dieser neue Namen wird von der Person gewählt, die diese Kreuzung zum ersten Mal zur Registrierung anmeldet. In der Regel werden Personen-Namen verwendet, um diese Person zu ehren (z. B. *Phalaenopsis* × *Ascoglossum* × *Renanthera* = *Dresslerara*, nach Robert Louis Dressler, einem führenden amerikanischen Orchideologen).

Haben gewisse Pflanzen einer Art mehr oder weniger starke Abweichungen voneinander und sind diese Abweichungen genetisch stabil, erhalten sie einen weiteren Namen als Unterart (Subspecies, ssp.), Varietät (var.) oder Form (forma), je nachdem wie stark der Unterschied ist, wobei forma die wenigsten Unterscheidungsmerkmale beinhaltet.

Pflanzen, die von besonderer gärtnerischer Bedeutung sind oder gar einen Preis gewonnen haben, erhalten einen Kultivar-Namen, dem ein cv. für Kultivar (cultivated variety) vorangestellt wird. Statt des cv. kann der Name auch zwischen einfache Anführungsstriche oben gesetzt werden. Der Kultivar-Name bezieht sich nur auf diese eine Pflanze und nicht auf andere Vertreter der Art oder eines Grex. Werden solche Pflanzen durch Samen vermehrt, dürfen sie den betreffenden spezifischen Kultivar-Namen nicht mehr tragen, weil bei dieser Vermehrungsart eine genetische Veränderung eintreten kann. Lediglich durch Teilung, Kindel oder Meristeme (siehe dort) vermehrte Pflanzen tragen weiterhin den angestammten Kultivar-Namen.

Der Anfänger ist nicht nur angesichts der vielen fremdklingenden Namen verwirrt, sondern erst recht durch die Personennamen, die oft nach dem Pflanzennamen stehen. Derjenige Botaniker, der eine Art das erste Mal beschreibt, setzt seinen Namen (oder eine Abkürzung) hinter den neuen Pflanzennamen, und zwar in der Erstbeschreibung auch noch mit dem Jahr, in dem die Niederschrift erfolgte. Dies geschieht nicht aus Profilierungssucht, sondern es kommt manchmal vor, daß zwei Autoren unwissentlich den gleichen Namen für verschiedene Arten verwenden, z. B. *Phal. amabilis* (L.) Bl. und *Phal. amabilis* Lindl. (= *Phal. aphrodite*). Somit kann man anhand der Autorennamen erkennen, welche Pflanze gemeint ist. Nur der erstpublizierte Name darf letztendlich verwendet werden, für die „jüngere" Pflanze muß ein neuer Name gefunden werden.

Stellt sich bei einer späteren Untersuchung heraus, daß die Pflanze aufgrund ihrer Merkmale in einer anderen Gattung untergebracht werden sollte, so macht der Botaniker die entsprechende Umkombination, setzt den Namen des früheren Autors in Klammern und seinen eigenen Namen dahinter. Z. B. *Phal. amabilis* wurde von Linné 1753 als *Epidendrum amabile* beschrieben, weil man damals nur 8 Orchideen-Gattungen (er)kannte. Blume brachte diese Art dann zu *Phalaenopsis* und schrieb richtig *Phal. amabilis* (L.) Bl. 1825.

Nach dem gleichen Schema wird verfahren, wenn man die Rangstufe verändert, also z. B. von Art zu Unterart herabstuft, z. B. *Phal. tetraspis* Rchb. f. zu *Phal. speciosa* var. *tetraspis* (Rchb. f.) Sweet, oder aber auch erhöht, z. B. *Phal. sumatrana* var. *paucivittata* Rchb. f. zu *Phal. paucivittata* (Rchb. f.) Fowlie.

Für den Anfänger äußerst verwirrend ist die Tatsache, daß es für dieses „Qualifizieren" keine bis ins letzte eindeutigen Regeln gibt, sondern manches im Ermessen des Botanikers liegt. Solche Namensänderungen sind deshalb oft nur Vorschläge, und es liegt an der Beweisführung bei diesen Änderungen, ob die „herrschende Meinung" der Wissenschaftler dem folgen wird oder nicht. In beiden obigen Beispielen konnten sich die Namen nicht durchsetzen. Die Namen sind gültig, werden aber nicht verwendet. Das kann sich aber im Laufe der Zeit ändern.

Manchmal wird eine neue Art beschrieben, wobei der Autor Fehler gemacht oder die vorgeschriebenen Angaben unterlassen hat. Eine solche Beschreibung ist ungültig. Die erforderlichen Angaben sind in einem internationalen Code festgelegt (International Code of Botanical Nomenclature = ICBN). Der Autor, der anschließend eine gültige Beschreibung nachliefert, setzt seinen Namen mit einem „ex" dazu, z. B. *Phal. philippinensis* Golamco ex Fowlie & C. Z. Tang.

Allgemeine Hinweise zur Kultur

Die Orchideen der Gattung *Phalaenopsis* lassen sich auch vom Anfänger verhältnismäßig einfach pflegen. Besonders die Hybriden und die Nachzuchten einiger Naturformen haben sich für die Kultur auf der Fensterbank bewährt und erfreuen den Pflanzenfreund mit regelmäßiger und lang andauernder Blütenpracht.

Bei der Kultur sind die spezifischen Voraussetzungen der Pflanzen in Abhängigkeit von ihrem Aufbau und ihrer Herkunft zu berücksichtigen. So haben die Pflanzen der Gattung *Phalaenopsis* zur Speicherung des Wassers keine Pseudobulben wie die Arten der Gattungen *Cattleya* oder *Cymbidium*. Wasser wird lediglich in den Blättern und den sukkulenten Wurzeln gespeichert. Sie haben ein monopodiales Wachstum und entwikkeln nur selten Seitentriebe. An ihrem Standort mit Temperaturen von etwa 24 °C im Durchschnitt herrscht immer eine hohe Luftfeuchtigkeit und gleichmäßig eine recht starke Luftbewegung.

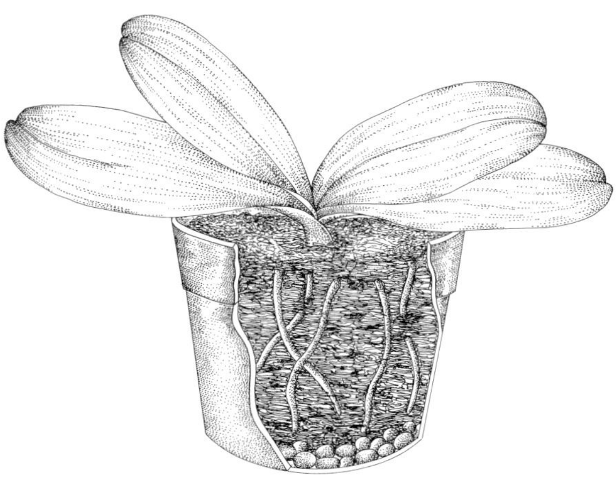

Gut bewurzelte Pflanze in lockerem Pflanzstoff über einer Dränageschicht aus Kieselsteinen.

Voraussetzung für die erfolgreiche Pflege auf der Fensterbank und im Gewächshaus ist die Beachtung der folgenden Kulturfaktoren in einem ausgewogenen Verhältnis zueinander: Temperatur, Licht, Luft, Bewässerung, Düngung und Pflanzstoff.

Allgemein gültige Rezepturen für eine erfolgreiche Kultur aller *Phalaenopsis* kann es nicht geben. Dennoch sind die folgenden Hinweise grundsätzlich wichtige Anhaltspunkte und können den Bedingungen im Kulturraum, auf der Fensterbank, im Keller, Vitrine oder Gewächshaus angepaßt werden.

Pflanzgefäße

Die Arten und Hybriden der Gattung *Phalaenopsis* werden in der Regel im Topf kultiviert. Dadurch kann man am besten die Wassergaben kontrollieren und die erforderlichen anderen Kulturfaktoren gezielt berücksichtigen. Hierbei sollten Töpfe aus Kunststoff gewählt werden, da Tontöpfe durch ihre Verdunstung an der Oberfläche zu einer starken Abkühlung des Pflanzstoffes und damit der Wurzeln führen. Je nach Standort sollte man die Färbung der Töpfe wählen. Sind diese starker Sonneneinstrahlung ausgesetzt, darf man keine schwarzen Töpfe wählen, weil sie sich zu stark aufheizen. Ein Übertopf schafft Abhilfe. Bei einem für die Pflanzen halbschattigen Standort ist die Färbung der Pflanzgefäße aber ohne Belang. Bisweilen angebotene durchsichtige Pflanzgefäße werden zwar von einigen Amateuren mit Erfolg benützt, haben wohl aber keinen entscheidenden Vorteil zu bieten. Dies er-

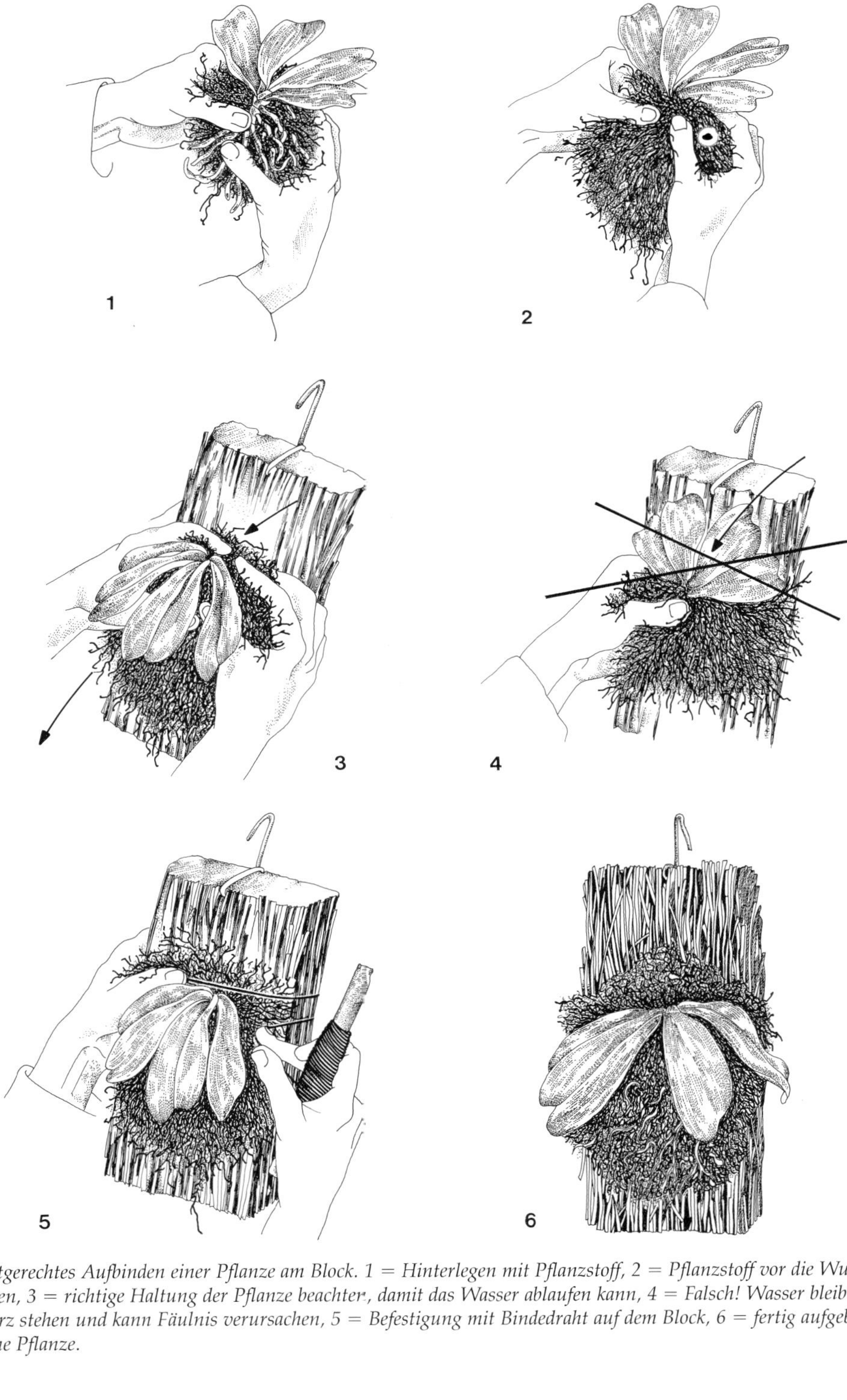

Artgerechtes Aufbinden einer Pflanze am Block. 1 = Hinterlegen mit Pflanzstoff, 2 = Pflanzstoff vor die Wurzel legen, 3 = richtige Haltung der Pflanze beachten, damit das Wasser ablaufen kann, 4 = Falsch! Wasser bleibt im Herz stehen und kann Fäulnis verursachen, 5 = Befestigung mit Bindedraht auf dem Block, 6 = fertig aufgebundene Pflanze.

kennt man ganz einfach daran, daß kein großer Anzuchtbetrieb diese Pflanzgefäße verwendet.

Bei Pflanzen mit lang herabhängenden Blütenständen hat sich auch die Kultur in Hängeampeln bewährt. Die Pflanzen sollten zum Gießen abgenommen werden.

Die Kultur in Körbchen oder aufgebunden am Block erfordert häufigeres Besprühen bzw. Gießen und ist deshalb für die Fensterbank nur bedingt geeignet.

Pflanzstoff

Verschiedene Pflanzstoffe haben sich in der Praxis bewährt und sind bei den Fachgärtnereien erhältlich. Zumeist beruhen sie auf der Basis Torf mit Beimengungen von z. B. Styropor, Rinde.

Wichtig ist die Verwendung eines gleichartigen Pflanzstoffes bei allen Pflanzen, da jedes Pflanzsubstrat eine besondere Gießtechnik erfordert.

Der Pflanzstoff sollte gut wasserdurchlässig (Brockentorf) sein und eine gute Dränage gewährleisten. So hat sich in der Praxis eine Schicht Styroporflocken am Topfboden zur Verbesserung des Wasserabflusses bewährt.

Sollte der Pflanzstoff beginnen zu humusieren, ist die Pflanze neu zu topfen. In der Regel werden die Pflanzen etwa alle zwei Jahre neu getopft.

Temperatur

Optimal wachsen die Pflanzen im Temperaturbereich von 18–25 °C. Am Tag sind Temperaturen von etwa 20–22 °C zu empfehlen. Dabei können sie im Hochsommer auch auf etwa 30 °C ansteigen, ohne daß sich dies auf das Pflanzenwachstum negativ auswirkt. Die Nachttemperaturen können im Winter bis auf 16 °C abfallen. Eine zu starke Nachtabsenkung kann sich z. B. in zuckerhaltigen, klebrigen Ausscheidungen an den Blütenständen zeigen.

Zur Blüteninduktion empfiehlt sich eine spürbare Tag-Nacht-Differenz der Temperatur von etwa 5 °C. Die gleiche Wirkung zeigt auch eine längere Absenkung der Temperatur auf 16 °C über 3–4 Wochen. Mit der Absenkung der Temperatur muß eine deutlich nachlassende Lichtintensität verbunden sein. Die Blütezeit beginnt gewöhnlich etwa 3–4 Monate nach dieser Kühlperiode.

Eine durchgehend hohe Temperatur führt bei manchen Arten und Hybriden zur verstärkten Ausbildung von Kindeln, ohne daß die Pflanzen zur Blüte kommen.

Licht

Die Pflanzen benötigen einen halbschattigen Standort, der keiner direkten Sonneneinstrahlung ausgesetzt ist. Für die Kultur auf der Fensterbank haben sich dabei besonders die West- und Ostfenster bewährt. Die Südfenster bieten zwar die optimale Lichtmenge, können aber die Pflanzen durch die direkte Sonneneinstrahlung schädigen. Hier ist eine Zusatzschattierung z. B. durch Grünpflanzen oder eine Jalousie erforderlich. Die Kultur im Nordfenster kann nur gelingen, wenn dies völlig frei liegt.

In meßbaren Einheiten ausgedrückt benötigen die Pflanzen der Gattung *Phalaenopsis* eine Beleuchtungsstärke von 8000–12000 Lux (lx). Die Beleuchtungsstärke in den hellsten Monaten des Jahres beträgt aber mittags bis zu 100000 lx, im Schatten dabei etwa 30000 lx. Im Herbst und Frühjahr sinken die Werte auf 30000 lx und im Winter sogar auf 10000 lx. Die Messung erfolgt mit einem Luxmeter.

Luft

Zur Vermeidung von Krankheitsinfektionen benötigen die Pflanzen eine gute Luftumwälzung und viel Frischluft. Im Gewächshaus sollte mit Ventilatoren eine gute Luftumwälzung über den gesamten Tagesablauf von 24 Stunden bei guter Frischluftzufuhr gewährleistet werden. Bewährt hat sich auch eine Intervall-Umwälzung, die variabel eingestellt werden kann. So können z. B. Intervalle von jeweils 15 bzw. 30 Minuten Dauer Umwälzung im Wechsel mit einer Ruhepause gewählt werden. In dieser kann sich die Luftfeuchtigkeit niederschlagen.

Die Erfahrung lehrt: Es gehen mehr Pflanzen an zu feuchter und stehender Luft mit der Folge von Erkrankungen ein als an fehlender Luftfeuchtigkeit.

Luftfeuchtigkeit

Die relative Luftfeuchtigkeit sollte während des Tages etwa 60% betragen und kann am Abend auf 80% ansteigen. In der Nacht steigt die Luftfeuchtigkeit mit sinkenden Temperaturen von selbst an. Die Messung der relativen Luftfeuchtigkeit erfolgt mit Hilfe eines handelsüblichen Hygrometers.

Auf der Fensterbank kann man die erforderliche Luftfeuchtigkeit durch die Verwendung von Übertöpfen oder Topfuntersetzern erreichen, in die Kieselsteine gelegt werden. Das Wasser kann so aus dem Pflanzstoff ablaufen und langsam unter dem Topf verdunsten. Die aufsteigende Feuchtigkeit erhöht somit auch die relative Luftfeuchtigkeit im Nahbereich der Pflanzen.

Bewässerung

Bei Temperaturen von etwa 22 °C trocknen die Pflanzstoffe in 5–7 Tagen ab, so daß kräftig gegossen werden muß. Dabei wird am besten über den Pflanzstoff gegossen. Man verwendet dabei salzarmes Leitungswasser oder am besten Regenwasser. Die Gießintervalle sind stark von der Tagestemperatur, dem Pflanzstoff und auch von den Pflanzgefäßen abhängig, so daß Zahlenangaben nur Hinweise sein können. Bei höherer Temperatur verkürzen sich die Gießintervalle auf etwa 3–4 Tage, bei stark herabgesenkter Temperatur erhöhen sie sich auf 7–9 Tage. Bei Pflanzen, die in Tontöpfen kultiviert werden, verkürzen sich die Gießintervalle um etwa 1 Tag. Die Pflanzen dürfen mit ihren Töpfen nie im Wasser stehen, da sonst die Wurzeln faulen. Es kommt dann zumeist zum Verlust der ganzen Pflanze.

Auf Blöcken aufgebundene Orchideen benötigen ein häufigeres Gießen, Sprühen oder Tauchen, im Sommer fast jeden Tag. Auch bei Pflanzen ohne Ruheperiode, wie denen der Gattung *Phalaenopsis*, schadet ein gelegentliches leichtes Austrocknen des Pflanzstoffes nicht. Dies fördert eher die Ausbildung neuer Wurzeln.

Beim Gießen muß darauf geachtet werden, daß kein Wasser in den Blattscheiden stehen bleibt. In dem stehenden Wasser vermehren sich anaerobe Erreger, welche die Pflanze angreifen. Gießt oder sprüht man am Morgen, kann das Wasser dort abtrocknen. Gießt man aber am Nachmittag oder Abend, können über das nicht abgetrocknete Wasser Faulungsprozesse ausgelöst werden. Das morgendliche Gießen ist am verträglichsten für die Pflanzen.

Aber auch abends kann vorsichtig gegossen werden, wenn die Temperatur während der Nacht nicht oder nur gering abgesenkt wird. Erfolgt eine starke Nachtabsenkung nach dem abendlichen Gießen, können bei den Pflanzen Schädigungen mit dem Verlust von Blättern, Blüten oder ganzen Pflanzen auftreten.

Pflanzen, die regelmäßig nur leicht besprüht oder gegossen werden, sollten wenigstens ein Mal im Monat kräftig gegossen werden. Unterläßt man dies, kann es zu einer Anreicherung von Düngesalzen im Pflanzstoff kommen.

Wassertemperatur

Die Temperatur des Gießwassers muß der Raumtemperatur angeglichen werden. In der Regel ist das Leitungs- und auch das Brunnenwasser zu kalt und verursacht besonders bei Pflanzen der Gattung *Phalaenopsis* Schädigungen an den Wurzeln mit Folgeschäden an den Blättern und Blüten. Die Pflanzen reagieren mit einem bleibenden narbenartigen Einsinken der Epidermis an der Blattunterseite.

Düngung

Die Pflanzen benötigen eine regelmäßige Düngung ca. viermal im Jahr. Dabei sollte man einen speziellen Orchideendünger verwenden mit einem Nährstoffverhältnis von N–P–K = 3–1–2 (15–5–10).

N–P–K bedeutet das Verhältnis der Nährstoffe Stickstoff (N), Phosphor (P) zu Kalium (K). Bei einem geringen Pflanzenbestand kann man auch den handelsüblichen Blumendünger verwenden. Hierbei muß aber der Dünger sehr stark verdünnt werden, ca. die vierfache Wassermenge wie angegeben.

In der Regel sollten die Düngemittel als Beimengung zum normalen Gießwasser verabreicht werden.

Zur Verstärkung der Blüteninduktion können auch Dünger mit einem höheren Stickstoffanteil verwendet werden, z. B. N–P–K = 20–20–20. Bei Monokultur von Pflanzen der Sektion *(Eu-)Phalaenopsis* kann zur Hauptblütezeit im Frühjahr stärker P–K-betont gedüngt werden.

Bei Jungpflanzen sollte man nicht in den Fehler verfallen, zu stark stickstoff-betont zu düngen. Man erzielt zwar ein schnelleres Wachstum, erhält aber relativ weichblättrige Pflanzen.

Aufkalkung

Etwa einmal im Jahr sollte der Pflanzstoff aufgekalkt werden. Durch die Aufkalkung werden einerseits verschiedene Salze aus dem Pflanzstoff in Lösung gebracht und ausgeschwemmt. Zum anderen werden durch eine Entsäuerung des Subtrats der pH-Wert verschiedener Nährstoffionen für die Pflanzen erst verfügbar gemacht, da die Nährstoffaufnahme stark pH-Wert-abhängig ist. Dabei sollte ein pH-Wert von etwa 5,5–6 angestrebt werden.

Erfolgt keine Aufkalkung, kann es trotz dauernder Düngung zu Schwächungen der Pflanze kommen, die auf einen Nährstoffmangel zurückzuführen sind. Denn die mit dem Dünger zugeführten Inhaltsstoffe werden ohne Aufkalkung im Pflanzstoff gebunden und sind nicht mehr verfügbar für die Pflanzen. Ein zusätzliches Düngen zeigt bei den Pflanzen eher eine negative Wirkung.

Die Kalkgabe sollte nach einem intensiven Durchgießen des Pflanzenbestandes erfolgen. Der Kalk kann dann entweder ausgestreut oder in Wasser aufgeschlämmt gegossen werden. Nach einer Einwirkung von einigen Stunden sollte wieder nachgegossen werden.

Als Kalkgabe verwendet man handelsüblichen kohlensauren Kalk, Calciumcarbonat.

Gegenseitige Beeinflussung der Wachstumsfaktoren

Voraussetzung für ein optimales Wachstum der Pflanzen ist ein harmonisches Abstimmen aller Wachstumsfaktoren aufeinander. Schwächt sich einer der Faktoren ab, sollten auch alle anderen Faktoren gemildert werden. In den lichtärmeren Monaten im Winter ist so auch eine Verringerung der Wasser- und Düngemittelgaben angebracht. Steigt z. B. im Sommer die Temperatur an, erfordert dies auch eine gesteigerte Wasser- und Düngemittelgabe.

Durch die spezifischen Vorgaben im Kulturraum, auf der Fensterbank oder im Gewächshaus, ergeben sich somit auch spezifische Erfordernisse für sämtliche Kulturfaktoren.

Umtopfen

Die Pflanzen dieser Gattung sollten ca. alle zwei Jahre nach der Blüte bzw. vor der Wurzelneubildung neu getopft werden.

Die Notwendigkeit des Umtopfens deutet sich spätestens dadurch an, daß die Pflanzen völlig aus dem Topf herauswachsen und nur noch außerhalb des Pflanzgefäßes neue Wurzeln bilden.

Ein Umtopfen ist ebenfalls erforderlich, wenn sich das Substrat völlig zersetzt hat. So stehen z. B. frisch gekaufte Pflanzen bereits mehr als ein Jahr im Pflanztopf, sollten also entsprechend früher umgetopft werden.

Beim Umtopfen sollten die Pflanzen völlig trocken sein. Nach dem Austopfen werden alle verdorrten bzw. verfaulten Teile des Wurzelstockes mit einem desinfizierten Messer entfernt. Dann wird in den neuen oder schon gebrauchten vorher gesäuberten und desinfizierten Topf zuerst eine Schicht Styroporflocken eingebracht. Die Pflanze wird vorsichtig ohne Beschädigung der gesunden Wurzeln in den Topf gesteckt und fest mit frischem Pflanzstoff eingepflanzt, ohne daß Hohlräume verbleiben. Die Pflanzenbasis sollte bündig mit der Pflanzstoffoberfläche abschließen. Wird die Pflanze zu tief eingesetzt, kann sie leicht faulen.

Behandlung der Pflanze nach der Blüte

Die Blütenstände sollten nach der Blüte an der Pflanze verbleiben, bis sie verdorren. Dann sollten sie unterhalb des bereits verdorrten Teils oberhalb einer Verdickung (Nodie) abgeschnitten werden. Aus dieser Verdickung kann sich ein neuer Blütenstand entwickeln. So sollte auch die Abtrennung des Blütenstandes als Schnitt für die Vase oberhalb einer erkennbaren Verdickung am Stengel erfolgen. Der Blütenstand kann aber auch an der Spitze weitertreiben und neue Knospen bringen. Deshalb sollte man mit dem Abschneiden wirklich warten, bis der Blütenstand verdorrt ist.

Bei Arten und Hybriden der Sektion *(Eu-)Phalaenopsis* sollte der Blütenstand oberhalb des 3. bis 4. Auges geschnitten werden, damit sich ein Seitentrieb bildet. Verdorrt der Blütenstand ganz, sollte er auch völlig abgetrennt werden.

Einige Arten und Hybriden, besonders die gelben und bunten, blühen mehrmals aus dem gleichen Blütenstand. Sie sollten nie abgetrennt werden. Andere Arten und Hybriden bilden gerne Kindel an den Blütenständen aus, z. B. *Phal. lueddemanniana* und *Phal. pulchra*. Diese Blütenstände dürfen deshalb auch nie entfernt werden.

Kindelbildung (siehe auch Vermehrung)

Einige Arten und Hybriden bilden an den Blütenstandstielen neue kleine Pflanzen aus. Bei *Phal. stuartiana* wurde dies auch an den Wurzeln beobachtet. Diese Kindel können an den Blütenstengeln verbleiben oder dürfen auch nach der Ausbildung kräftiger Wurzeln abgetrennt und separat eingepflanzt werden. Als Faustregel gilt die Ausbildung von 2–4 Wurzeln mit mindestens 4 cm Länge.

Mit speziellen Mitteln kann diese Kindelbildung verstärkt werden, so daß man genetisch völlig identische Ableger von den Pflanzen erhält.

Auf der Fensterbank

Am Fenster erhält die Pflanze nur von einer Seite Licht. Da die Pflanze stets zum Licht hinwächst, kann es zu einem schiefen Wuchs kommen. Man sollte sich aber nicht verleiten lassen, die Pflanze immer wieder in ihrer Position oder Wuchsrichtung zu ändern, das würde die Pflanze im Wuchs stören.

Die Pflanzen bereiten dem Liebhaber natürlich die größte Freude, wenn ein Blütenstand erscheint. Die Infloreszenz sollte man nun täglich beobachten, denn auch sie wendet sich dem Licht zu. Dadurch macht sie Kreise und Schnörkel, die meist nicht sehr gut aussehen. Man steckt deshalb gleich bei Erscheinen der Infloreszenz einen Stab in das Substrat und stößt ihn bis auf den Topfboden. Am Anfang ist der Stiel noch sehr weich und anpassungsfähig, deshalb kann man ihn mit Blumendraht locker an den Stab binden. Mit zunehmender Länge und Alter wird der Stiel steifer. Wartet man zu lange mit dem Anbinden, dann ist der Stiel so fest, daß er sich nicht mehr biegen läßt und bricht.

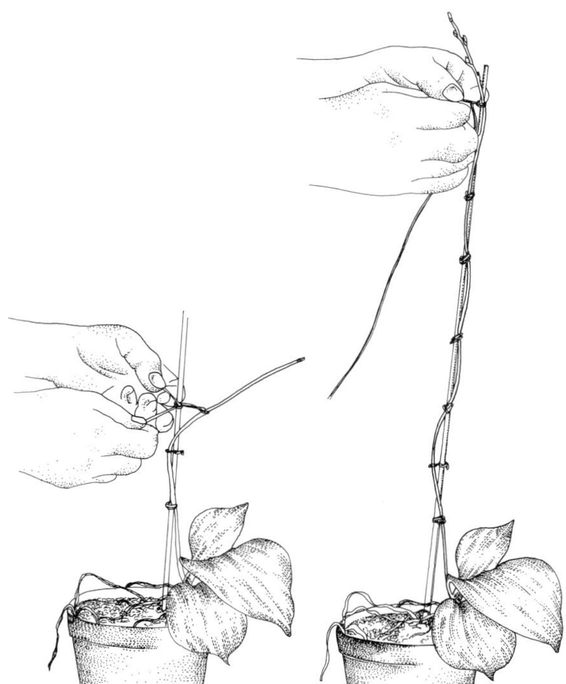

Fachgerechtes Aufbinden des Blütenstandes.

Auch am Fenster kann man die Pflanzen durchaus besprühen oder einnebeln. Da aber am Fenster meistens keine Ventilatoren zur Luftbewegung laufen, muß man darauf achten, daß im Herz (Stamm-Mitte) kein Wasser stehen bleibt. Dies könnte die Pflanze vernichten (siehe auch unter Bewässerung).

Die Fensterbretter sind sehr häufig aus Marmor oder anderem Stein. Auf einem Stein ist die Temperatur niedriger als sonst. Da es die *Phalaenopsis* gerne warm hat, sollte man vielleicht auf das Fensterbrett ein Styroporbrett legen. Das kann eine Temperaturdifferenz von bis zu 5 °C ausmachen.

Letztlich nochmals die Warnung vor zu viel Sonne. Direkte Sonne verbrennt die Blätter einer *Phalaenopsis*. Geben Sie daher Ihren Lieblingen rechtzeitig Schatten! Lassen Sie das Rollo runter, kleben Sie Seidenpapier an das Fenster, lassen Sie andere Pflanzen Schatten werfen.

Allgemeine Hinweise

Die Pflanzen sollten nicht zu eng gestellt werden, damit sie genügend belüftet werden. So kann man auch rechtzeitig aufkommende Pflanzenerkrankungen bemerken und durch entsprechende Maßnahmen bekämpfen.

Auch wenn man durch das breite Angebot von attraktiven Pflanzen dazu verleitet wird, sich viele dieser Pflanzen zu kaufen, sollte man immer den vorhandenen Platz auf der Fensterbank oder im Gewächshaus im Auge behalten.

Diese Notwendigkeit der Selbstbeschränkung ist in der Theorie immer begreiflich, wird aber in der Praxis zumindest anfänglich zu Gunsten weiterer prächtiger Pflanzen meist mißachtet. Erst wenn wirklich kein Platz mehr zu finden ist oder die Pflanzen schon sichtbar unter der Enge leiden, wird etwas dagegen getan – oft zu spät.

Pflanzen der Gattung *Phalaenopsis* kann man wegen ihres sperrigen Laubes nicht zu eng halten. Beachtet man dies nicht, kann es sehr schnell zu Schäden kommen.

Wenn eine Pflanze durch Infektionen alle Blätter verloren hat und das Herz (Stamm) noch unbeschädigt ist, sollte man sie nicht gleich wegwerfen, sondern erst einmal isolieren und weiterkultivieren. Die Pflanzen der Gattung *Phalaenopsis* bilden manchmal an der Basis neue Triebe aus, die sehr schnell zu neuen blühfähigen Pflanzen heranreifen können.

Auf Grund der individuellen Ansprüche lassen sich kaum allgemein verbindliche Regeln für die optimale Kultur im Zusammenspiel der einzelnen Wachstumsfaktoren festlegen. So haben die reinen Arten zumeist speziellere, dem natürlichen Standort „entlehnte“ Ansprüche und sind in der Regel nicht so robust wie Hybriden. Aber auch die künstlichen Nachzuchten dieser Arten, wie z. B. *Phal. equestris* und *Phal. stuartiana*, zeigen sich recht robust, wenn gut etablierte Pflanzen gekauft werden. Nur durch ständige Beobachtung und Fingerspitzengefühl lernt man allmählich, wie man die Kulturbedingungen pflanzenspezifisch und den Bedingungen im Kulturraum entsprechend optimiert.

Arten und Hybriden der Sektion *(Eu)phalaenopsis* werden etwas kühler und halbschattig kultiviert. Dabei reicht eine Temperatur bis 16 °C aus. Sie vertragen aber auch besonders im Sommer höhere Wärmegrade. Die Blütenrispe darf erst nach dem Verdorren abgeschnitten werden, da sich an den Nodien noch Seitentriebe mit neuen Blüten ausbilden können.

Das Farbangebot der Hybriden reicht von reinweiß, rosa bis gelb.

Arten und Hybriden der Sektion *Amboinensis* haben besonders in der Nacht einen höheren Temperaturanspruch als die anderen Arten. Man erkennt sie insbesondere am hellgrünen Laub und der geringen Blattzahl. Nach der Blüte darf bei ihnen der Blütenstand nicht abgetrennt werden, da die Rispen nach vorne weitertreiben und neue Knospen bilden.

Hartlaubige Arten dieser Sektion wie *Phal. gigantea, Phal. fuscata* und *Phal. viridis* können, müssen aber nicht heller stehen.

Beachten Sie die speziellen Kulturhinweise bei den jeweiligen Arten!

Krankheiten und Schädlinge

Die Mehrzahl der Pflanzenerkrankungen sind Folgen unsachgemäßer Kultur. Dabei kann die Mißachtung eines Kulturfaktors ausschlaggebend sein. So sollte beim Sichtbarwerden einer Erkrankung nicht gleich zu einem Pflanzenschutzmittel gegriffen, sondern zuerst an eine Verbesserung der Kulturbedingungen gedacht werden. Und grundsätzlich gilt: Vorbeugen ist besser als Heilen!

Gerade bei Pflanzen, die durch falsche Kultur geschwächt sind, finden die verschiedenen Erreger und Schadinsekten meist optimale Lebensbedingungen.

Man unterscheidet zwischen nichtparasitären (z. B. Nährstoffmangel oder -überschuß) und parasitären Erkrankungen durch Viren, Bakterien, Pilze sowie tierischen Schädlingen. Zudem können im Gewächshaus oder auf der Fensterbank auch mechanische Schädigungen auftreten.

Mechanische Schäden

In der Regel handelt es sich um Verletzungen von Wurzeln, Stamm, Blättern oder Blütenstand. Solche Beschädigungen können besonders beim nicht fachgerechten Umtopfen auftreten. Sie führen oft zu einem Rückschlag des Pflanzenwachstums. Die Pflanzen sind dann auch besonders anfällig gegen Kulturfehler, Krankheiten und Schädlinge. So sollten Wunden sofort z. B. mit Aktivkohle gereinigt bzw. verschlossen werden.

Nichtparasitäre Erkrankungen

Diese können sich durch Formveränderung der Pflanze und/oder Blüte, Blattverfärbung, Blütenschäden oder durch Blattfall und Absterben der Pflanze zeigen.

Formveränderungen

Vorrangig zeigt sich die Veränderung der Form der Pflanze als Folge falscher Nährstoffgaben. Zu geringe Düngemittelgaben haben ein vermindertes Wachstum, die Ausbildung relativ kleiner hellgrüner Blätter und vieler schwacher Wurzeln zur Folge.

Besonders der Mangel an Stickstoff, Phosphor und gerade bei *Phalaenopsis* von Kupfer zeigt sich in Wuchsdepression mit oft länglicheren Blättern. Dieser Mangel kann auch bei Pflanzen auftreten, die normal gedüngt aber nie aufgekalkt werden. Hierbei sind die Nährstoffe aufgrund des falschen pH-Werts nicht für die Pflanzen verfügbar, so daß Mangelerscheinungen trotz ausreichenden Nährstoffangebots auftreten.

Sehr hohe Düngung hat dagegen die Ausbildung eines relativ weichen Laubes und teils das Absterben der Wurzeln zur Folge. Überdüngung führt zu Pflanzen mit kurzen dicken, verhärteten Wurzeln und Verbrennungsflecken auf den Blättern.

Während zu helle Standorte eine Wuchshemmung verursachen, zeigt sich an zu dunklen Standorten ein übermäßiges Wachstum mit der Ausbildung weicher Blätter.

Mißbildungen oder Verkrüppelungen können auch die Folge ungleichmäßiger Lichteinwirkung, z. B. durch das Drehen der Pflanzen auf der Fensterbank sein. Die Pflanze wird sich immer wieder zum Licht ausrichten und sich dadurch im Wuchs verwinden. Auch der Blütenstand entwickelt sich immer zum Licht hin. Ein dauerndes Drehen mit dem Ziel, daß sich die Blüten zum Innenraum des Zimmers ausrichten kann auch zur Verkrüppelung bzw. Verdrehung des Blütenstandes führen. Besser wäre hierbei eine Befestigung des Blütenstandes an einem Stab.

Die Entwicklung der Rispe geht zum Licht hin. Die Rispe hat häufig vor dem Ausbilden der Knospen das Fenster erreicht und stellt das Wachstum ein. In diesem Fall kann die Rispe vorsichtig mit einem Faden an einen gesteckten Stab gebunden und zurückgezogen werden. Die Rispe sollte aber erst nach dem völligen Ausbilden der Knospen angebunden werden.

Blattverfärbungen

Die Blätter können sich bei fehlerhafter Kultur großflächig oder nur stellenweise verfärben.

Großflächige Verfärbung der oberen Blätter kann auf zu starke Belichtung oder auf einen zu dunklen Standort zurückzuführen sein. Durch Lichtüberschuß kann es zu einer Rotfärbung oder einer ungleichmäßigen Aufhellung kommen. Ein zu dunkler Standort hat eine deutliche dunkelgrüne Färbung der Blätter zur Folge. Stickstoffmangel führt ebenfalls zu einer gleichmäßigen Aufhellung, während Stickstoffüberschuß eine dunkelgrüne Färbung zur Folge hat. Kupfermangel führt bei den Pflanzen der Gattung *Phalaenopsis* zu einer Rotfärbung der Blätter.

Der Mangel an Spurenelementen kann zu einer ungleichmäßigen Aufhellung der unteren Blätter führen.

Stellenweise Veränderungen des Blattes können sowohl auf falsche Düngung, fehlerhafte Anwendung von Spritz- und Düngemitteln oder auf parasitäre Ursachen zurückzuführen sein.

Kalimangel zeigt sich zunächst durch braunrote Flecken am Blattrand, die sich später großflächig ausbreiten.

Verfärbungen am Laubende zeigen sich bei zu geringer Luftfeuchte und mangelnde Wasserversorgung der Pflanze, die durch zu geringe Wassergaben oder Wurzelschäden verursacht wird. Ursache kann aber auch die Calcium-Festlegung im Pflanzstoff durch Phosphorüberschuß oder durch einen falschen pH-Wert des Substrats sein.

Auch zu niedrige Temperaturen können Blattveränderungen durch Bakteriosen und Mykosen fördern.

An der Blattoberseite treten manchmal bräunliche, später glasig werdende Flecken durch Tropfwasser auf. Dies ist insbesondere zu beobachten, wenn abends gegossen wird und eine starke Nachtabsenkung der Temperatur erfolgt. Diese glasigen Flecken sind Ausgangspunkt der bakteriellen Infektion durch *Pseudomonas* (siehe Bakteriosen).

Einzelne gelbe, eingefallene Punkte auf dem Blatt deuten auf pilzliche oder bakterielle Ursachen, auf Virosen oder auf Schadinsekten hin.

Stellenweise Verfärbungen auf der Oberseite können auch durch verbliebene Spritz- und Düngemittel hervorgerufen werden.

Verbrennungen der Pflanzen durch zu starke Sonnenbestrahlung sehen am Anfang *Pseudomonas* sehr ähnlich, verwandeln sich aber nach 3–4 Tagen in weiße Flecken mit schwarzem Rand.

Blütenbeeinträchtigungen

Diese zeigen sich durch Blühfaulheit, Blütenverkrüppelung, nicht öffnende und/oder abfallende Blüten.

Die Blühfaulheit einer Pflanze kann durch zu viel oder zu wenig Licht, Nährstoffmangel (Stickstoff, Kalium, insbesondere Phosphor) und auch durch zu geringe oder keine Nachtabsenkung verursacht werden. Es kann aber auch sein, daß ein einzelner Klon einer Art oder Kreuzung besonders blühfaul ist.

Blütenverkrüppelungen können die Folge von falschem Spritzmitteleinsatz, genetischen Anlagen, mechanischen oder tierischen Schädigungen sein.

Blüten der Gattung *Phalaenopsis* öffnen sich häufig nicht, wenn entscheidende Kulturfehler begangen werden. Ursachen können zu hohe oder zu geringe Luftfeuchtigkeit, mangelnde Luftbewegung oder Wurzelschäden sein. Bei zu hoher

Tag-Nacht-Differenz der Temperatur wird an der Blüte ein zuckerhaltiger Saft ausgeschieden, der zum Verkleben der Blüte führt. Sie muß dann von Hand geöffnet werden.

Blüten- oder Knospenfall kann durch Nährstoffmangel (insbesondere Stickstoff), Kaltluft, Zugluft, Einspritzen der Blüten mit Wasser und Wurzelschäden verursacht werden. Auch eine hohe Kohlendioxid-Anreicherung oder Ethylen in der Luft können zum vorzeitigen Blütenabfall führen. Ethylen wird z. B. von Obst (besonders Äpfeln) ausgeschieden.

In wenigen Fällen können auch tierische Erreger schuld sein, die an oder in der Knospe leben.

Absterbeerscheinungen

Sie zeigen sich durch das Verwelken, Verdorren oder Verfaulen der Pflanze, durch Abfall aller Blätter, durch Nekrosen und Chlorosen.

Die Pflanzen verdorren bei zu geringen Wassergaben, zu hoher Temperatur oder bei Wurzelschäden. Die Wurzelschäden können durch Fäulnis, z. B. in verdichtetem und zu nassen Pflanzstoff, Überdüngung oder Insektenfraß hervorgerufen worden sein. Auch das Umpflanzen zum falschen Zeitpunkt kann den Verlust der Pflanze durch Verwelken zur Folge haben.

Das Abfallen der Blätter kann durch Fäulnis oder tierische Schädlinge verursacht werden. Auch die plötzliche Umstellung einer Pflanze von einem Kulturbereich in einen anderen kann zum Verlust aller Blätter führen. Die Hybriden der Gattung *Phalaenopsis* sind relativ robust, so daß sie diesen Kulturschock meist ohne Folgen überstehen.

Fäulnis ist vielfach die Folge von gravierenden Kulturfehlern. So kann die Temperatur dauernd zu niedrig, der Unterschied der Temperatur zwischen Tag und Nacht zu hoch sein, oder aber die Wurzeltemperatur ist niedriger als die Umgebungstemperatur. Auch zu wenig Frischluft, Zugluft und zu geringe Luftbewegung kann Fäulnisprozesse auslösen. Ursache kann aber auch zu kaltes Wasser, eine schlechte Wasserqualität oder stehendes Wasser auf den Blättern und entstehende Verdunstungskälte sein. Häufigste Auslöser der Fäulnisprozesse sind aber die zu übertriebene Wässerung der Pflanze oder aber verdichteter, bereits humusierter Pflanzstoff mit mangelhafter Luftführung und großer Wasserspeicherung.

Nekrosen und Chlorosen sind zumeist die Folge der mangelhaften Versorgung der Pflanze mit Nährstoffen, insbesondere auch der Spurenelemente. Sie wird oft durch die Festlegung der notwendigen Elemente im Pflanzstoff verursacht, wobei diese aufgrund eines falschen pH-Werts nicht für die Pflanzen verfügbar sind.

Bedingt durch die Überproduktion vor allem der Hybriden werden häufig Sonderangebote von Pflanzen in den Handel gebracht, die in ungeeignetem oder bereits zersetztem Substrat stehen. Diese Pflanzen erscheinen zwar sehr preisgünstig, haben aber in der Regel keine lange Blühdauer und nur eine kurze Lebenserwartung. *Testen Sie die Pflanzen vor dem Kauf!* Ziehen Sie vorsichtig an der Pflanze und stellen Sie dabei fest, ob sie noch ein gesundes Wurzelwerk besitzt.

Parasitäre Erkrankungen

Virosen

Diese Infektionskrankheiten zeigen sich durch gleichmäßige längliche oder kreisrunde Blattverfärbungen, aber auch durch Verformung der Blüten und der Pflanze. Einige meristemvermehrte Pflanzen zeigen den Virusbefall durch hellgrüne Aufhellungen in den Blütenstielen an. Die Ausprägung der Erkrankung ist stark von der Pflanzengattung und den herrschenden Umweltbedingungen abhängig. Die Infektion wird u. a. durch Schadinsekten, Kontakt oder auch durch vegetative Vermehrung übertragen. Relativ häufig geschieht die Übertragung durch den Saft kranker Pflanzen beim Schnitt oder der Teilung.

Der bekannteste Erreger ist das Cymbidium-Mosaikvirus. Er zeigt sich bei *Phalaenopsis* deutlich an jüngeren Blättern durch kleine oder breitflächige, meist hellere Farbabstufungen des Pflanzengewebes. Nach der völligen Ausbildung des Blattes verändern sich diese Aufhellungen zu stark eingesunkenen schwarzen Flecken. Sie zeigen sich anfänglich nur an der Blattunterseite und treten später auch an der Blattoberseite auf.

Eine genaue Bestimmung der Virosen ist sehr schwierig. Zumeist treten auch Mischinfektionen auf. Häufig sind die Überträger Blattläuse, Schildläuse, Thripse und andere saugende Insekten. Da keine geeigneten chemischen Pflanzenschutzmittel zur Bekämpfung der Virosen im Handel sind, muß man versuchen, alle Übertragungsmöglichkeiten zu beseitigen. Dies bedeutet insbesondere, daß man bei der Teilung von Pflanzen das Messer jeweils abflammt oder chemisch desinfiziert. Zusätzlich sollte man auch die tierischen Überträger, wie z. B. Blattläuse, in der Kultur bekämpfen. Virusbefallene Pflanzen müssen wohl oder übel ausgemerzt und vollständig vernichtet werden.

Bakteriosen

Typische Symptome sind weichfaule, trübgelbliche Flecken an den Blättern, die von den Rändern ausgehend sich zumeist über das gesamte Blatt ausdehnen. Die Verbreitung der Erreger über größere Entfernungen erfolgt durch Wasser, Wind und auch Insekten. Häufig schleppt man die Bakteriosen aber über kranke Pflanzenteile und infizierte Pflanzstoffe ein.

Bakteriosen sind in der Regel Folgen falscher Kultur. Sie lassen sich durch sorgfältige Hygienemaßnahmen und Einhaltung der Kulturbedingungen vermeiden. Besonders gefährlich sind die lichtarmen Wintermonate. Die abgedichteten Gewächshäuser mit wenig Frischluft und hoher Luftfeuchtigkeit sind ideale Brutstätten für die Schadbakterien.

Bräunliche, später glasig werdende Tropfwasserflecken auf der Blattoberseite sind oft Ausgangspunkte der bakteriellen Infektion durch *Pseudomonas*. Sie sollten großflächig herausgeschnitten und die Schnittstellen mit Holzkohle desinfiziert werden.

Zur Vermeidung sollte man besonders in den Wintermonaten vorsichtig gießen, die Blätter trocken halten und Wunden an den Pflanzen vermeiden. Befallene Pflanzenteile werden sofort entfernt, ganze Pflanzen isoliert und beseitigt.

Die Verwendung von Pflanzenschutzmitteln sollte nur nach Beratung durch den Fachhandel erfolgen und stellt nur die letzte Möglichkeit dar, nachdem man vorher versucht hat, die Kulturbedingungen zu verbessern. Als einzige Möglichkeit wird manchmal die Behandlung mit Antibiotika empfohlen. Wir raten aber davon ab.

Mykosen

Hohe Luftfeuchtigkeit, stehende Luft, wenig Frischluft und tropfendes Wasser sind die idealen Voraussetzungen für das Aufkommen pilzlicher Erkrankungen (Mykosen). Die auftretenden Pilze bestehen aus mikroskopisch kleinen, stark verzweigten, zumeist farblosen Fäden, den Hyphen oder dem Myzel, die sich in den Wurzeln oder auf bzw. in den befallenen Pflanzenteilen ausbreiten. Diesen entnehmen die Pilze die für ihr eigenes Wachstum erforderlichen Nährstoffe.

Die Mykosen zeigen sich in unterschiedlicher Form und werden verursacht durch eine Vielzahl verschiedener Pilze. Häufig führen sie zum Absterben der ganzen Pflanze. Der Befall der oberirdischen Teile zeigt sich im anfänglichen Kräuseln der Blätter und anschließenden Welke- und Absterbeerscheinungen an einzelnen Pflanzenteilen. Es können Blattflecken, Verfärbungen, Formveränderungen oder Schwellungen auftreten. Besonders anfällig sind geschwächte und junge Pflanzen.

Typische Symptome und ihre Erreger sind u. a.:

- Umfallen und Schwarzfäule bei Jungpflanzen (*Pythium*, *Phytophthora*).
- Weichfäule (*Pythium*, *Phytophthora*).
- Braunfäule im Wurzelbereich läßt sich durch rechtzeitiges Entfernen befallener Pflanzenteile und neues Topfen bekämpfen.
- Wurzel- und Stammfäule (*Fusarium*); erkennbar an den rötlichen Wurzeln und später rötlichen Blättern. Nur durch verbesserte Hygiene kann die Ausbreitung dieser Krankheit verhindert werden.

- Herz- und Wurzelfäule (*Rhizoctonia*): die Zerstörung der Wurzeln und/oder des Pflanzenherzes führt in der Regel zum Absterben der Pflanze.
- Verschiedene Blattfleckenkrankheiten.
- Blütenstippigkeit *(Botrytis)*, erkennbar an schwarzen Flecken auf den Blüten, kann durch höhere Temperatur vorgebeugt werden.
- Grauschimmel bei Jungpflanzen *(Botrytis)*, erkennbar an einem grauen Belag, läßt sich durch Senkung der Luftfeuchte bekämpfen.

Vor dem Einsatz von chemischen Pflanzenschutzmitteln sollte versucht werden, die Kulturbedingungen durch mehr Frischluft, verstärkte Luftumwälzung und insbesondere Herabsetzung der Luftfeuchtigkeit zu verbessern. Besonders sollte die Pflanzenhygiene im Kulturraum verbessert werden.

Pflanzenschutzmittel sollten erst nach genauer Information in Rücksprache mit Fachbetrieben eingesetzt werden.

Tierische Schädlinge

Tierische Schädlinge können direkt an oder in den Wurzeln oder aber an den oberirdischen Pflanzenteilen ihre pflanzenschädliche Wirkung entfalten. Geschwächte Pflanzen sind besonders gefährdet.

Häufig sind folgende Schadinsekten anzutreffen:

1. Schildläuse
2. Rote Spinne (Spinnmilben)
3. Schnecken
4. Wolläuse
5. Blattläuse
6. Thripse (Blasenfüße)
7. Collembolen (Springschwänze)

Häufig werden sie mit neuen Pflanzen eingeschleppt. Auch zur Vermeidung tierischer Schädlinge sollte man im Kulturraum peinliche Sauberkeit halten und die erforderlichen Kulturbedingungen einhalten.

Bei der oft unvermeidlichen Bekämpfung der Schadinsekten ist eine eingehende Information über mögliche Pflanzenschutzmittel durch den Fachhandel erforderlich. Es sollten dabei Mittel bevorzugt werden, die möglichst wenig giftig und doch wirksam sind. Die Vorschriften zur Ausbringung des Pflanzenschutzmittels müssen genau befolgt werden. Dabei sollte das Mittel häufiger gewechselt werden, um die Wirkung zu erhöhen und vor allem um die Entwicklung von resistenten Schädlingsrassen zu verhindern.

Da die Zulassungen der Pflanzenschutzmittel immer wieder geändert und somit bisher angebotene Mittel aus dem Handel genommen werden, ist es nicht möglich, bei jedem Schädling eine verbindliche Präparat-Empfehlung zu geben.

Auch der Einsatz von Nützlingen im Gewächshaus sollte auf jeden Fall erwogen werden.

Schädlinge im Wurzelbereich

Asseln: Sie leben versteckt am feuchten Boden, in Spalten und Ritzen. Auch wenn sich die Asseln weitgehend von zerfallenen organischen Stoffen ernähren, schädigen sie doch gelegentlich die Wurzeln, Pflanzen oder Blütenstände. Die Fraßspuren ähneln denen der Schnecken, ohne daß aber Schleimspuren erkennbar sind.

Unter halbierten Kartoffeln, die man abends auf den Pflanzstoff legt, kann man sie am Morgen finden und absammeln. Besonders wichtig ist aber peinliche Sauberkeit in den Kulturen und – sowieso – das sofortige Beseitigen von pflanzlichen Abfällen.

Springschwänze (Collembolen): Sie sind nur etwa 1,5 mm groß und tragen ihren Namen wegen der am Hinterende eingeschlagenen Gabel, die sie zum Springen befähigt. Insbesondere bevorzugen sie feucht gehaltene Torfsubstrate als Lebensraum. Zwar ernähren sie sich vorrangig von verwesender organischer Materie, greifen aber bei Massenbefall auch frisch gebildete Wurzelspitzen an. Springschwänze treten fast nie bei Pflanzen der Gattung *Phalaenopsis* auf.

Tausendfüßler und Zwergfüßler: Besonders die Zwergfüßler können bei ungenügendem Nahrungsangebot die Wurzeln stark schädigen. Da sie feuchte Substrate als Lebensraum bevorzugen, kann man sie gegebenenfalls durch eine etwas trockenere Kultur bekämpfen.

Trauermücken: Sie werden zumeist durch

Beifügung von Sumpfmoos (Sphagnum) in den Pflanzstoff eingeschleppt. Zudem wird ihre Entwicklung durch zu spätes Umpflanzen begünstigt. Die Maden verursachen sowohl durch Fraß als auch durch ihre Wirkung auf den Pflanzstoff Schäden an den Pflanzen. Durch ihre Fraßtätigkeit kann nämlich der Pflanzstoff vorzeitig zersetzt und in Humus umgewandelt werden. Diese Veränderung mit einer Erhöhung der Wasserrückhaltefähigkeit und Verdichtung des Pflanzstoffes führt zur Verkümmerung oder zum Verfaulen der Wurzeln und damit auch zu einer starken Schädigung der Gesamtpflanze. Die Beschädigung der Wurzeln begünstigt auch das Eindringen von Bodenpilzen.

Vorbeugend sollte man die Lebensbedingungen der Trauermücken begrenzen, durch Umpflanzen, trockenere Kultur, durch Entfernen der Unkräuter, Moose und anderer Wirtspflanzen auf den Stellagen und unter den Tischen. Als sehr wirksam haben sich auch insektenfangende Pflanzen (Karnivoren), wie z. B. *Drosera*-Arten erwiesen.

Schädlinge an den oberirdischen Pflanzenteilen

Blasenfüße (Thripse): Sie stechen das Gewebe der Pflanzen an und saugen die Zellen aus. Die befallenen Pflanzenteile bekommen gelbliche, später grauweiße Flecken und wirken dadurch gesprenkelt. Durch das Eindringen von Luft in das ausgesaugte Gewebe weisen die Befallsstellen einen silbrigen Schimmer auf. Die nur 1 mm großen länglichen, gelblichen bis schwarzen Schadinsekten lassen sich nur mit entsprechenden Pflanzenschutzmitteln bekämpfen.

Blattläuse: Die verschiedenen Blattlausarten schädigen die Pflanzen durch das Ansaugen weicher Pflanzenteile, Triebspitzen und Knospen. In dem von ihnen hinterlassenen Darmausscheidungen, dem Honigtau, siedeln sich häufig Rußtaupilze an. Auch andere Erreger von Pflanzenkrankheiten werden von den Blattläusen übertragen. Blattläuse lassen sich gut mit Nützlingen kurzhalten. Zudem haben sich alte Hausmittel bewährt. So zeigen sowohl Seifenlaugen als auch Brennesselbrühe gute Wirkung. Andere Pflanzenschutzmittel werden vom Fachhandel angeboten. Die Behandlung ist mehrmals zu wiederholen.

Schildläuse: Alle kultivierten Orchideen können mehr oder minder stark von diesen Schadinsekten befallen werden. Die große Zahl verschiedener Deckel- oder auch Napfschildläuse schützt die Jungtiere unter dem sichtbaren, zumeist bräunlichen Deckel. Reibt man diesen Deckel in gutem Glauben ab, verbreitet man die Jungtiere über die Pflanzen. Die Läuse schädigen die Pflanzen durch das Aussagen von Zellen. In den zukkerhaltigen Ausscheidungen siedeln sich gern Schwärzepilze an.

Häufig erkennt man den Befall erst sehr spät, da sich die Schildläuse anfänglich vorrangig an den Blattunterseiten aufhalten.

Ein geringer Befall läßt sich oft mit einem alten Hausmittel bekämpfen. Dabei betupft man die Deckel der Tiere vorsichtig mit Speiseöl. Dadurch werden die Poren verstopft und die Jungtiere ersticken. Diese Prozedur sollte man etwa dreimal im Abstand von 10–14 Tagen wiederholen. Auf keinen Fall sollte man aber die ganze Pflanze benetzen, da sonst auch die Atemöffnungen der Pflanzen verstopft werden und die Pflanze abstirbt. Auch das Bestreichen der befallenen Pflanzenteile mit einer Schmierseifelauge ist oft unbefriedigend.

Bei großflächigem Befall sollte man den Rat eines Fachmannes einholen.

Wolläuse: Sie fallen durch ihre starken, wolligen Wachsausscheidungen auf, unter denen sich die Jungtiere gut geschützt entwikkeln können. Sie lassen sich anfänglich mit Mitteln bekämpfen, die ihre Poren verkleben. Zumeist fällt der fortgeschrittene Befall erst recht spät durch die Aufhellung der Blätter an der Oberseite auf, da sich diese Schadinsekten bevorzugt auf der Blattunterseite, besonders bei dicht stehendem Pflanzenbestand kaum zu erkennen, aufhalten. Dann hilft zumeist nur noch der mehrmalige Einsatz von gut wirksamen Pflanzenschutzmitteln in Abständen von ca. zwei Wochen. Des weiteren können sie ähnlich bekämpft werden wie die verwandten Schildläuse.

Spinnmilben: Zu ihnen zählen die „Rote

Spinne", die rote und die normale Gewächshausspinnmilbe. Sie befallen die Pflanzen bevorzugt bei ungünstigen Kulturbedingungen. Durch die Saugtätigkeit der Milben zeigen sich auf den Blättern leichte, weißliche Flecken, die sich zu einer fahlen, gelblichen Färbung des ganzen Blattes ausweiten. Schließlich sterben die Blätter ab. Gespinstüberzüge an der Blattunterseite deuten ebenfalls auf den fortschreitenden Befall hin. Neben vorschriftsmäßiger, hygienisch einwandfreier Kulturführung zur Vorbeugung bietet sich beim Auftauchen der Milben nur der Einsatz von entsprechenden Pflanzenschutzmitteln an.

Weichhautmilben: Die versteckt lebenden, weniger als 1 mm großen, fast farblosen Schadinsekten erkennt man an ihrer Wirkung auf den Blütenstand und die Blüten. Durch die versteckte Saugtätigkeit kommt es zu Verkrüppelungen und Verletzungen des Blütenstiels und der Blüte. Die Milben kann man durch Herabsetzung der Temperatur und der Luftfeuchtigkeit und durch den Einsatz von Pflanzenschutzmitteln bekämpfen. Milben werden an den Pflanzen der Gattung *Phalaenopsis* nur selten beobachtet.

Blatt- und Stengelälchen: Die Wirkung dieser Nematoden zeigt sich in braunen Streifen auf den Blättern, die oft durch die Blattrippen begrenzt sind. Die Streifen weiten sich zu Flecken aus und führen zum Absterben der Blätter. Die Verursacher sind ca. 1 mm lange, glasige Fadenwürmer, die bei genügend Feuchtigkeit vom Boden auf die Pflanzen wandern und durch die Spaltöffnungen in das Blattinnere eindringen. Sie lassen sich nur durch strenge Hygiene verhindern und mit bestimmten Pflanzenschutzmitteln bekämpfen.

Schnecken: Deutliche Fraßspuren mit Schleim sind ein untrügliches Zeichen für Nacktschnecken. In unübersichtlichen Pflanzenbeständen hat das Absammeln nur begrenzte Wirkung. Bessere Ergebnisse zeigen Bierfallen. Hilft alles nichts, ist die (gezielte!) Verwendung von Schneckenkorn unabdingbar, da Schnecken schon in einer einzigen Nacht eine verheerende Wirkung auf den Pflanzenbestand haben können.

Die gezielte Verwendung von **Nützlingen,** wie z. B. Schlupfwespen, ist auf jeden Fall empfehlenswert. Da aber erst geringe Erfahrungen vorliegen und die Nützlinge bestimmte Lebensbedingungen brauchen, sollte man sich vorher *genau* informieren lassen. Man darf beim Einsatz von Nützlingen zwar keine hundertprozentige Vernichtung der Schädlinge erwarten, sie bieten aber eine durchaus sinnvolle Alternative. Auch das Aufstellen von insektenvertilgenden Pflanzen, wie z. B. Sonnentau, ist einer chemischen Behandlung vorzuziehen.

Vermehrung

Um Orchideen und vor allem *Phalaenopsis* vermehren zu können, gibt es drei Möglichkeiten: durch Samen, durch Meristem, durch Kindel. Nur die letzte Art, durch Kindel, ist auch im gewissen Rahmen für den Amateur möglich, die beiden anderen brauchen viel Erfahrung, Platz, technische und labormäßige Ausrüstung. Die Vermehrung von Orchideen wird im wesentlichen nur von professionellen Labors oder Züchtern vorgenommen. Viele Amateure haben aber schon ihre Fähigkeiten bei der Vermehrung aus Samen bewiesen und leisten damit einen guten Beitrag zum züchterischen Fortschritt. Eine „Phalaenopsis aus der Samentüte" gibt es freilich nicht.

Vermehrung durch Samen

Hat man sich entschlossen, zwei bestimmte Arten oder Hybriden miteinander zu kreuzen, so muß man die Pollinien der einen Art auf die Narbe der anderen bringen. Das ist die Bestäubung. Wenn die Befruchtung geklappt hat, werden die Blütenblätter verwelken, und der Fruchtknoten schwillt langsam an. Bis der Samen fertig zum Aussäen ist, können je nach Art und Gattung noch Monate vergehen. Nicht jede Samenkapsel hat genug, wenn überhaupt, Samenkörner entwickelt. Das weitere Verfahren beinhaltet die Herstellung eines Nährmediums, die Vorbehandlung des Samens und das sterile Ausbringen des Samens auf den Nährboden. Das komplizierte Verfahren kann in diesem Rahmen nicht beschrieben werden. Man sollte diese Arbeit den Anzuchtlabors überlassen, die dazu bestens eingerichtet sind.

Da die Sämlinge der zwei Kreuzungspartner auch die Gene von beiden Eltern vererbt bekommen haben, ist auch ihr Aussehen eine gewisse Mischung beider Elternteile. Manche Gen-Einflüsse prägen sich dominanter aus als andere, d.h. manche Merkmale werden verstärkt und manche abgeschwächt. Im Laufe der jahrzehntelangen Hybridisation bekam man Erfahrung darin, welche Merkmale von welchen Arten in der Regel vorherrschen und welche unterdrückt werden. Durch dieses Wissen konnte man gezielt Pflanzen nach bestimmten Vorstellungen heranzüchten (siehe auch Kapitel Hybridisation). Daß man dadurch nicht nur Erfolge hatte, sondern auch manche Enttäuschung hinnehmen mußte, liegt in der Natur der Sache.

Neue Kreuzungen können bei der Hybriden-Registrierung der Royal Horticultural Society (siehe das betreffende Kapitel) angemeldet werden. Dort werden der neue Name mit deren Eltern, den Namen des Züchters und des Antragsjahres festgehalten. Dies hat eine ähnliche Funktion wie Namensschutzlisten in anderen Wirtschaftszweigen.

Der Vorteil der Vermehrung über Samen liegt darin, daß durch das Mischen der Erbinformationen beim Kreuzen immer neue Farben und Formen entstehen. Die Pflanzen einer Samenaussaat sehen sich im gewissen Rahmen ähnlich, sind aber nie miteinander identisch. Äußerlich treten sogar starke Verschiedenheiten auf. Bei Hybriden mit einem längeren Stammbaum kommt es nicht selten vor, daß die Nachkommen einander so unähnlich sind, als hätten sie verschiedene Eltern.

Der Nachteil der Vermehrung aus Samen ist die lange Wartezeit von Bestäubung bis zur ersten Blüte. In der Regel dauert dies drei

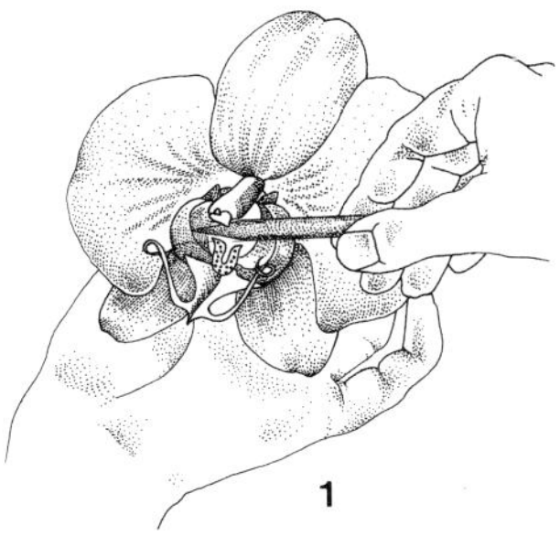

1

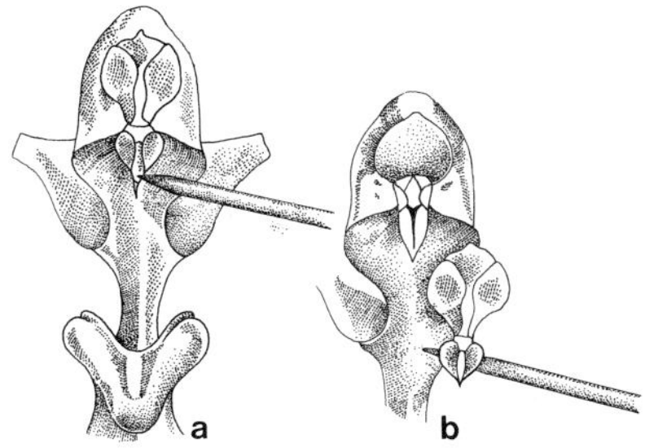

2

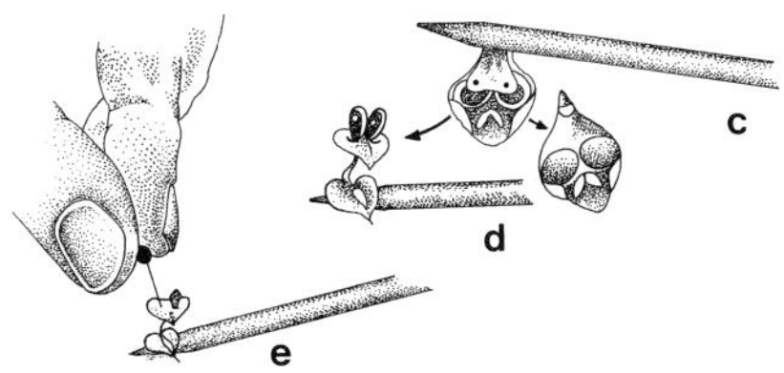

Bestäubung einer Blüte. 1, 2 = Abnehmen der Pollinien mit einem zugespitzten Holzstab, 3 = Anheften der Pollinien auf die Narbe einer anderen oder der gleichen Phalaenopsis-Blüte, 4 = genaues Kennzeichnen der bestäubten Blüte.

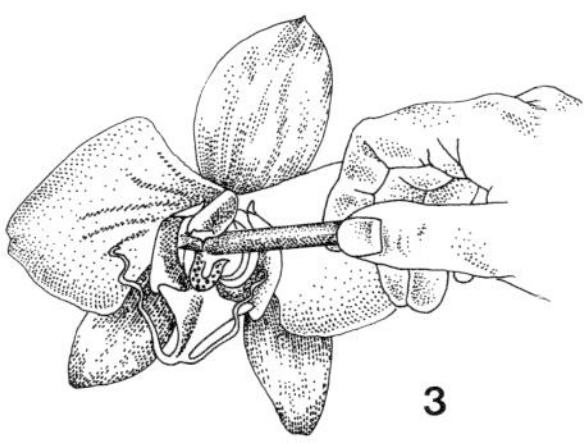

3

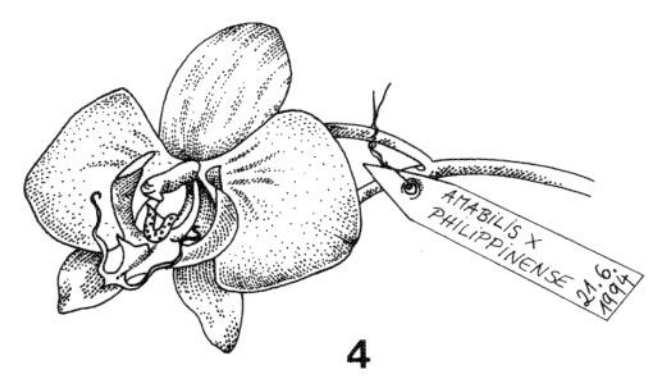

4

Jahre. Es gibt aber auch Arten und Gattungen, bei denen man bis zu 15 Jahre Geduld aufbringen muß, bis man die erste Blüte sieht. 15 Jahre Geduld um zu wissen, ob eine neue Kreuzung ein Erfolg oder ein Fehlschlag ist!

Deshalb wendet man heute zur raschen Vermehrung die Meristemisierung an.

Vermehrung durch Meristem

Das Verfahren beruht im Prinzip auf den Arbeiten von Morel (1960) mit anderen Pflanzengruppen. Hier kann nur ganz grob angedeutet werden, wie das vor sich geht. Man entnimmt den Pflanzen ein Explantat, ein für diese Methode besonders geeignetes Gewebeteil. Solche Gewebestücke bzw. die daraus entstehenden protokornähnlichen Körper werden immer weiter geteilt und so stets zu Neubildungen von Pflanzenzellen angeregt. Man setzt diese Teilung so lange fort, bis man die gewünschte Menge an Nachkommen hat. Beendet man die Teilung, so entwickeln sich aus den einzelnen Gewebeklumpen neue Pflanzen. Auch diese klonale Vermehrung kann auf Grund der technischen Notwendigkeiten nur von entsprechenden Labors gemacht werden.

Der Vorteil dieser Vermehrungsart ist, daß in relativer kurzer Zeit eine recht große Anzahl von Nachkommen hergestellt werden kann. Das bewirkt wiederum auch, daß die Preise für diese Pflanzen recht günstig sind. Manche Leute mögen das vielleicht bedauern.

Die Nachkommen aus dieser Vermehrungsmethode sind genetisch absolut identisch, sofern nicht eine unerwartete Mutation auftritt. Da hier anders als bei der Samenvermehrung keine Vermischung der Erbanlagen stattfindet, sehen alle Pflanzen gleich aus, sofern die Aufzucht unter völlig gleichen Bedingungen erfolgt.

Vermehrung durch Kindel

Man kennt dafür auch die Bezeichnungen »Keikis« oder »Adventiv-Pflanzen«. Diese Vermehrung ist auch für den Anfänger anwendbar. Allerdings werden dabei keineswegs die Stückzahlen der beiden vorgehenden Methoden erreicht.

Kindel werden von *Phalaenopsis* am Blütenstiel (Infloreszenzsproß) gebildet. Jede *Phalaenopsis* bringt ihre Blüten an der Spitze des Blütenstieles hervor. Entlang dieses Blütenstiels kann man einzelne Knoten sehen, sogenannte Nodien. Bildet die Spitze des Blütenstiels keine neue Blüten mehr und trocknet aus, so wird oft an einer dieser Nodien ein neuer Seitentrieb mit Knospen erscheinen. Das kann auch geschehen, obwohl die Spitze noch Blüten trägt. Anstelle des Seitentriebes kann aber auch eine neue Pflanze, eben ein Kindel, gebildet werden.

Als erstes bildet die Pflanze ein Blattpaar aus, anschließend werden Wurzel gebildet. Wenn diese Wurzeln eine Länge von 3–4 cm haben, wird der Blütenstiel unterhalb der neuen Pflanze abgeschnitten. Auch der Teil oberhalb wird entfernt. Sollte er noch grün sein, so könnte man ihn stehen lassen, obwohl es ohne ihn für die neue Pflanze einfacher ist, sich zu etablieren. Diese neue Pflanze kann man nun einpflanzen, wie man es mit seinen älteren schon gewohnt ist.

Die Veranlagung zur Bildung von Kindel haben alle Arten der Gattung *Phalaenopsis.* Die Arten aus der Sektion *Phalaenopsis* neigen aber weniger dazu als die aller anderen Sektionen. Besonders leicht werden Kindel von der Verwandtschaft um *Phal. lueddemanniana* gebildet. Hierbei genügt es schon, die Pflanzen über eine längere Zeit einem Langtag (mehr als 12 Stunden Licht) zu unterwerfen.

Kindelbildung am Blütenstand einer Phalaenopsis lueddemanniana.

Das Entfernen des Deckblattes der Nodien bewirkt bisweilen die Bildung eines Kindels, besonders bei der Sektion *Phalaenopsis.* Es werden auch manche Salben angeboten, die man auf die Nodie auftragen oder auf die das abgeschnittene Stengelstück gelegt werden soll. Auch abgestandenes Bier wird als Geheimrezept empfohlen. Der Erfolg ist aber nicht immer sicher. Manche Kultivateure haben Glück damit, daß sie den abgeschnittenen Blütenstengel einfach in feuchtes Moos stecken und auf einen »warmen Fuß« achten.

Die Gattung Phalaenopsis

Bestimmungsschlüssel der kultivierten Arten

A Pflanzen mit rudimentären Blättern, 4 Pollinien (evtl. zu Gattung *Kingidium*) → **Sektion Aphyllae**
1 Mittellappen der Lippe an der Spitze zweilappig, eiähnliche Schwiele → *Phal. wilsonii*
1* Mittellappen der Lippe ungeteilt, in der Mitte ein langgezogener Kiel → *Phal. stobartiana*
A* Pflanzen mit gut entwickelten Blättern, 2 Pollinien . . . . B
B Petalen breiter als Sepalen C
B* Petalen nicht breiter als Sepalen . . . . D
C Spitze der Lippe mit zwei faden- oder hornförmigen Anhängseln → **Sektion Phalaenopsis**
1 Blätter marmoriert 2
1* Blätter nicht marmoriert 4
2 Blüten reinweiß, Lippenbasis und Seitenlappen auffallend gelb → *Phal. philippinensis*
2* Blüten gepunktet oder gefärbt, nicht so auffallend gelb 3
3 Blüten weiß, mehr oder minder stark gepunktet, Schwiele V-förmig mit hornähnlichen Vorsprüngen → *Phal. stuartiana*
3* Blüten zart- bis purpurrosa, Schwiele fast quadratisch mit gestutzter Basis → *Phal. schilleriana*
4 (Junge) Blätter oberseits grün, unterseits purpurn, Blütenstand purpurn, Schwiele mit fingerartigen Auswüchsen → *Phal. aphrodite*
4* Blätter oben und unten grün 5
5 Blüten weiß, Blütenstand grün, Schwiele mit ganzen Rändern → *Phal. amabilis*
5* Blüten rosa, Blütenstand purpurn, Schwiele mit spitz auslaufenden Zipfeln → *Phal. sanderiana*
C* Lippenspitze ohne Anhängsel → **Sektion Proboscidioides**
D Mittellappen beweglich, Kralle der Lippe im rechten Winkel den Säulenfuß angewachsen → **Sektion Parishianae**
1 Lippe cremeweiß mit einem Paar kastanienbrauner Bänder → *Phal. lobbii*
1* Lippe rötlich bis violett → *Phal. parishii*
D* Mittellappen nicht beweglich, Kralle der Lippe mit Säulenfuß zusammenhängend . . E
E Mittellappen ankerförmig gelappt, Lippe mit Höcker → **Sektion Polychilos**
1 Spindel des Blütenstandes rund → *Phal. mannii*
1* Spindel des Blütenstandes abgeflacht 2
2 Petalen im rechten Winkel zur oberen Sepale, Mittellappen der Lippe mit einer deutlichen Enge (Isthmus) → *Phal. pantherina*
2* Petalen schräg zur oberen Sepale, Mittellappen ohne Isthmus → *Phal. cornu-cervi*
E* Mittellappen dreilappig, Lippe ohne Höcker . . . . F
F Schildartige Schwiele an der Vereinigung des Mittel- und Seitenlappens der Lippe → **Sektion Stauroglottis**
1 Blätter marmoriert 2
1* Blätter nicht marmoriert, grün → *Phal. equestris*
2 Blüten weiß, Lippe schmal-oval → *Phal. celebensis*
2* Blüten leicht rosa, gepunktet oder gestreift, Lippe fast kreisrund → *Phal. lindenii*

F* Keine solche schildartige Schwiele sondern Kiele oder Schwielen auf Mittellappen und zwischen den Seitenlappen . . . . G

G Mittellappen der Lippe konkav und fast kreisrund, fleischiger Kiel in der Mitte → **Sektion Fuscatae**

1 Lippe mit violetten Streifen → *Phal. viridis*

1* Lippe mit braunen Streifen 2

2 Nur schmale Zeichnung an Basis von Sepalen und Petalen → *Phal. cochlearis*

2* Braune Zeichnung über die basale Hälfte hinweg 3

3 Säule kurz und in der Mitte zusammengeschnürt, Schwiele zwischen den Seitenlappen beginnt im Zentrum → *Phal. fuscata*

3* Säule verlängert, ohne Einschnürungen, Schwiele zwischen den Seitenlappen beginnt an der Basis → *Phal. kunstleri*

G* Mittellappen der Lippe immer konvex und oval bis länglich, Mittelkiel dünn . . . . H

H Blütenform rund, Petalen höchstens doppelt so lang als breit → **Sektion Amboinenses**

1 Blüten weiß ohne Zeichnung 2

2 Die Spitzen der Tepalen mit einer ausgeprägten Spitze versehen → *Phal. floresensis*

2* Die Tepalen ohne ein ausgeprägtes Spitzchen und auch viel schmaler → *Phal. micholitzii*

1* Blüten mit Zeichnung 3

3 Zeichnung in querlaufenden Bändern → *Phal. amboinensis*

3* Petalen und Sepalen gefleckt 4

4 Flecken in der Länge nach verlaufenden Streifen → *Phal. javanica*

4* Flecken variabel 5

5 mittelgroße Pflanzen, wenigblütig, Mittellappen mit ausgeprägten Adern oder Kielen → *Phal. venosa*

5* sehr große Pflanzen, vielblütig, auf dem Mittellappen eine eiförmige Schwiele → *Phal. gigantea*

H* Blütenform sternartig, Petalen mehr als zweimal so lang als breit → **(Sektion Zebrinae)** I

I Säule mit gutentwickeltem, ausgehöhltem Antherenbett → **Untersektion Zebrinae**

1 Blüten unter 2,5 cm Durchmesser, Mittellappen der Lippe kaum behaart → *Phal. inscriptiosinensis*

1* Blüten größer als 2,5 cm, Mittellappen behaart 2

2 Klinandrium fächerartig 3

2* Klinandrium kappenähnlich 4

3 Blütenfarbe violett → *Phal. speciosa*

3* Blütenfarbe weiß → *Phal. tetraspis*

4 zwei rote Streifen auf beiden Seiten der Mittelleiste der Lippe, ausgebreitete Lippe oval 5

4* Lippe einheitlich rot-violett, ausgebreitete Lippe mehr keilförmig → *Phal. bastianii*

5 Einfache, zweifingrige an der Basis vertiefte Schwiele zwischen den Seitenlappen der Lippe → *Phal. corningiana*

5* Gefingerte oder warzige Schwiele → *Phal. sumatrana*

I* Säule ohne einem ausgeprägtem Antherenbett . . . . J

J Eine einzige zweispaltige Schwiele zwischen den Lippenseitenlappen . . . . K

J* Schwiele zwischen den Seitenlappen komplizierter aufgebaut → **Untersektion Lueddemannianae**

1 Blüten ganzflächig tief magenta-rot → *Phal. pulchra*

1* Blüten in verschiedenen Farben 2
2 Lippenplatte mit schwarzen, rückwärtsgerichteten Zähnchen → *Phal. fasciata*
2* Zähnchen nach vorne gerichtet 3
3 Ränder des Mittellappens der Lippe aufwärts gebogen → *Phal. fimbriata*
3* Ränder des Mittellappens nach unten geschlagen . . 4
4 Blüten mit Streifenzeichnung 5
4* Blüten mit mehr oder minder großer, aber auffallender Flächenfärbung → *Phal. violacea*
5 Zeichnung in ausgeprägten Querstreifen, Zähnchen des Kallus auf der Lippenplatte lang → *Phal. hieroglyphica*
5* Zeichnung fein wie Schriftzeichen, Zähnchen eher in Form von Papillen → *Phal. lueddemanniana*

K Mittellappen der Lippe an der Spitze haarig → **Untersektion Hirsutae**
1 Zeichnung nur als 2–4 Flecken, Lippe violett → *Phal. mariae*
1* Zeichnung in mehreren Querstreifen, Lippe weiß → *Phal. pallens*

K* Mittellappen der Lippe kahl → **Untersektion Glabrae**
1 Zeichnung mehr gefleckt, Mittellappen der Lippe ohne auffallenden Kiel → *Phal. maculata*
1* Zeichnung mehr gestreift, Mittellappen der Lippe mit einem lamellenartigen Kiel → *Phal. modesta*

Sektion *Phalaenopsis* Benth.

J. Linn. Soc. 18: 332, 1881

Synonyme:
Synadena Raf.: Fl. Tellur. 4: 9, 1838, „1836"
Euphalaenopsis Benth.: Benth. & Hook.: Gen. Pl. 3: 573, 1883

Typus: *Epidendrum amabile* L. = *Phalaenopsis amabilis* (L.) Bl.

Die Arten dieser Sektion besitzen Petalen, die bedeutend breiter sind als die Sepalen. Diese haben eine recht rundliche Form. Zudem ist der Mittellappen der Lippe eindeutig zweispaltig oder zweirankig an der Spitze.

Zu dieser Sektion gehören sechs Arten, die alle in Kultur vorkommen:
Phal. amabilis (L.) Bl.: Bijdr. 7: 294, 1825
Phal. aphrodite Rchb. f.: Hamb. Gartenz. 18: 35, 1862
Phal. philippinensis Golamco ex Fowlie & Tang: Orch. Dig. 51: 87, 1987
Phal. sanderiana Rchb. f.: Flora 65: 466, 1882
Phal. schilleriana Rchb. f.: Hamb. Gartenz. 16: 115, 1860
Phal. stuartiana Rchb. f.: Gard. Chron. n. s. 16: 748, 1881

Entscheidende Merkmale zur Unterscheidung der Arten dieser Sektion sind die Form der Lippe und der Schwiele. *Phal. schilleriana*, *Phal. philippinensis* und *Phal. stuartiana* unterscheiden sich zudem durch die deutlich marmorierten Blätter von den anderen Vertretern der Sektion.

Phalaenopsis amabilis (L.) Bl.

Bijdr. 7: 294, 1825

Basionym: *Epidendrum amabile* L.: Sp. Pl. 953, 1753

Synonyme:
Angraecum album majus Rumphius: Herb. Amboin 6: 99, t. 43, 1750
Cymbidium amabile (L.) Roxb.: Hort. Beng. 63: 1814
Synadena amabilis (L.) Raf.: Fl. Tellur. 4: 9, 1838, „1836"
Phalaenopsis grandiflora Lindl.: Gard. Chron. 39, 1848

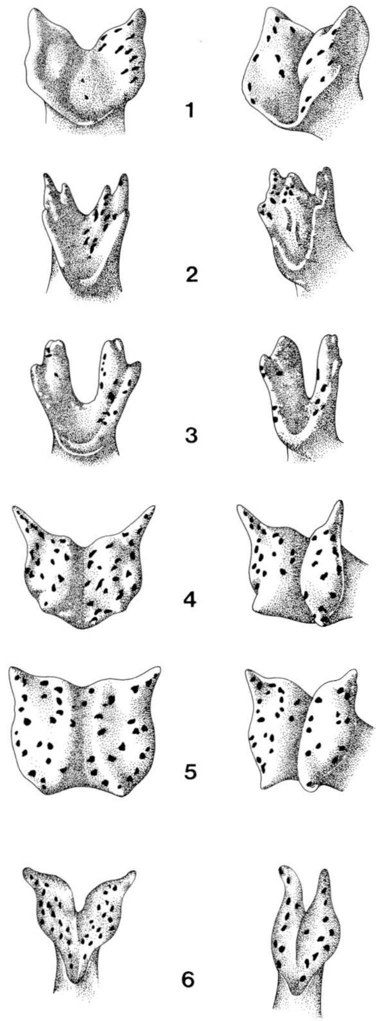

Kalli der Sektion Phalaenopsis (frontal und seitlich).
1 = Phal. amabilis *4 = Phal. stuartiana*
2 = Phal. aphrodite *5 = Phal. schilleriana*
3 = Phal. sanderiana *6 = Phal. philippinensis*

Phalaenopsis amabilis var. *grandiflora* (Lindl.) Batem.: Second Cent. Orch. Pl. t. 114, 1867
Phalaenopsis grandiflora var. *gracillima* Burbidge: The Garden 22: 118, 1882
Phalaenopsis gloriosa Rchb. f.: Gard. Chron. ser. 3, 3: 554, 1888
Phalaenopsis aphrodite var. *gloriosa* (Rchb. f.) Veitch: Man. Orch. Pl., 7: 25, 1891
Phalaenopsis amabilis var. *aphrodite* subvar. *gloriosa* (Rchb. f.) Ames: Orch. 2: 227, 1908
Phalaenopsis amabilis var. *fournieri* Cogn.: Chron. Orchid. 166, 1898
Phalaenopsis amabilis var. *rimestadiana* Linden: Lindenia 16: 35, t. 736, 1901
Phalaenopsis rimestadiana (Linden) Rolfe: Orchid Review 13: 260, 1905
Phalaenopsis rimestadiana var. *alba* hort.: Orchis 1: 27, t. 4, 1906
Phalaenopsis amabilis var. *ramosa* van Deventer: Orchideen 1, 94, Bilder 1/2, 1935
Phalaenopsis amabilis var. 'Gloriosa' (Pleihari) van Brero: De Orchidee 6: 46; 1937 nom. ill.
Phalaenopsis pleihary Burgeff: Cat. Bot. Gart. Würzburg 1968, nomen
Phalaenopsis celebica van Vloten: Die Orchidee 1: 125, 1932

Weitere Bezeichnungen ergaben sich aus der Hybridisierung, wie z. B. *Phal.* Elisabethae hort. Hierbei wurden Pflanzen der *Phal. amabilis,* die unter verschiedenen Namen in Kultur waren, zur Kreuzung benutzt. Die Hybriden wurden dann mit neuen Namen versehen, auch wenn sie sich von der reinen Art nicht unterschieden (siehe auch Kapitel Weißblütige Hybriden).

Blätter 2–5, bis zu 50 cm lang, 10 cm breit, länglich-oval, meist zugespitzt, fleischig, oberseits glänzend, beidseitig einfarbig.
Blütenstand schlank, bis zu mehr als 1 m lang, oft verzweigt, locker bis vielblütig, Blüten sich von der Basis her öffnend.
Blüten bis 9 cm breit, in der Größe aber recht variabel, weiß, teils auf der Rückseite an den Rändern leicht rosa überhaucht, zarte Textur, leicht duftend, dorsales Sepalum bis 40 mm lang, 25 mm breit, oval, abgerundet, seitliche Sepalen bis 40 mm lang, 25 mm breit, oval, fast spitz, schräg angeordnet, Petalen 50 mm lang, 45 mm breit, fast rund, sich zur Basis stark verjüngend, abgerundet; **Lippe** dreilappig, weiße Grundfarbe, bis zu 23 mm lang und 22 mm weit, fleischig, krallenartig, Mittellappen kreuzartig mit keilförmiger Basis, zur Spitze sich stark verjüngend und in zwei rankenartige Fransen auslaufend, seitliche Zipfel fast dreieckig, an der

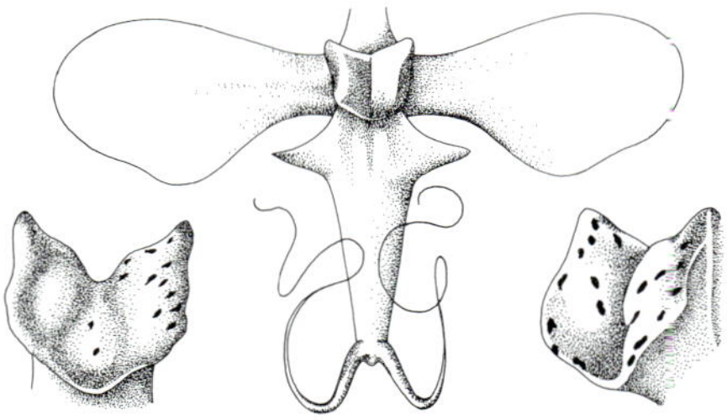

Phalaenopsis amabilis

Basis goldgelb, Seitenlappen aufgerichtet, verkehrt-eiförmig, abgerundet, bis zu 20 mm lang, mit gelben Rändern zur Basis, karminrote Zeichnung im basalen Teil, Schwiele tief goldgelb, dicht karmesinrot gepunktet, fleischig, gefaltet, mit ganzen Rändern.

Variation: Wegen des großen Verbreitungsgebietes ist die Variabilität der Blüte in Form und Farbe verständlich. In der Vergangenheit wurde eine Vielzahl von Varietäten beschrieben bzw. in der Literatur erwähnt. Teils wurden dabei einzelne Klone zu Varietäten heraufgestuft, teils aber auch andere Arten als Varietäten der *Phalaenopsis amabilis* beschrieben. Nur wenige Varietäten unterscheiden sich so stark von der Normalform, daß sie als solche anerkannt werden können:

var. *moluccana* besitzt statt eines kreuzförmigen Mittellappens der Lippe einen fast lineal-länglichen Mittellappen ohne seitliche Zipfel.

Phalaenopsis amabilis

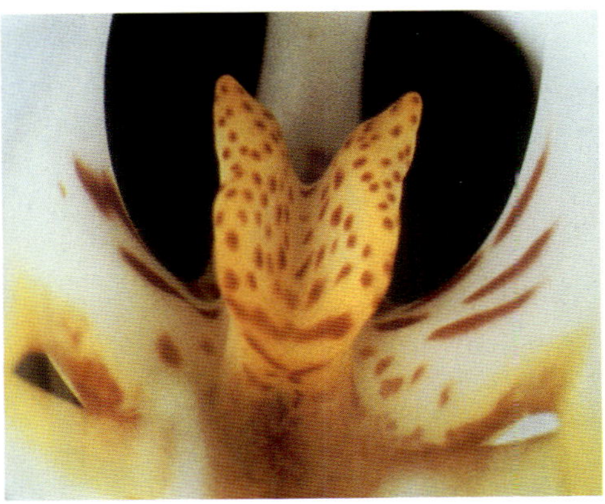

Phalaenopsis amabilis

Phalaenopsis amabilis als Phalaenopsis grandiflora aus Orchid Album Vol. 6, 277, 1887

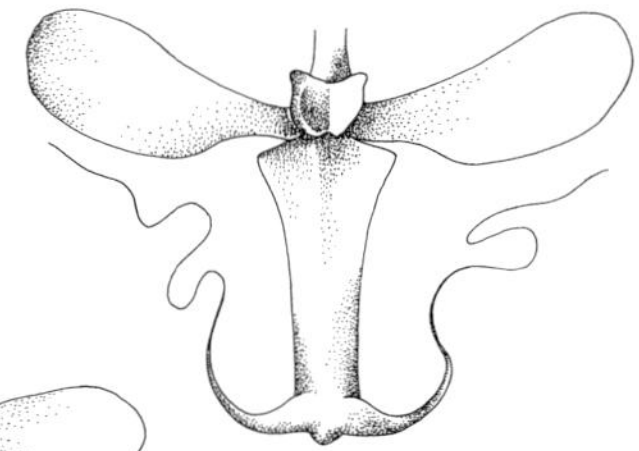

Phalaenopsis amabilis var. moluccana

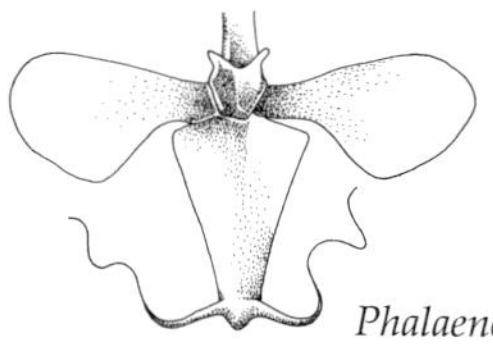

Phalaenopsis amabilis var. papuana

var. *papuana* besitzt einen fast dreieckigen Mittellappen der Lippe.

Verwechslungsmöglichkeiten: Diese Art ist leicht mit *Phal. philippinensis* zu verwechseln. Bei genauem Hinsehen unterscheidet sie sich aber durch die *nicht* marmorierten Blätter, die rein weißen Blüten und die fehlenden roten Punkte im basalen Teil der seitlichen Sepalen. Von *Phal. aphrodite* unterscheidet sie sich durch das Fehlen der fingerartigen Auswüchse an der gefalteten Schwiele und den anders geformten Mittellappen der Lippe.

Verbreitung: Australien (Queensland), Neu-Guinea, Philippinen und indonesische Inseln.

Hinweise zur Kultur: Da der Blütenstand auch im folgenden Jahr wieder aus einer Nodie treiben kann, sollte der Stiel nur abgeschnitten werden, wenn er völlig verdorrt ist.

Blütezeit: Diese Art kann das ganze Jahr über blühen mit einer leichten Bevorzugung des Frühjahrs und Sommers.

Geschichte: 1750 beschrieb Rumphius diese Art auf der Basis einer Pflanze, die auf Amboin gefunden worden war, als *Angraecum album majus.* 1752 brachte Peter Osbeck von seiner Reise nach China auch verschiedene, getrocknete Pflanzen mit nach England. So hatte er auch u. a. am 19. Januar bei der Aufnahme von Wasser in Neu-Island in West-Java Pflanzen gesammelt. Dabei war eine Pflanze, von der er später schrieb, daß sie große, wohlriechende Blüten habe und daß es auf der Insel Ternate niemandem außer der Prinzessin gestattet sei, diese zu tragen. Nach der Ankunft in England sandte er das Material an Linné, der diese Art dann 1753 in seinen „Species Plantarum" als *Epidendrum amabile* beschrieb. 1850 kam die erste Pflanze in England bei J. H. Schroeder zur Blüte.

Auf der Grundlage von *Phal. amabilis* begründete 1825 Blume die Gattung *Phalaenopsis.* Dazu fühlte er sich berechtigt, weil die vorher gewählten Gattungsbezeichnungen für andere Pflanzengruppen verwendet wurden. Die von Rafinesque gewählte Bezeichnung *Synadena amabilis* blieb weitgehend unbekannt, da seine Veröffentlichung in der „Flora Telluriana" 1838 weitgehend unbeachtet blieb.

Namensgebung: amabilis = lat. lieblich, bezieht sich auf die Schönheit der Blüten, celebica = von der Insel Celebes (Sulawesi) stammend, gloriosa = lat. herrlich, grandiflora = lat. großblütig.

Hybriden: In der Anfangszeit der künstlichen Hybridisation wurden besonders unterschiedliche Klone oder Varietäten der *Phal. amabilis* miteinander gekreuzt. Diese Kreuzungen unterschiedlicher Varietäten der gleichen Art wurden anfänglich auch bei der Registrierung berücksichtigt. Daraus ergab sich eine Vielzahl von unterschiedlichen Namen für die gleiche Kreuzung. So wurde die *Phal. rimestadiana* in der 1. Sander-Liste, der heute gültigen Liste der Orchideenhybriden, als eigene Art und deren Kreuzung mit der *Phal. amabilis* als neue Hybride, die *Phal.* Elisabethae, angesehen. Daraus ergaben sich dann **verschiedene Synonyme für die Hybriden.** Diese werden in der folgenden Aufstellung teilweise berücksichtigt:

Phalaenopsis amabilis

× *Phal. amboinensis* = *Phal.* Deventeriana; van Deventer, 1927

× *Phal. aphrodite* = *Phal.* Gilles Gratiot; Gratiot, 1920

= *Phal.* Bataan; Rapella's, 1943

× *Phal. cornu-cervi* = *Phal.* Little Star; Ceylon Bot. Gard., 1962

× *Phal. equestris* = *Phal.* Artemis; Veitch, 1892

× *Phal. fimbriata* = *Phal.* Ambriata; Thornton's, 1981

× *Phal. fuscata* = *Phal.* Fuscatilis; Minne, 1968
× *Phal. gigantea* = *Phal.* Bogoriensis; J. J. Smith, 1936
× *Phal. javanica* = *Phal.* Flava; Guillaumin, 1923
= *Phal.* × *flava;* Naturhybride
× *Phal. lindenii* = *Phal.* Chickadee; Griesbach, 1982
× *Phal. lueddemanniana* = *Phal.* John Seden; Veitch, 1888
× *Phal. mannii* = *Phal.* Thor-Flame; Thornton, 1963
× *Phal. micholitzii* = *Phal.* Formosa Star; M. Young, 1991
× *Phal. modesta* = *Phal.* Putrianda; Kolopaking, 1989
× *Phal. pantherina* = *Phal.* Paskal Terang; Parnata, 1984
× *Phal. parishii* = *Phal.* Formosa Dream; Hou Tse Liu, 1992
× *Phal. pulchra* = *Phal.* Star of Future; Burgeff, 1968 (offiziell nicht anerkannt)
= *Phal.* K. D. Morgenstern; Burgeff, 1968
× *Phal. sanderiana* = *Phal.* Rimesand; Guillaumin, 1923
× *Phal. schilleriana* = *Phal.* Confirmation; Bultel, 1925
= *Phal.* × *rothschildiana;* Naturhybride
× *Phal. stuartiana* = *Phal.* Leda; Veitch, 1888
× *Phal. sumatrana* = *Phal. Sumabilis;* Atherton, 1938
× *Phal. venosa* = *Phal.* Venolis; Zuma Canyon, 1991
× *Phal. violacea* = *Phal.* Harriettae; Rolfe (Veitch), 1887
× *Phal. wilsonii* = *Phal.* Maria-Theresia Berod; L. Vincent, 1994

× *Renanthera coccinea* = *Renanthopsis* Thillai Ammah; McCoy, 1965
× *Renanthera monachica* = *Renanthopsis* Golden Dew Drops; McCoy, 1965
× *Renanthera storiei* = *Renanthopsis* Native Dancer; McCoy, 1965
× *Sarcochilus ceciliae* = *Sarconopsis* Aussie Jem; Spence, 1983
× *Sarcochilus hartmannii* = *Sarconopsis* Lavinia; Bedford, 1981
× *Vanda coerulea* = *Vandaenopsis* Blue Horizon; de Saram, 1962
× *Vanda suavis* = *Vandaenopsis* Ferrierensis; Chassaing, 1931
× *Vandopsis gigantea* = *Phalandopsis* Arizona Star; Terrell & Turnbow, 1985

Synonyme der Hybriden:
Phal. A. Benick; Wolter, 1933 = *Phal.* Leda
Phal. Alger; Vacherot & Lecoufle, 1930 = *Phal.* Rimesand
Phal. Anak Bulan; Holttum, 1935 = *Phal.* Harriettae
Phal. Bambi; Burgeff, 1968 = *Phal.* Little Star
Phal. Bataan; Rapella, 1943 = *Phal.* Gilles Gratiot
Phal. Cherubin; Vacherot & Lecoufle, 1935 = *Phal.* Confirmation
Phal. Children's Starlet; Burgeff, 1968 = *Phal.* Little Star
Phal. Harmony; Armacost & Royston, 1935 = *Phal.* Gilles Gratiot
Phal. Harmony of Speres, Burgeff, 1968 = *Phal.* Deventerana
Phal. La Purissima; Armacost & Royston, 1940 = *Phal.* Rimesand
Phal. Lueddemanniano-amabilis; 1888 = *Phal.* John Seden
Phal. Roselle; Atherton, 1942 = *Phal.* Artemis
Phal. Sedeni; Rolfe, 1888 = *Phal.* John Seden
Phal. Sphaira; Burgeff, 1968 = *Phal.* Deventerana
Phal. Star of Malaysia; Burgeff, 1968 = *Phal.* John Seden
Phal. Star of Sumatra; Burgeff, 1968 = *Phal.* Sumabilis
Phal. Versailles; Vacherot & Lecoufle, 1929 = *Phal.* Rimesand
Phal. Violetta; Burgeff, 1968 = *Phal.* Harriettae
Phal. Yoshino; Iwasaki, 1924 = *Phal.* Rimesand
Phal. Younes Resal; Gratiot, 1919 = *Phal.* Artemis

Der Beginn der Hybriden-Registrierung innerhalb dieser Sektion ist sehr verworren und bisweilen auch widersprüchlich. Wir haben versucht, so gut es ging, eine korrekte Zusammenstellung der Synonyme zu machen. Noch heute z. B. findet man auf der CD ROM, die alle offiziell registrierten Hybriden der Orchideen beinhaltet, die Hybriden des

Phalaenopsis Deventeriana 'Wössen'
Phal. amabilis × Phal. amboinensis

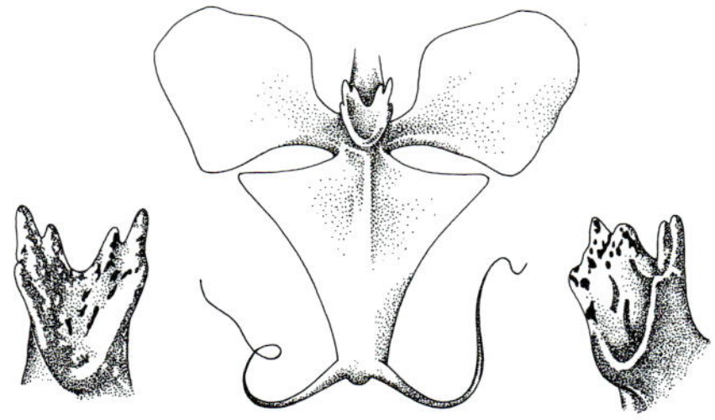

Phalaenopsis aphrodite

heute als Synonym eingestuften *Phal. rimestadiana.*

Phal. rimestadiana
× *amabilis* = *Phal.* Elisabethae; Vacherot & Lecoufle, 1927
× *aphrodite* = *Phal.* Gilles Gratiot; Gratiot, 1920
× *equestris* = *Phal.* Younes Resal; Gratiot, 1919
× *schilleriana* = *Phal.* Confirmation; Bultel, 1925
× *sanderiana* = *Phal.* Versailles; Vacherot & Lecoufle, 1929
× *stuartiana* = *Phal.* A. Benick; P. Wolter, 1933

Phalaenopsis aphrodite Rchb. f.
Hamb. Gartenz. 18: 35, 1862

Synonyme:
Phalaenopsis amabilis Lindl.: Bot. Reg. 24: t. 34, 1838 nicht Blume 1825
Phalaenopsis amabilis var. *aphrodite* (Rchb. f.) Ames: Orchid. 2: 226, 1908
Phalaenopsis amabilis var. *longifolia* Don: Hort. Cantabrig. ed. 13, 608, 1845
Phalaenopsis amabilis var. *rotundifolia* Don: Hort. Cantabrig. ed. 13, 608, 1845
Phalaenopsis ambigua Rchb. f.: Hamb. Gartenz. 18: 35, 1862
Phalaenopsis amabilis var. *ambigua* (Rchb. f.) Burbidge: The Garden 22: 119, 1882
Phalaenopsis erubescens Burbidge: The Garden 9: 314, 1876
Phalaenopsis amabilis var. *erubescens* (Burbidge) Burbidge: The Garden 22: 119, 1882
Phalaenopsis var. *aphrodite* subvar. *erubescens* (Burbidge) Ames: Orch. 2: 227, 1908
Phalaenopsis amabilis var. *dayana* hort. ex Warner & Williams: Orchid Album 1: t. 11, 1881
Phalaenopsis aphrodite var. *dayana* (hort. ex Warner & Williams) Veitch: Man. Orch. Pl. pt. 7: 24, 1891
Phalaenopsis amabilis var. *aphrodite* subvar. *dayana* (hort. ex Warner & Williams) Ames: Orch. 2: 227, 1908
Phalaenopsis formosana Miwa: Pract. Hort. (Jissai Engei, Tokio) 27: 115, fig., 1941, nomen
Phalaenopsis babuyana Miwa: Pract. Hort. (Jissai Engei, Tokio) 27: 117, fig. 1941 nomen
Phalaenopsis formosum hort.: Sander's One Table List of Orchid Hybrids 2: 862, 1961
Phalaenopsis amabilis var. *formosa* Shimadzu: Orchid Rev. 29: 68, 1921 nomen
Visco-Aloes Luzonis decima quarta Kamel: Ray: Historia Plantarum 3, Appendix p. 34, 1704

Pflanze: Kurzer Stamm mit glatten, fleischigen Wurzeln und 2–5 Blättern.
Blätter bis zu 25 cm lang und 6 cm breit, länglich oval, fast spitz, fleischig, oberseitig grün, unterseitig purpurn eingefärbt.
Blütenstand 30–40 cm lang, überhängend, purpurn, gelegentlich verzweigt, locker bis

vielblütig, mit von der Basis zur Spitze sich öffnenden Blüten.

Blüten bis zu 8 cm breit, recht zarte Textur, weiß bis leicht purpurn überhaucht, dorsales Sepalum etwa 40 mm lang, 20 mm breit, oval, gerundet, Petalen 40 mm lang und breit, fast rhombisch, zur Basis sich stark verjüngend, abgerundet, seitliche Sepalen schräg angeordnet, 40 mm lang, 20 mm breit, oval, spitz bis gerunded; **Lippe** dreilappig mit aufgerichteten Seitenlappen, 40 mm breit, 30 mm lang, weiße Grundfarbe, Mittellappen karminroter Überzug an der Basis, Ränder mit goldgelben Zeichnungen im basalen Teil, deutlich dreieckig, lanzenförmig zur Spitze auslaufend und in zwei auseinander gebogenen Fäden endend, Seitenlappen aufgerichtet, schräg oval, sich zur Basis stark verjüngend, fast gerundet, untere Ränder goldgelb eingefärbt, Kallus gefaltet, Seiten nach oben gerichtet mit fingerartigen Auswüchsen, gold- bis orangegelb, fein karminrot gepunktet.

Phalaenopsis aphrodite 'Brock'

◁ *Phalaenopsis aphrodite*

Variation: Obwohl verschiedene Varietäten beschrieben wurden, unterscheidet sich keine von ihnen so gravierend von der Normalform, daß die Begründung einer Varietät oder Form gerechtfertigt erscheint. Auch die Begründung von Varietäten oder gar neuen Arten wegen der unterschiedlichen Herkunft erscheint nicht sinnvoll.

Verwechslungsmöglichkeiten: Große Ähnlichkeit besteht zu *Phal. amabilis* und zu *Phal. philippinensis*. Von beiden unterscheidet sie sich durch den deutlich dreieckigen Mittellappen der Lippe und die fingerartigen Auswüchse an den Seiten der gefalteten Schwiele.

Verbreitung: Philippinen, Taiwan.

Hinweise zur Kultur: Der Blütenstand sollte erst abgeschnitten werden, wenn er gänzlich

Phalaenopsis aphrodite

trocken ist, da er aus dem alten Trieb immer noch Blüten entwickeln kann.

Blütezeit: Frühjahr.

Geschichte: 1704 erschien in John Rays „Historia Plantarum", Band 3, die erste Arbeit über die philippinische Pflanzenwelt. Sie stammte von Georg Joseph Kamel, einem Jesuitenbruder, der auf den Philippinen als Missionar tätig war. Die Zeichnungen, die nicht mitveröffentlicht wurden, erschienen 1709 in der „Gazophyllacii Naturae et Artis" von Petiver. Auf einer dieser Zeichnungen und auch bereits im Buch von Ray war auch eine *Phalaenopsis aphrodite* unter dem Namen *Visco-Aloes Luzonis decima quarta* beschrieben bzw. abgebildet worden. Bei der Gesamtdarstellung der Pflanzenwelt in seinen „Species Plantarum" 1753 berücksichtigte Linné bewußt diese Darstellungen nicht, da er der Auffassung war, daß diese Beschreibung unvollständig sei.

1837 wurden Pflanzen dieser Art durch Cuming nach Europa geschickt, wo sie noch am Ende des gleichen Jahres erblühten. 1862 wurde sie von Reichenbach als eigenständige Art erkannt und beschrieben. Dennoch hielt sich recht lange die These, daß es sich hierbei eigentlich um eine Varietät der *Phalaenopsis amabilis* handelt. Erst durch Sweet wurde 1980 eindeutig die Einstufung von Reichenbach bestätigt, auch wenn bei der Hybriden-Registrierung dies noch immer nicht so gesehen wird.

Versuche, lokale Vorkommen dieser Art mit eigenen Artnamen zu belegen, wie z. B. *Phal. formosana* oder *Phal. babuyana,* blieben erfolglos, da keine deutlichen Unterschiede zur Typusart erkennbar waren.

Namensgebung: ambigua = lat. zweifelhaft, aphrodite = nach der griechischen Göttin der Schönheit und Liebe Aphrodite, babuyana = lat. von der Insel Babuya (oberhalb der philippinischen Insel Luzon) stammend, erubescens = lat. rot werdend, formosana = lat. von Formosa stammend, Visco-Aloes Luzonis decima quarta = „Mistel-Aloen-ähnlich, aus Luzon, zehn viertel", nach dem Aufbau der Blütenrispe.

Hybriden: Es wurden zwar bis 1960 verschiedene Hybriden vorgestellt und auch in Sander's List veröffentlicht. Derzeit werden aber Kreuzungen mit dieser Art bei der Hybridenregistrierung nicht anerkannt, sondern als Synonyma zu *Phalaenopsis amabilis* angesehen. Die von Reichenbach f. 1875 beschriebene Naturhybride *Phal.* × *leucorrhoda* stellte sich später als eigenständige Art heraus, nämlich *Phal. philippinensis.*

Phalaenopsis aphrodite

- × *Phal. amabilis* = *Phal.* Gilles Gratiot*; Gratiot, 1920
- × *Phal. equestris* = *Phal.* × *intermedia;* Lindley, 1860, auch Naturhybride
- × *Phal. lueddemanniana* = *Phal.* Versailles; Vachrot & Lecoufle, 1929
- × *Phal. sanderiana* = *Phal.* Yoshino; Iwasaki, 1924
- × *Phal. schilleriana* = *Phal.* × *leucorrhoda**; Rchb. f., 1875, auch Naturhybride
- × *Phal. stuartiana* = *Phal.* Ariadne*; Rolfe (Veitch) 1896
- × *Doritio pulcherrima* = *Doritaenopsis* Eduardo Quiscembing*, J. H. Miller 1956

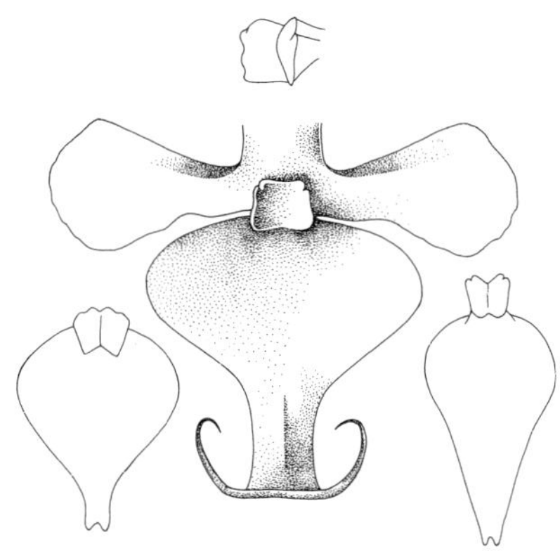

Phalaenopsis × *intermedia*

Weitere Hybriden:

- × *Phal.* Apparition = *Phal.* Apsara*; Vacherot & Lecoufle, 1949
- × *Phal.* Blizzard = *Phal.* Valkyrie*; Vacherot & Lecoufle, 1950

* registriert in Sander's List (heute von der Registrierung als Synonyme zu alten Kreuzungen oder aber als Hybriden der *Phal. amabilis* angesehen)

× *Phal.* Cast Iron Monarch = *Phal.* La Fleur Blanche*; Stoddard, 1960
× *Phal.* Elisabethae = *Phal.* Harmony*; Armacost & Royston, 1935
× *Phal.* Gilles Gratiot = *Phal.* Souvenir de Ernest Gratiot*; Gratiot, 1927
× *Phal.* Jardin des Plantes = *Phal.* Fanchette*; Vacherot & Lecoufle, 1949
× *Phal.* Katherine Siegwart = *Phal.* Giboulée*; Vacherot & Lecoufle, 1949
× *Phal.* Psyche = *Phal.* Thémis*; Vacherot & Lecoufle, 1950
× *Phal.* Rève Rose = *Phal.* Roxane*; Vacherot & Lecoufle, 1949
× *Phal.* Sally Lowrey = *Phal.* Starlet*; Freed, 1964
× *Phal.* Sylvie = *Phal.* Elégie*; Vacherot & Lecoufle, 1953
× *Phal.* Wiganiae = *Phal.* Lutèce*; Vacherot & Lecoufle, 1930
× *Vanda* Miss Joaqim = *Vandaenopsis* Explorer; Vaughn, 1959

Synonyme der Hybriden:
Phal. Alger*; Vacherot & Lecoufle, 1930 = *Phal.* Yoshino
Phal. × *aphroditi-equestris*, 1864 = *Phal.* × *intermedia*
Phal. × *aphrodite-schilleriana* Rchb. f. 1875 = *Phal.* × *leucorrhoda*
Phal. Artemis var. Niitaka; Iwasaki, 1924 = *Phal.* × *intermedia*
Phal. Bataan*; Rapella, 1943 = *Phal.* Gilles Gratiot
Phal. × *casta* Rchb. f. 1875 = *Phal.* × *leucorrhoda*
Phal. Cynthia; Rolfe (Sander), 1890 = *Phal.* × *leucorrhoda*
Phal. Harmony; Armacost & Royston, 1935 = *Phal.* Gilles Gratiot
Phal. Leda; Iwasaki, 1924 = *Phal.* Ariadne
Phal. Lobbii hort. ex Rchb. f. 1863, nomen = *Phal.* × *intermedia*
Phal. M. de Almeida; Hung Che-Yin, 1957 = *Phal.* × *intermedia*
Phal. Pierrot*; J. H. Miller, 1961 = *Phal.* Versailles
Phal. × *rothschildiana* Rchb. f. 1887 (Veitch) = *Phal.* × *leucorrhoda*
Phal. × *schillerano-gloriosa* Rolfe, 1897 = *Phal.* × *leucorrhoda*
Phal. × *youngii* hort., 1894 = *Phal.* × *leucorrhoda*

Phalaenopsis philippinensis
Golamco ex Fowlie & C. Z. Tang
Orchid Digest 51 (2): 87, 1987

Blätter marmoriert, 20–30 cm lang und 6–9 cm breit, oval, unregelmäßig geadert.
Blütenstand etwa 20 cm lang mit 3–30 Blüten, gebogen bis hängend.
Blüten groß, sehr ansehnlich, bis zu 6 cm breit, leicht rosa, später in rein weiß übergehend, dorsales Sepalum 30 mm lang, 15 mm breit, fast oval, fast stumpf, Petalen oval-rhombisch, 32 mm lang, 35 mm breit, zur Basis sich stark verjüngend, seitliche Sepalen 28 mm lang, 15 mm breit, oval-sichelförmig, zur Basis rot gepunktet; **Lippe** dreilappig, klauenartig, mit weißer Grundfarbe, gelbe Einfärbung im basalen Teil, Mittellappen weiß, 14 mm lang, 7 mm breit, trapezartig sich zur Spitze verschmälernd und ankerartig auslaufend, an der Spitze mit zwei nach oben gebogenen, fadenartigen Verlängerungen versehen, Seitenlappen gelbe Färbung auf weißem Grund mit roten Streifen an der Basis, 13 mm lang, 6 mm breit, länglich-oval, nach oben gebogen, Kallus mit gelber Färbung auf weißem Grund mit roter Punktierung, dreieckig mit 2 nach oben gebogenen Seitenlappen, nahezu V-förmig.

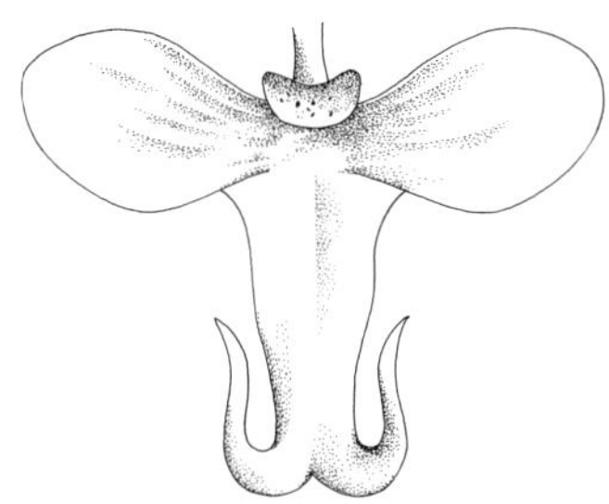

Phalaenopsis philippinensis

Verwechslungsmöglichkeiten: Eine starke Ähnlichkeit besteht zu *Phal. amabilis*. Diese Art unterscheidet sich aber deutlich durch

Phalaenopsis aphrodite
als Phalaenopsis amabilis var. dayana hort.
aus Orchid Album 1: t. 11, 1881

Phalaenopsis × intermedia
Phal. aphrodite × Phal. equestris

Phalaenopsis philippinensis ▷

Phalaenopsis Philisander
Phal. philippinensis × Phal. sanderiana

die marmorierten Blätter, durch die rote Punktierung des basalen Teils der seitlichen Sepalen, die Form und Färbung der Lippe und den Kallus. Auf den ersten Blick erkennt man so die intensiv gelbe Färbung fast der gesamten Seitenlappen der Lippe.

Verbreitung: Philippinen.

Hinweise zur Kultur: Keine Besonderheiten.

Blütezeit: Frühjahr.

Geschichte: Etwa 100 Jahre lang ging man davon aus, daß die heutige *Phalaenopsis philippinensis* eine Naturhybride zwischen *Phal. aphrodite* und *Phal. schilleriana*, nämlich *Phal. × leucorrhoda*, sei. Zwar beschrieb Reichenbach f. die *Phal. leucorrhoda* als eine neue Art, stellte aber gleichzeitig diese Einstufung in Zweifel: „Diese Neuheit scheint eine Hybride aus *Phal. amabilis* (heute *Phal. aphrodite*) und dem Samenbildner *Phal. schilleriana* zu sein." In der Folgezeit wurde nach Sweet eine Vielzahl weiterer Namen für diese vermeintliche Naturhybride geprägt, so u. a. *Phal. × Casta* Rchb. f., *Phal. × Cynthia* Rolfe, *Phal. × Youngii* hort., *Phal. × Rothschildiana* Rchb. f.

Dem Blatt des Typusexemplars der *Phal. × rothschildiana* ist der Originalbegleitbrief von Harry Veitch angeheftet. Darin schreibt er an Reichenbach f.: „... mit heutiger Post sende ich Ihnen 389 *Phalaenopsis*-Hybriden zwischen *Phal. schilleriana* und *Phal. amabilis.* Die Saat wurde 1881 natürlich von Seden ausgesät." Nach Sweet (Seite 42) soll es sich bei dem Herbarbeleg eindeutig um die als Natur-

hybride bekannte *Phal.* × *leucorrhoda* handeln.

1984 veröffentlichte Andres Golamco jun. einen Artikel in der Philippine Orchid Review (April/Mai 1984: 17ff.) über eine neue Art in der Gestalt der *Phal.* × *leucorrhoda*. Dabei erstellte er aber keine gültige Beschreibung in lateinischer Sprache und schlug auch keinen neuen Namen vor.

Jack A. Fowlie und C. Z. Tang beschrieben dann diese Art offiziell im Orchid Digest als *Phal. philippinense* (richtig aber *Phal. philippinensis*) in einem Artikel, den sie zusammen mit A. G. Tharp erstellt hatten. Die Beschreibung erfolgte auf der Grundlage von Pflanzen, die Pablo Usita auf Bäumen wachsend im Gebiet von Madela in der Provinz Nueva Vizcaya gesammelt hatte. Sie erblühten in Kultur im März 1986.

Nachzuchten, z. B. bei den Brüdern Cramer (Berchtesgaden) und bei Orchideen-Röllke (Bielefeld), zeigten sich als völlig reinerbig. Dies belegt recht sicher den Artstatus und widerspricht der Theorie, daß es sich hierbei um eine Naturhybride handelt. Nachzuchten der Hybride aus *Phal. schilleriana* und *Phal. aphrodite* zeigten eine deutliche Abweichung von der beschriebenen Art, wie es J. A. Fowlie an Hand von Nachzuchten von Dr. Robert Griesbach im Orchid Digest 1991 (Vol. 55/ 3: 118) eindeutig darstellte.

Namensgebung: philippinensis = vom Herkunftsgebiet, den Philippinen.

Hybriden: Die erste Hybride mit dieser Art wurde 1991 registriert, vier Jahre nach der Beschreibung dieser Art. Mit Sicherheit werden noch viele weitere Kreuzungen mit dieser attraktiven, großblumigen Art folgen.

Phalaenopsis philippinensis
× *Phal. celebensis* = *Phal.* Philippine Dancer; Hou-Tse Liu, 1992
× *Phal. equestris* = *Phal.* Carolina Tiny Phil; Lenette, 1992
× *Phal. sanderiana* = *Phal.* Philisander, Marcel Lecoufle, 1993
× *Phal. schilleriana* = *Phal.* Philishil, Marcel Lecoufle, 1993
× *Phal. stuartiana* = *Phal.* Louisiana Pixie; Breckinridge's, 1991

Phalaenopsis sanderiana Rchb. f.

Flora 65: 466, 1882

Synonyme:
Phalaenopsis amabilis var. *aphrodite* subvar. *sanderiana* (Rchb. f.) Ames: Orch. 2: 228, 1908
Phalaenopsis aphrodite var. *sanderae* (Rchb. f.) Quisumbing: Phil. Journ. Sci. 74: 182, 1941
Phalaenopsis amabilis var. *sanderiana* (Rchb. f.) Davis: AOS-Bull. 18: 744, 1949
Phalaenopsis alcicornis Rchb. f.: Gard. Chron. ser. 3, 1: 799, 1887

Blätter 3–5, etwa 25 cm lang, bis zu 10 cm breit, länglich-elliptisch, stumpf abgerundet; Oberseite dunkelgrün, Unterseite erscheint leicht silbergrau überzogen.

Blütenstand purpurn gefärbt, bis zu 80 cm lang, selten verzweigt, anfänglich wenig-, bei guter Kultur später vielblütig.

Blüten: Gesamtbreite von etwa 7,5 cm, sehr variabel gefärbt, von weiß über blaßrosa bis rosapurpur, dorsales Sepalum etwa 35 mm lang, 22 mm breit, annähernd oval, stumpf auslaufend, seitliche Sepalen ebenfalls etwa 35 mm lang, 22 mm breit, schief oval, stumpf auslaufend, rückseitig etwas gekielt, Petalen 38 mm lang, 38 mm breit, abgerundet rhombisch, mit einer sich stark verjüngenden Basis nach außen fast abgerundet; **Lippe** dreilappig, lang krallenartig, bis zu 30 mm lang und 40 mm breit, weiß mit streifenartiger Zeichnung in rein gelb über zimtfarben bis purpurn, Seitenlappen nach oben gebogen, von einer keilartigen Basis schräg spatelig, Mittellappen länglich-dreieckig, in zwei rankenförmigen Auswüchsen endend, an der Basis mit zwei seitlichen, dreieckigen, spitz

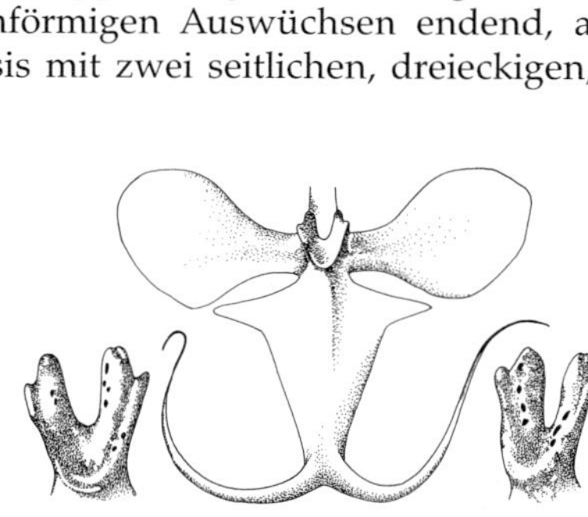

Phalaenopsis sanderiana

auslaufenden Zipfeln, Schwiele hufeisenförmig mit einem hervorstehendem, seitlichen Zähnchen an jedem Ende.

Variation: *Phalaenopsis sanderiana* ist sehr variabel in ihrer Blütenfärbung. Nach Reichenbach sind die Sepalen und Petalen weißlichrosa bis rosapurpurn gefärbt, wobei einige Varietäten dunkelpurpurne, abgegrenzte Zonen aufweisen. So wurden in der Folgezeit eine Vielzahl von Varietäten beschrieben:

var. *alba* hat reinweiße Blüten mit wenigen hellpurpurnen Punkten an der Basis der seitlichen Lippen-Lappen und wenige gelbe Punkte auf der Schwiele. Sie wurde auch als *Phalaenopsis alcicornis* 1887 von Reichenbach beschrieben.

Alle anderen beschriebenen Varietäten weichen nur geringfügig von der Normalform ab und können deshalb nicht als Varietäten anerkannt werden.

Verwechslungsmöglichkeiten: *Phal. sanderiana* läßt sich von den ihr nahest verwandten Arten *Phal. amabilis* und *Phal. aphrodite* vor allem durch ihre Blütenfärbung, die Form ihres Mittellappens der Lippe und der Form der Schwiele unterscheiden.

Verbreitung: Philippinen auf Mindanao in den südlichen Provinzen Davao und Zamboanga, auf der Insel Igat in der Dumanquilas-Bay und den Inseln Balut und Sarangani.

Hinweis zur Kultur: Diese Art ist wie alle anderen *Phalaenopsis*-Arten zu kultivieren. Dabei empfiehlt sich die Kultur im Topf.

Blütezeit: Das ganze Jahr über möglich mit Schwerpunkt im Frühjahr.

Geschichte: *Phal. sanderiana* wurde 1882 durch Roebelen auf Mindanao gesammelt und an die Firma Sander geschickt. Es war schon mehrere Jahre die Existenz einer „roten" *Phalaenopsis* bekannt. So bezahlte M. Rollisson große Geldsummen an Sammler, die den Auftrag hatten, diese neue Art zu suchen. Viele von ihnen kehrten von ihren Sammelreisen niemals zurück. Die Firma Sander hatte mit ihrem Sammler Roebelen mehr Erfolg. In Manila suchte er Kontakt mit chinesischen Händlern, die schon längere Zeit Handel mit den Eingeborenen im südlichen Teil von Mindanao betrieben. So machte er sich auf der Dschunke des skrupellosen chinesischen Händlers Sam Choon auf den Weg in jenes Gebiet, in dem die Eingeborenen in dem Ruf standen, Kannibalen zu sein. Er fand auf der kleinen Insel Davao nach vielen Abenteuern die ersten dieser heißbegehrten Pflanzen. 1882 beschrieb sie Reichenbach nach blühendem Material aus dieser Lieferung und benannte diese neue Art nach Frederick Sander. Wenig später erhielt auch die Firma Veitch von ihrem Sammler David Burke Pflanzen dieser Art, die er auch in der Nähe von Davao an der Südostküste von Mindanao gesammelt hatte. Dort wuchsen die Pflanzen zusammen mit *Vanda sanderiana* und *Aerides lawrenceae.* Zudem fand er Pflanzen dieser neuen *Phalaenopsis*-Art auf der kleinen Insel Serangano (Name nach Veitch, wahrscheinlich ist Sarangani gemeint), wo sie auf Ästen und Baumstämmen dicht am Meeresufer wuchsen. Anfänglich glaubte man, daß diese prächtige *Phalaenopsis* eine Naturhybride zwischen *Phal. aphrodite* und *Phal. schilleriana* sei. Andere glaubten, es sei eine Varietät der *Phal. aphrodite* oder der *Phal. amabilis.*

Namensgebung: alcicornis = lat. elchgeweihartig (wegen der rankenförmigen Auswüchse der Lippe), sanderiana = nach Frederick Sander, dem Besitzer der Orchideen-Importfirma in England.

Hybriden:

Phal. sanderiana

× *Phal. amabilis* = *Phal.* Rimesand; Guillaumin, 1923

× *Phal. aphrodite* = *Phal.* Yoshino; Iwasaki, 1924

× *Phal. amboinensis* = *Phal.* Doc Charles; J. H. Miller, 1961

× (*Phal. boxallii* = *Phal.* Luzon; Rivermont, 1958)

× *Phal. corningiana* = *Phal.* Ovin Hendriyanti; Kolopaking, 1982

× *Phal. cornu-cervi* = *Phal.* Lokelani; Kirsch, 1949

× *Phal. equestris* = *Phal.* Rolfeana, Sweet syn. *Phal.* Hebe, Rolfe 1897, non Rchb. f. 1862

Phalaenopsis sanderiana

Phalaenopsis Sanderosa
Phal. sanderiana × *Phal. venosa*

× *Phal. fimbriata* = *Phal.* Sandriata; Thornton, 1980
× *Phal.* × *intermedia* = *Phal.* Lady Rothschild; Stuart Low, 1900
× *Phal.* × *leucorrhoda* = *Phal.* Samar; Crestwood, 1962
× *Phal. lindenii* = *Phal.* Robert W. Miller; H. J. Miller, 1960
× *Phal. lueddemanniana* = *Phal.* Mrs. J. H. Veitch; Veitch, 1899
× *Phal. mannii* = *Phal.* Sandman; Thornton, 1967
× *Phal. mariae* = *Phal.* Talisman; Vaughn, 1962
× *Phal. pantherina* = *Phal.* Liliana; Kolopaking, 1985
× *Phal. philippinensis* = *Phal.* Philisander; Marcel Lecoufle, 1993
× *Phal. schilleriana* = *Phal.* Grand Conde; Vacherot & Lecoufle, 1929
× *Phal. stuartiana* = *Phal.* Amphitrite; Kraenzlin (Sander), 1892
× *Phal. sumatrana* = *Phal.* Gerserana; Marcel Lecoufle, 1981
× *Phal. venosa* = *Phal.* Sanderosa; Avant, 1989
× *Phal. violacea* = *Phal.* Hans Burgeff; Ceylon Bot. Garden, 1960

× *Doritis pulcherrima* = *Doritaenopsis* Profusion; Vaughn, 1961
× *Renanthera coccinea* = *Renanthopsis* Coral Star; Vaughn, 1959
× *Renanthera imschootiana* = *Renanthopsis* Premier; Vacherot & Lecoufle, 1931
× *Renanthera monachica* = *Renanthopsis* Jan Goo; J. Goo, 1950
× *Renanthera storei* = *Renanthopsis* Red Riding Hood; J. Good, 1952
× *Vanda amesiana* = *Vandaenopsis* Hawaii; Kirsch, 1950
× *Vanda coerulea* = *Vandaenopsis* Blue Queen; J. Good, 1952
× *Vanda merrillii* = *Vandaenopsis* Kahekili; Kirsch, 1956
Renanthopsis. Jan Goo × *Rhynchostylis gigantea* = *Lutherara* Ruth Takemoto, Takemoto, 1973

Phalaenopsis schilleriana Rchb. f.

Hamb. Gartenz. 16: 115, 1860

Synonyme:

Phalaenopsis schilleriana var. *viridi-maculata* Ducharte: J. Soc. Imp. et Centre d'Hort' 8: 609, t. 17, 1862
Phalaenopsis schilleriana var. *delicata* Dean: Floral Mag. 6: t. 257, 1877
Phalaenopsis schilleriana var. *compacta nana* hort.: Gard. Chron. ser. 3, 7: 356, 1890
Phalaenopsis schilleriana var. *odorata* van Brero: Die Orchidee 4: 23, 1935, nom. ill.
Phalaenopsis curnowiana hort.: Gard. Chron. ser. 3, 9: 268, 1891

Blätter 3–5, bis zu 45 cm lang und etwa 10 cm breit, verkehrt-lanzettlich, auf der Oberseite

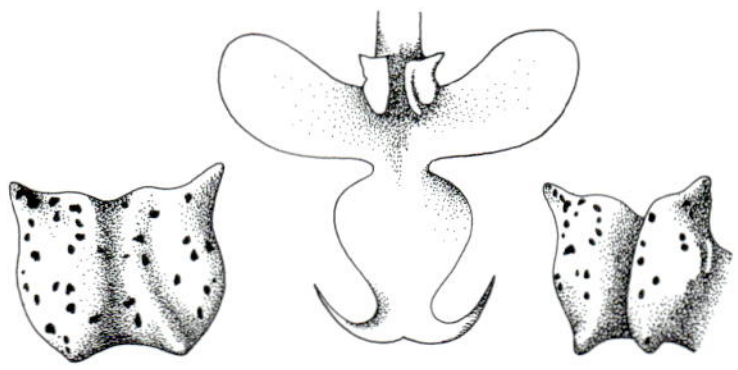

Phalaenopsis schilleriana

dunkelgrün mit auffälliger, silbergrauer Marmorierung, auf der Unterseite dagegen leicht purpurn.

Blütenstand purpurn gefärbt, fast bis 1 m lang, überhängend, teils verzweigt mit bis zu 300 Blüten bei starken Pflanzen, in der Regel aber nur etwa 20–30 Blüten.

Blüten bis 8 cm breit, variabel in ihrer Grundfarbe, von weiß über zartrosa bis leuchtend rosapurpurn, dorsales Sepalum bis zu 35 mm lang, 16 mm breit, elliptisch, stumpf auslaufend, seitliche Sepalen von ähnlicher Größe und annähernd gleich geformt, etwas schräg abwärts gerichtet, Petalen etwa 40 mm lang und 40 mm breit, rhombisch, zur Spitze abgerundet und sich zur Basis stark verjüngend; **Lippe** dreilappig mit krallenartig nach oben gewölbten Seitenlappen, variabel gefärbt, von zumeist weiß bis zu einem sehr dunklen Magentarot, Seitenlappen basal mit karminroten bis rötlich-braunen Punkten auf

Phalaenopsis schilleriana

einer gelben Grundfarbe, Seitenlappen fast kreisrund bis oval, keilartige Basis, nicht parallel zur Säule, Mittellappen fast rund mit zwei kurzen, ankerförmigen Fortsätzen an der Spitze, etwa 22 mm lang, bis zu 35 mm breit, Schwiele fast quadratisch, an der Basis gestutzt.

Variation: Die Blüten variieren sehr stark in ihrer Ausfärbung, so daß sehr viele verschiedene Varietäten beschrieben wurden, auch wenn sie zumeist noch nicht einmal genügend Unterscheidungsmerkmale für eine neue Form aufweisen. Weitgehend anerkannte Varietäten sind dennoch:

var. *immaculata* ohne einen einzigen Fleck oder Punkt auf der Blüte und mit einer rein gelben Schwiele. Die Seitenlappen der Lippe sind rein weiß mit einer violetten Kante. Diese Varietät wurde im Gardeners' Chronicle auch als eigene Art erwähnt, die *Phal. curnowiana* hort.

var. *purpurea* mit dunkelrosapurpurn gefärbten Blüten, die sich vor dem Verwelken bläulich färben.

var. *splendens* mit ungewöhnlich großen Blüten und einer auffallenden Marmorierung der Blätter, die aus parallelen, länglichen Maschen besteht.

Verwechslungsmöglichkeiten: Von einem Teil der Vertreter der Sektion *Phalaenopsis,* wie z. B. *Phal. amabilis, Phal. aphrodite* und *Phal. sanderiana,* unterscheidet sich *Phal. schilleriana* durch ihre marmorierten Blätter. Von *Phal. stuartiana* unterscheidet sie sich durch eine andere Blütenfärbung und Schwielenform.

Große Ähnlichkeit besteht zur Primärhybride mit *Phal. sanderiana,* der *Phal.* Grand Conde, die auch als Naturhybride vorkommen soll. Die Unterschiede bestehen nur in der Form der Lippe und nur etwas in den Umrissen der Blüte. Nur selten tauchen sie als reine *Phal. schilleriana* im Handel auf.

Verbreitung: Philippinen.

Hinweise zur Kultur: Die Pflanzen benötigen einen relativ hohen Tag-Nacht-Temperatur-Unterschied, da sie sonst nicht blühen, sondern nur Keikis (Tochterpflanzen am Blütenstand) bilden.

Blütezeit: Das ganze Jahr über mit Höhepunkt im Spätwinter und Frühjahr.

Geschichte: 1858 erhielt Konsul Schiller in Hamburg über M. Porte aus Manila 30 Pflanzen einer neuen Art. Nur eine davon überlebte den beschwerlichen Transport und kam unter der Pflege des Obergärtners der großen Orchideensammlung von Konsul Schiller, Herrn Stange, im März 1860 zur Blüte. Im selben Jahr wurde sie von Reichenbach beschrieben.

1862 wurden dann auch die ersten Pflanzen durch Robert Warner nach England gebracht. Im Gardeners' Chronicle wird 1881 über ein Belegexemplar berichtet, das auf zwei Blütenschäften insgesamt 733 Blüten und Knospen trug. 531 Blüten waren voll entfaltet, als die Pflanze für 25 Cents auf den Philippinen verkauft wurde.

1974 berichtete John Miller im Orchid Digest, daß diese Art gewöhnlich auf ausgestreckten Ästen hoher Bäume vorkomme, die die wichtigsten Landstraßen überwölben, die in die Berge hinaufführen. Sie müssen in Blüte stehen, um entdeckt zu werden. Jene, die in größeren Höhen wachsen, seien nach Miller deutlich dunkler in der Farbe, als die Pflanzen, die in Meereshöhe wachsen.

Namensgebung: curnowiana = nach Curnow, einem Orchideensammler?, schilleriana = nach Konsul Schiller aus Hamburg, bei dem die ersten Pflanzen dieser Art in Europa blühten.

Hybriden:

Phalaenopsis schilleriana
- × *Phal. amabilis* = *Phal.* Rothschildiana, Rchb. f. 1887
- × *Phal. aphrodite* = *Phal.* × *leucorrhoda;* Naturhybride
- × *Phal. amboinensis* = *Phal.* Schillambo; Thornton, 1968
- × *Phal. cornu-cervi* = *Phal.* Ayleen; Sukarya, 1980
- × *Phal. equestris* = *Phal.* × *veitchiana;* Naturhybride
- × *Phal. fimbriata* = *Phal.* Boen Soepardi; Kolopaking, 1982
- × *Phal. gigantea* = *Phal.* Schillgig; Fernando, 1987

× *Phal. lindenii* = *Phal.* Baguio; Moir, 1966
× *Phal. lueddemanniana* = *Phal.* Regnier; Regnier, 1922
× *Phal. mannii* = *Phal.* Bronce Maiden; McCoy, 1964
× (*Phal. pallens** = *Phal.* Tigre; Regnier, 1922)
× *Phal. parishii* = *Phal.* Pink Heart; Wallbrunn, 1979
× *Phal. philippinensis* = Philishil, Marcel Lecoufle, 1993
× *Phal. sanderiana* = *Phal.* Grand Conde; Vacherot & Lecoufle, 1929
× *Phal. stuartiana* = *Phal.* × *schillerano-stuartiana*; Naturhybride
× *Phal. violacea* = *Phal.* Lanny; Sukarya, 1980

× *Aerides (Sedirea) japonica* = *Aeridopsis* Nagomiyarabi; Tamaki, 1991
× *Aerides jarckiana* = *Aeridopsis* Pink Taffeta; Mior, 1965
× *Ascocentrum miniatum* = *Asconopsis* Mini-Coral; Wallbrunn, 1967
× *Cleisocentron trichromum* = *Cleisonopsis* Rumrill; Rumrill, 1977
× *Doritis pulcherrima* = *Doritaenopsis* Purple Passion; Wallbrunn, 1966
× *Renanthera imschootiana* = *Renanthopsis* Jupiter; Wallbrunn, 1982
× *Renanthera monachica* = *Renanthopsis* Alice; Sagawa, 1983
× *Sarcochilus hartmannii* = *Sarconopsis* Jean Cannons; Cannons, 1970
× *Vanda dearei* = *Vandaenopsis* Deareiana; S. Oey, 1940

Phalaenopsis stuartiana Rchb. f.

Gard. Chron. n. s. 16: 748, 1881

Synonyme:

Phalaenopsis schilleriana var. *stuartiana* (Rchb. f.) Burbidge: The Garden 22: 119, 1882
Phalaenopsis stuartiana var. *nobilis* Rchb. f.: Gard. Chron. n. s. 16: 748, 1881
Phalaenopsis schilleriana var. *vestalis* Rchb. f.: Gard. Chron. n. s. 17: 330, 1882
Phalaenopsis schilleriana subvar. *vestalis* (Rchb. f.) Veitch: Man. Orch. Pl. pt. 7: 37, 1891
Phalaenopsis schilleriana var. *alba* Roebelen: Gard. Chron. ser. 3, 7: 459, 1890

Blätter 2–5, bis 35 cm lang und 8 cm breit, länglich-oval, stumpf, fleischig, grün, auf der Oberseite silbergrau marmoriert.
Blütenstand bogenförmig überhängend, bis zu 70 cm lang, verzweigt, purpurn, locker vielblütig.
Blüten etwa 6 cm breit, zart, kaum wahrnehmbar duftend, weiße Grundfarbe, dorsales Sepalum etwa 35 mm lang, 15 mm breit, oval, an der Basis sich verjüngend, seitliche Sepalen 32 mm lang, 15 mm breit, länglich-oval, spitz, schräg angeordnet, innere Hälfte mit zimtbraunen Flecken bedeckt, Petalen 34 mm lang, 25 mm breit, fast rhombisch, fast abgerundet, sich zur Basis verjüngend; **Lippe** dreilappig, langgekrallt, mit hochgeschlagenen Seitenlappen, 25 mm lang und 30 mm breit über die Seitenlappen, Mittellappen fast kreisrund, mit einer ankerförmigen Spitze, hellgelb mit weißen Rändern und weißen sichelförmigen Fortsätzen, Seitenlappen verkehrt-eiförmig, gerundet, zur Basis sich verjüngend und eine kissenähnliche Verdickung ausbildend, oben weiß und orange mit zimtfarbenen Punkten, Schwiele fast quadratisch bis V-förmig, mit hornartigen Vorsprüngen auf jeder Seite versehen, an der Basis stumpf.

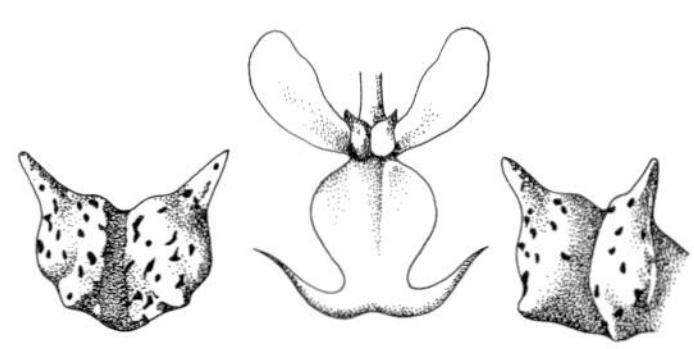

Phalaenopsis stuartiana

Variation: Die Blüte ist recht variabel durch die unterschiedliche Fleckung der Blütenteile und der Lippe. Auch wenn verschiedene Varietäten beschrieben worden sind, wie z. B. var. *punctatissima*, var. *bella* und var. *nobilis*, dürfte keine so stark von der Normalform abweichen, daß die Einstufung als Varietät gerechtfertigt erscheint.

* In der Registrierung offiziell nicht anerkannt.

Phalaenopsis schilleriana

Doritaenopsis Purple Passion
Phal. schilleriana × *Doritis pulcherrima*

Verwechslungsmöglichkeiten: Keine, da diese Art eindeutig durch die marmorierten Blätter, die gefleckte Lippe und die gefleckten seitlichen Sepalen zu erkennen ist. Von der nahe verwandten *Phal. schilleriana* unterscheidet sie sich ebenfalls eindeutig durch die Blütenfärbung und die unterschiedliche Form der Schwiele.

Verbreitung: Philippinen (Mindanao).

Hinweise zur Kultur: Keine Besonderheiten.

Blütezeit: Das ganze Jahr über möglich, hauptsächlich aber im Winter und Frühjahr.

Geschichte: 1881 wurde diese attraktive Pflanze durch W. Boxall, einen Sammler der Firma Hugh Low & Co. in Clapton, England, gefunden. Nach dem Transport von Pflanzen nach Europa sandte Stuart Low eine Pflanze an H. G. Reichenbach, der sie noch 1881 im Gardeners' Chronicle beschrieb.

Namensgebung: stuartiana = nach Stuart Low von der bekannten Firma Hugh Low & Co.

Hybriden:
Phalaenopsis stuartiana
× *Phal. amabilis* = *Phal.* Leda; Rolfe (Veitch), 1888
× *Phal. amboinensis* = *Phal.* Alice Millard; Wallbrunn, 1969
× *Phal. aphrodite* = *Phal.* Ariadne; Rolfe (Veitch), 1896
× *Phal. celebensis* = *Phal.* Little Dragon; Hou-Tse Liu, 1987
× *Phal. cochlearis* = *Phal.* Andy Jackson; Kolopaking, 1982
× *Phal. cornu-cervi* = *Phal.* Stewed Corn; Thornton, 1978
× *Phal. equestris* = *Phal.* Cassandra; Veitch, 1898
× *Phal. fimbriata* = *Phal.* Kuanido Kristanto; Kolopaking, 1976
× *Phal. fuscata* = *Phal.* Zuma's Angelita; Zuma Canyon, 1978
× *Phal. gigantea* = *Phal.* Gretchen; Wallbrunn, 1969
× *Phal. javanica* = *Phal.* Java Gem; Stones River Orch., 1981
× *Phal. lindenii* = *Phal.* Batangas; Thornton, 1979

Phalaenopsis stuartiana

Phalaenopsis stuartiana 'Larkin Valley'

× *Phal. lueddemanniana* = *Phal.* Hermione; Veitch, 1899
× *Phal. maculata* = *Phal.* Alicia Fowler; Wallbrunn, 1985
× *Phal. mannii* = *Phal.* Stuarto-mannii; Veitch, 1898
× *Phal. micholitzii* = *Phal.* Micholart; Wallbrunn, 1970
× (*Phal. pallens** = *Phal.* Moonrise; Crestwood Orch., 1969)
× *Phal. philippinensis* = *Phal.* Louisiana Pixie; Breckinridge, 1991
× *Phal. sanderiana* = *Phal.* Amphitrite; Kraenzlin, 1892
× *Phal. schilleriana* = *Phal.* Schilleriano-Stuartiano; Low, 1900
× *Phal. sumatrana* = *Phal.* Susanti; Kolopaking, 1975
× *Phal. venosa* = *Phal.* New Wave; Paphanatics, 1985
× *Phal. violacea* = *Phal.* Punctatissima; Guillaumin, 1923
= *Phal.* Zuma Elf; Zuma Canyon, 1981
× *Phal. viridis* = *Phal.* Harto Kolopaking; Kolopaking, 1989
× *Doritis pulcherrima* = *Doritaenopsis* Bonita; Vaughn, 1965
× *Renanthua imschootiana* = *Renanthopsis* Enzomondo; Enzomondo, 1993
× *Renanthera monachica* = *Renanthopsis* Mildred Jameson; Fort Caroline, 1969
× *Renanthera storiei* = *Renanthopsis* Kamehameha; Kirsch, 1950
× *Vanda cristata* = *Vandaenopsis* Penny Stewart; Maj Orchids, 1977
× *Vandopsis gigantea* = *Phalandopsis* Lemon Pepper; Breckinridge, 1990

Phalaenopsis Hermione 'Sachsen-Anhalt'
Phal. lueddemanniana × *Phal. stuartiana*

* in der Registrierung nicht anerkannt.

Synonyme der Hybriden:
Phal. A. Benick = *Phal.* Leda
Phal. Langleyensis = *Phal.* Stuarto-mannii
Phal. Leda = *Phal.* Ariadne
Phal. stuartiana var. *hrubyana* = *Phal.* Amphitrite
Phal. Wiganiae = *Phal.* Amphitrite

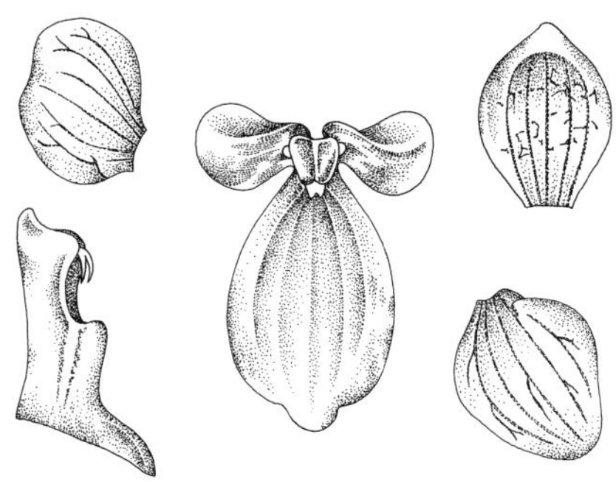

Phalaenopsis celebensis

Sektion *Stauroglottis* (Schauer) Benth.

J. Linn. Soc. 18: 332, 1881

Basionym: *Stauroglottis* Schauer: Nov. Act. Acad. Caes. Leop.-Carol. Nat. Cur. 19, suppl. 1: 432, 1843

Typus: *Stauroglottis equestris*

Petalen und Sepalen einander ähnlich, Lippe dreilappig ohne Anhängsel, am Zusammenkommen der Seitenlappen mit dem Mittellappen eine schildartige Schwiele.

Zu dieser Sektion gehören drei Arten, die alle in Kultur vorkommen, die letzte etwas seltener:
Phal. celebensis Sweet: The Genus *Phalaenopsis* 66, 1980
Phal. equestris (Schauer) Rchb. f.: Linnaea 22: 864, 1850
Phal. lindenii Loher: Journ. Orch. 6: 103, 1895

Phalaenopsis celebensis Sweet

The Genus *Phalaenopsis,* S. 66, 1980

Blätter grün, silbrigweiß marmoriert, länglich-verkehrt-eiförmig, 17 cm lang, 6 cm breit.
Blütenstand purpurgrünlich, bis 40 cm lang, gebogen, vielblütig.
Blüten weiß, obere Sepale fast rund bis spatelförmig, konkav, 13 mm lang, 9 mm breit, seitliche Sepalen schräg-eiförmig, gerundet, 14 mm lang, 10 mm breit; Petalen einwärts gebogen, querlaufend-nierenförmig, gerundet, 9 mm lang, 11 mm breit; **Lippe** dreilappig, Seitenlappen intensiv gelb, fast rund bis spatelig mit einem fleischigen Grat in der Mitte, etwa 5 mm lang, 3 mm breit, Mittellappen 9 mm lang, 6 mm breit, länglich-oval, konkav, kurz zugespitzt, lila Streifen von der Basis an, beim Zusammenkommen von Mittel- und Seitenlappen dreieckige, lang zugespitzte Schwiele.

Verwechslungsmöglichkeiten: Eine gewisse Ähnlichkeit mit *Phal. lindenii,* die auch marmorierte Blätter hat, ist vorhanden, läßt sich aber leicht anhand der Blütenfarbe und der Lippenform unterscheiden.

Verbreitung: Sulawesi, früher Celebes genannt, Insel von Indonesien.

Hinweise zur Kultur: Diese Art wird wie alle anderen Arten der Gattung *Phalaenopsis* gepflegt.

Blütezeit: Sommer.

Geschichte: Diese Art wurde schon 1934 durch Karthaus und Dakkus entdeckt und nach Europa gebracht. Durch J. J. Smith wurde eine Zeichnung angefertigt, die sich in Leiden befindet, eine offizielle Beschreibung erfolgte aber nicht. Erst 1980 nach dem Auffinden von neuen Pflanzen durch Herman J. A. ter Bosch, A. Kolopaking und C. L. Bundt erfolgte die offizielle Beschreibung durch Sweet.

Namensgebung: celebensis = vom Fundort Celebes, heute Sulawesi, Indonesien.

Hybriden: Für diese noch recht „junge" *Phalaenopsis* wurden schon erstaunlich viele Hybriden registriert. Auf Grund der Blütenfarbe steht zu erwarten, daß diese Art wohl noch sehr intensiv verwendet werden wird, vor allem um *amabilis*-geprägte, weiße Kleinformen zu erhalten. Die stark nach vorn gerichteten Blütenblätter zeigen sich aber leider auch bei den Hybriden.

Phalaenopsis celebensis
× *Phal. corningiana* = *Phal.* Seleraku; Kolopaking, 1989
× *Phal. equestris* = *Phal.* Silbergrube; E. Burkhardt, 1989
× *Phal. fimbriata* = *Phal.* Didi; Kolopaking, 1985
× *Phal. javanica* = *Phal.* Prince Star; Hou-Tse Liu, 1992
× *Phal. lindenii* = *Phal.* Cellinde; Zuma Canyon, 1988
× *Phal. philippinensis* = *Phal.* Philippine Dancer; Hou-Tse Liu, 1992
× *Phal. stuartiana* = *Phal.* Little Dragon; Hou-Tse Liu, 1987
× *Phal. venosa* = *Phal.* Golden Butterfly; Hou-Tse Liu, 1987

Phalaenopsis equestris (Schauer) Rchb. f.

Linnaea 22: 864, 1850

Basionym: *Stauroglottis equestris* Schauer: Nov. Act. Acad. Caes. Leop.-Carol. Nat. Cur. 19, suppl. 1: 432, 1843

Synonyme:
Phalaenopsis rosea Lindl.: Gard. Chron. 671, 1848
Phalaenopsis riteiwanensis Masamune: Trans. Hist. Soc. Formosa 24: 213, 1934
Stauroglottis riteiwanensis Masamune: l. c., in syn.

Blätter bis zu 5, länglich-elliptisch bis länglich-eiförmig, bis 20 cm lang, 6 cm breit, ohne Zeichnung.
Blütenstand fast aufgerichtet, bisweilen verzweigt, vielblütig, purpurfarben.
Blüten zart, Farbe und Größe variabel, rosa bis violett getönt, 25–40 mm groß, Sepalen länglich- bis oval-elliptisch, 10–17 mm lang, 5–7 mm breit, spitz, Rand etwas zurückgebogen; Petalen elliptisch bis rautenförmig, 8–15 mm lang, 5–8 mm breit; **Lippe** dunkler, 10–14 mm lang, 10–16 mm breit, dreilappig, Seitenlappen mit etwas Gelb, länglich, gerundet, zur Spitze etwas fleischiger, Mittellappen ei- bis rautenförmig, Mitte etwas konkav, zur Spitze fleischiger und spitz, Lippenplatte schildartig, fast quadratisch, Säule gebogen, etwa 9 mm.

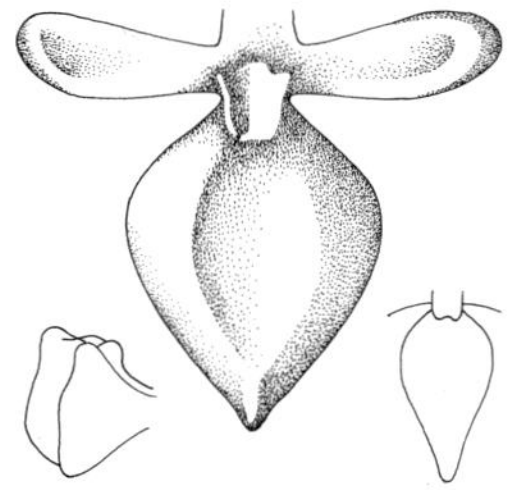

Phalaenopsis equestris

Variation: Neben einzelnen, selten zu sehenden Varietäten (z. B. var. *leucaspis*) werden zwei Typen immer wieder als Varietäten gehandelt, haben aber bisher noch keinen taxonomischen Status erhalten. Beide Typen sind immerhin so unterschiedlich, daß zumindest der Status einer Form gerechtfertigt erscheint.

Typ Ilocus: Kompakt mit nach oben gerichtetem Blütenstand, Blüte nicht ganz geöffnet, Blütenblätter nach vorne gerichtet, durchgehend rosa mit kräftig rosa Lippe, Blüten kleiner, Blütenstand selten verzweigt, bringt dafür gerne Kindel, Blüten öffnen sich fast gleichzeitig.

Typ Apari: Blütenstand hängend, Blüte ganz geöffnet, Ränder der Blütenblätter können heller sein, Blütenstand meist verzweigt, selten Kindel, Blüten öffnen sich nacheinander, die Pflanze hat somit eine längere Blütezeit.

Verwechslungsmöglichkeiten: Keine; es gibt einzelne, beschriebene Variationen, die aber sofort als „equestris" zu erkennen sind. Diese Formen sind aber kaum in Kultur. Mit anderen Arten aus der Gattung Phalaenopsis gibt es keine Verwechslungen.

Verbreitung: Philippinen, Taiwan.

Hinweise zur Kultur: *Phal. equestris* wird wie alle anderen Arten der Gattung *Phalaenopsis* gepflegt. Diese Art neigt leicht dazu, Keikis zu bilden.

Links oben: Phalaenopsis celebensis

Rechts oben: Phalaenopsis celebensis

Rechts Mitte: Phalaenopsis Little Dragon
Phal. stuartiana × Phal. celebensis

Blütezeit: In der Natur blüht diese Art während des ganzen Jahres, in Kultur gibt es eine Hauptblütezeit im Frühjahr und im Herbst.

Geschichte: Von Meyen auf der Insel Luzon gesammelt, wurde diese Art 1843 von Schauer als *Stauroglottis equestris* beschrieben. Als Lobb eine Pflanze aus Manila schickte, wurde sie 1848 von Lindley erneut beschrieben, nun als *Phalaenopsis rosea.* 1850 prägte dann Reichenbach den noch heute gültigen Namen *Phal. equestris.* Als eine

Links: Phalaenopsis Cellinde
Phal. celebensis × Phal. lindenii

Rechts oben: Phalaenopsis equestris ‚Strub'

Rechts Mitte: Phalaenopsis equestris

Pflanze auf Syokotosyo/Riteiwan (zu Taiwan), was nun die nördlichste Verbreitung bildet, gefunden wurde, wurde ihr von Masamune 1934 der Name *Phal. riteiwanensis* gegeben.

Namensgebung: equestris = lat. Reiter, riteiwanensis = vom Fundort, der Insel Riteiwan, rosea = wegen der Blütenfarbe.

Hybriden: Diese Art war in der Züchtung stets sehr beliebt, vor allem auch um kleine Phalaenopsen zu züchten. Es gibt auch einige intergenerische Hybriden mit dieser Art.

Phalaenopsis equestris
× *Phal. amabilis* = *Phal.* Artemis; Veitch, 1892
× *Phal. amboinensis* = *Phal.* Ambotris; Thornton, 1972
× *Phal. aphrodite* = *Phal.* × *intermedia;* Veitch, 1886, syn. M. de Almeida; Hung Che-Ying, 1957
× *Phal. celebensis* = *Phal.* Silbergrube; E. Burkhardt, 1989
× *Phal. cochlearis* = *Phal.* Anthony The; Kolopaking, 1981

Rechts unten: Phalaenopsis equestris var. alba

Links unten: Phalaenopsis equestris ‚amethystina'

× *Phal. cornu-cervi* = *Phal.* Cornustris; Wallbrunn, 1967
× *Phal. fuscata* = *Phal.* Ellen Hanoppo; Kolopaking, 1984
× *Phal. gigantea* = *Phal.* Bernice Maskin; Wallbrunn, 1978
× *Phal. javanica* = *Phal.* Christine Magro; L. Vincent, 1994
× *Phal. lindenii* = *Phal.* Venus; Misumi, 1923
× *Phal. lueddemanniana* = *Phal.* Mahinhin; Miller, 1957
× *Phal. maculata* = *Phal.* Little Sister; Hager, 1974
× *Phal. mannii* = *Phal.* Linda Cheok; Kirsch, 1964
× *Phal. mariae* = *Phal.* Rose Marie; Kirsch, 1961
× *Phal. parishii* = *Phal.* Partris; Thornton, 1965
× *Phal. philippinensis* = *Phal.* Carolina Tiny Phil; Lenette, 1992
× *Phal. sanderiana* = *Phal.* Rolfeana; Sweet, syn. Hebe Rolfe 1897, non Rchb. f. 1862
× *Phal. schilleriana* = *Phal.* × *veitchiana;* Naturhybride, syn. *gertrudae* Quis. 1941, syn. *Phal. viratatii* Quis. 1956
× *Phal. stuartiana* = *Phal.* Cassandra; Veitch, 1896
× *Phal. sumatrana* = *Phal.* Equitrana; Thornton, 1967
× *Phal. venosa* = *Phal.* Kuntrarti Rarashati; Kolopaking, 1986
× *Phal. violacea* = *Phal.* Equalacea; Thornton, 1967

× *Doritis pulcherrima* = *Doritaenopsis* Purple Gem; E. Iwanaga, 1963
× *Kingiella philippinensis* = *Phaliella* New Horizon; Thornton, 1972
× *Neofinetia falcata* = *Phalanetia* Irene; Sagawa, 1975
× *Renanthera monachica* = *Renanthopsis* Yuyake; H. Iwanaga, 1963
× *Renanthera philippinensis* = *Renanthopsis* Uplb Diamond Jubilee; G. & G., 1984
× *Sarcochilus hartmannii* = *Sarconopsis* Ken West; Crawford, 1988
× *Vanda spathulata* = *Vandaenopsis* Launa Ellen Thornton; Thornton, 1970
× *Vandopsis parishii* = *Phalandopsis* Emily Chan; Jim H. Chan, 1982

Phalaenopsis lindenii Loher

Journ. Orch. 6: 103, 1895

Blätter grün, silbrigweiß gefleckt, länglichlanzettlich, vorn etwas eingeschnitten, etwa 25 cm lang, 4 cm breit.
Blütenstand grün, bisweilen verzweigt, leicht gebogen, vielblütig.
Blüten zart, weiß und rosa überhaucht, Sepalen und Petalen mit rosa Punkten (gelegentlich auch Streifen), obere Sepale länglichelliptisch und gerundet, 16 mm lang, 7 mm breit, seitliche Sepalen länglich-oval, spitz, 15 mm lang, 8 mm breit, Petalen elliptischrhombisch, gerundet, 14 mm lang, 8 mm breit; **Lippe** 14 mm lang, 18 mm breit, dreilappig, Seitenlappen bandförmig, an der Spitze gerundet und fleischiger, weiß mit orangefarbenen Pünktchen und drei purpurnen Linien, Mittellappen purpurrosa mit zur Basis dunkler werdenden Streifen, fast kreisrund, vorne kurz zugespitzt, im Zentrum leicht konkav, Scheibe beim Zusammenkommen von Mittel- und Seitenlappen schildartig und 6–8seitig, Säule violett.

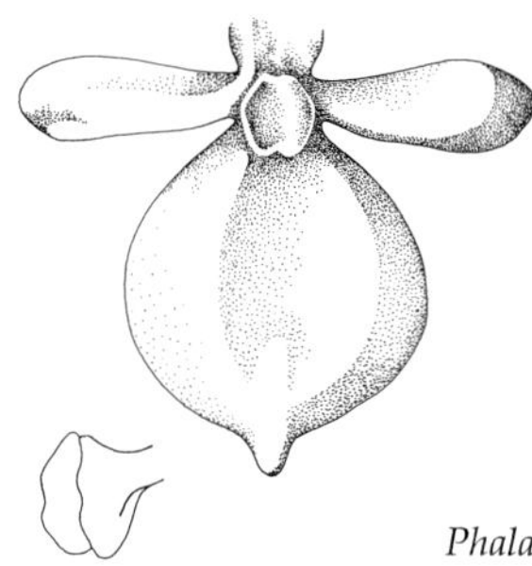

Phalaenopsis lindenii

Verwechslungsmöglichkeiten: Hat eine gewisse Ähnlichkeit mit *Phal. equestris,* unterscheidet sich aber klar durch den grünen Blütenstand, die marmorierten Blätter und den runden, intensiv gefärbten Mittellappen der Lippe.

Verbreitung: Philippinen.

Hinweise zur Kultur: Pflege wie allgemein für *Phalaenopsis* angegeben.

Blütezeit: Das ganze Jahr über, mit einem Höhepunkt im Spätsommer.

Geschichte: Diese Art von den Philippinen wurde 1895 durch Loher im Journal des Orchidées VI: 103 ohne genaue Ortsangaben beschrieben.

Anfänglich glaubte man, daß diese Art eine Naturhybride zwischen *Phal. schilleriana* (wegen der Blattfärbung) und *Phal. equestris* (wegen der Form der Lippe) sei. Nachdem auch Rolfe anfänglich dieser Meinung war, korrigierte er diese Einschätzung 1907 im Orchid Review, nachdem lebende Pflanzen von Paul Walter aus Magdeburg nach England geschickt worden waren.

Zudem wurde bekannt, daß nahe den Standorten der *Phal. lindenii* keine andere Art dieser Gattung vorkommt.

Namensgebung: lindenii = Jean Linden (1817–1898), berühmter belgischer Orchideenzüchter im letzten Jahrhundert.

Hybriden: Besonders intensiv wurden in der Züchtung die wenigen Pflanzen verwendet, deren Sepalen und Petalen die gleichen Streifen aufwiesen wie die Lippe („Peppermint Stripes"), um diese Streifung in den Hybriden zu erhalten.

Phal. lindenii
× *Phal. amabilis* = *Phal.* Chickadee; Griesbach, 1982
× *Phal. amboinensis* = *Phal.* Wanda Williams; Wallbrunn, 1967
× *Phal. celebensis* = *Phal.* Cellinde; Zuma Canyon, 1988
× *Phal. cornu-cervi* = *Phal.* Lincervi; Thornton, 1967
× *Phal. equestris* = *Phal.* Venus; Misumi, 1923
× *Phal. fuscata* = *Phal.* Jean-Pierre Zryd; L. Vincent, 1994
× *Phal. javanica* = *Phal.* Javalin; Zuma Canyon, 1983
× *Phal. lueddemanniana* = *Phal.* Sunfire, Miller, 1964
× *Phal. maculata* = *Phal.* Li'l Bit; Jones & Scully, 1970
× *Phal. mariae* = *Phal.* Marie Linden; Moir, 1975
× *Phal. micholitzii* = *Phal.* Professor Rubinia; Kolopaking, 1985
× *Phal. sanderiana* = *Phal.* Robert W. Miller; Miller, 1960
× *Phal. schilleriana* = *Phal.* Baguio; Moir, 1966
× *Phal. speciosa* = *Phal.* Janine; L. Vincent, 1993
× *Phal. stuartiana* = *Phal.* Batangas; Thornton, 1979
× *Phal. sumatrana* = *Phal.* Stern von Martell; Martell, 1984
× *Phal. venosa* = *Phal.* Helene Burkhardt; E. Burkhardt, 1988
× *Phal. violacea* = *Phal.* Vilind; Kirsch, 1969

× *Cleisocentrum trichromum* = *Cleisonopsis* Pinky; Rumrill, 1990
× *Doritis pulcherrima* = *Doritaenopsis* Asahi; Iwasaki, 1923
× *Kingiella philippinensis* = *Phaliella* Pale Face; Thornton, 1970

Weitere Hybride:
× *Phal.* Alex Gamoff = *Phal.* Irmgard Cramer, 1984

Sektion *Aphyllae* Sweet

AOS-Bulletin 37: 872, 1968

Typus: *Phalaenopsis stobartiana*

Stamm verkürzt, Blätter deckblattähnlich, in der Natur jedes Jahr abfallend, Blütenstände ein- bis vielblütig, Sepalen und Petalen schmal, einander ähnlich; Mittellappen der Lippe konvex, unterhalb gerillt, mit mehr oder weniger eingerollten Rändern; zwei Paar Pollinien.

Einschätzung: Die beiden Arten der Sektion unterscheiden sich durch die zwei Paare, also insgesamt vier Pollinien von allen anderen Arten der Gattung *Phalaenopsis* mit nur zwei Pollinien. Deshalb wurde die Sektion 1993 von Gruß & Röllke bei der Überarbeitung der Gattung *Kingidium* in „Die Orchidee" in eben diese übernommen: Gattung *Kingidium* Hunt Sektion *Aphyllae* (Sweet) Gruß & Röllke.

Auch wenn diese Einschätzung absolut richtig erscheint, sollen die beiden Arten bei der Darstellung der Gattung *Phalaenopsis* un-

ter diesem älteren Namen Berücksichtigung finden, da sie zumeist noch so angeboten und bei den Orchideenfreunden in Kultur sind.

Zu dieser Sektion gehören nur zwei Arten, die bislang noch wenig in Kultur vorkommen:
Phal. stobartiana Rchb. f.: Gard. Chron. 8: 392, 1877
Phal. wilsonii Rolfe: Kew Bull. 1909: 65

Unterscheidung der Arten:
Phal. wilsonii: Mittellappen der Lippe zweilappig an der Spitze; Lippenplatte an der Spitze mit fleischiger, eiähnlicher Schwiele.
Phal. stobartiana: Mittellappen der Lippe an der Spitze ungeteilt; Lippenplatte mit einem in der Mitte verlaufendem, langgezogenen Kiel.

Phalaenopsis stobartiana Rchb. f.

Gard. Chron. 8: 392, 1877

Synonyme:
Phalaenopsis wightii var. *stobartiana* (Rchb. f.) Burbidge: The Garden 22: 19, 1882
Phalaenopsis hainanensis Tang & Wang: Acta Phytotax. Sin. 12: 47, 1974
Polychilos stobartiana (Rchb. f.) P. S. Shim: Malayan Nat. J. 36: 26, 1982
Kingidium stobartianum (Rchb. f.) Seidenf.: Opera Bot. 95: 188, 1988

Blätter 2–4, etwa bis 10 cm lang und 5 cm breit, länglich-oval, in der Natur während der Blütezeit abfallend.
Blütenstand kurz, 8–20 cm, herabhängend, schlank und mit wenigen Blüten (4–8).

◁ *Oben links: Phalaenopsis Equalacea 'Winkl' (Phal. equestris × Phal. violacea)*

Oben rechts: Phalaenopsis equestris ‚aquinii' Ilocus Typ

Mitte links: Phalaenopsis Bernice Maskin (Phal. equestris × Phal. gigantea)

Mitte rechts: Phalaenopsis lindenii

Unten links: Phalaenopsis Batangas ‚aquinii' (Phal. stuartiana × Phal. lindenii)

Unten rechts: Phalaenopsis lindenii

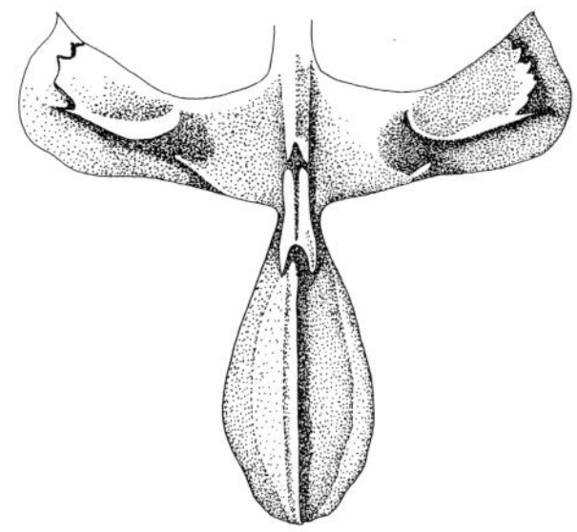

Phalaenopsis stobartiana

Blüten zart, etwa 3–4 cm breit, weiß mit rosa überhaucht, dorsales Sepalum etwa 15–20 mm lang, 5–8 mm breit, länglich-oval, fast stumpf, Petalen ähnlich dem dorsalen Sepalum, sich aber zur Basis stärker verschmälernd, seitliche Sepalen schräg angeordnet, ähnlich den Petalen, spitz, **Lippe** dreilappig, 15 mm lang, 12 mm breit; lackrosa bis magentarot, Mittellappen fleischig, oberseits konvex, oval, ungeteilt an der Spitze, Verdickung im Zentrum, Seitenlappen fast sichelförmig, länglich-bandförmig, mittig etwas zusammengeschnürt, an der Spitze feingezähnt endend, die Lippenplatte ist mit einem Paar übereinander gelegter, zweispaltiger Schwielen versehen.

Geschichte: *Phal. stobartiana* wurde bereits 1877 von H. G. Reichenbach im Gardeners' Chronicle beschrieben. Der Beschreibung lag eine Pflanze von William C. Stobart zugrunde, nach dem diese neue Art auch benannt wurde. In dieser Erstbeschreibung schreibt Reichenbach u. a. folgendes zu dieser neuen Art: „Die Sepalen und Petalen sind von einer schönen, apfelgrünen Farbe, zum Ende gelblichgrün. Die Lippe mit den seitlichen Teilen ist weiß mit gelb und amethyst gefärbt. Der Mittellappen ist völlig amethystfarben. Diese leuchtende Amethystfarbe wechselt schließlich in annähernd zinnoberrot über. Die Basis der weißen Säule ist auch amethystfarben. Ich hatte einen Zweig oder die Spitze einer Infloreszenz mit 8 Blüten, etwas kleiner als die von *Phalaenopsis equestris (rosea).*"

Die geschilderte apfelgrüne Farbe ist entweder auf eine recht lichtarme Kultur oder

Phalaenopsis stobartiana

auf das beginnende Vertrocknen der Blütenblätter zurückzuführen. Die Normalfärbung ist weiß mit unterschiedlich starker rosa Überhauchung.

1882 stufte Burbidge in einem Artikel in The Garden diese neue Art zu einer Varietät der damals so benannten *Phal. wightii* (heute *Kingidium wightii*) herab. Diese neue Einordnung konnte sich aber nicht durchsetzen.

Später wurde eine weitere Art beschrieben, die sich aber nach genauerer Analyse der Beschreibungen als identisch mit *Phal. stobartiana* herausstellte. 1974 erfolgte diese Beschreibung auf der Basis von Herbarbelegen durch Tang & Wang in der Acta Phytotaxonomica Sinica als *Phal. hainanensis*. Sie wurde bereits am 20. 7. 1936 von S. K. Lau in Pai-Sha Hsien in der chinesischen Provinz Hainan gefunden. Dieser Name ist als Synonym für die früher beschriebene *Phal. stobartiana* zu betrachten.

Trotz dieser späteren Beschreibung befand sich *Phal. stobartiana* jahrelang nicht in Kultur. 1990 tauchte bei Lutz Röllke in Bielefeld zwischen Pflanzen von *Phal. wilsonii* auch eine Pflanze auf, die in allen Kriterien der *Phal. stobartiana* entsprach. Dies läßt auch den Schluß zu, daß sich die natürlichen Verbreitungsgebiete dieser beiden Arten überschneiden und daß bereits in zurückliegender Zeit Pflanzen der *Phal. stobartiana* in Liebhabergewächshäusern unter falschem Namen ihren Platz gefunden haben können.

Namensgebung: hainanensis = nach dem Verbreitungsgebiet auf der Insel Hainan, stobartiana = nach dem Entdecker der Art Stobart.

Verbreitung: Burma, China (Hainan).

Hybriden: Bislang wurden keine Hybriden registriert.

Phalaenopsis wilsonii Rolfe

Kew Bulletin 65, 1909

Synonyme:

Polychilos wilsonii (Rolfe) P. S. Shim: Malayan Nat. J. 36: 27, 1982

Phalaenopsis minor F. Y. Liu: Acta Bot. Yunnan. 10: 119, 1988

Blätter 2–4, etwa 2,5 cm lang und 1 cm breit, länglich-oval, in der Natur während der Blütezeit abfallend.

Blütenstand kurz, 5–15 cm, herabhängend, schlank und mit wenigen Blüten (2–4).

Blüten zart, etwa 3–4 cm breit, weiß mit Rosa überhaucht, dorsales Sepalum etwa 20 mm lang, 8 mm breit, länglich-oval, fast stumpf, Petalen ähnlich dem dorsalen Sepalum, sich aber zur Basis stärker verschmälernd, seitliche Sepalen schräg angeordnet, ähnlich den Petalen, spitz; **Lippe** dreilappig, 15 mm lang, 12 mm breit, lackrosa bis magentarot, Mittellappen oval, zweilappig an der Spitze, Verdickung im Zentrum, Seitenlappen sichelförmig, länglich, an der Spitze gefaltet, Scheibe

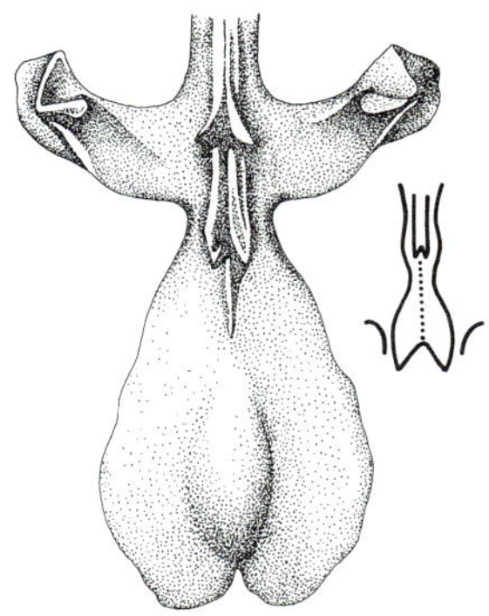

Phalaenopsis wilsonii

Phalaenopsis wilsonii

zwischen den Seitenlappen mit einem Paar übereinanderliegenden Schwielen.

Variation: Die Blüten variieren in ihrer Ausfärbung von weiß mit matt magentarot angehaucht über rahmweiß bis blaß magentarosa und die Lippen von lackrosa über lackmagentarot bis dunkel magentarosa. Es wurden aber weder eigene Varietäten noch Formen beschrieben.

Verwechslungsmöglichkeiten: Es besteht eine große Ähnlichkeit mit der eng verwandten *Phal. stobartiana*. Die beiden Arten lassen sich aber eindeutig an den verschiedenen Mittellappen ihrer Lippen unterscheiden. Während dieser bei *Phal. wilsonii* an der Spitze deutlich zweilappig ist, ist er bei *Phal. stobartiana* ungeteilt.

Verbreitung: Szechŭan und Yŭnnan in China und Ost-Tibet.

Blütezeit: Frühjahr.

Hinweise zur Kultur: Die Art wird in der Regel auf Block kultiviert, dennoch zeigt sich die Topfkultur vorteilhafter. So ist sowohl die Befeuchtung als auch die Düngung besser zu regulieren. Bei guter Kultur verliert diese Art im Gegensatz zum Naturstandort keine Blätter während der Blühphase.

Geschichte: *Phal. wilsonii* wurde kurz nach der Jahrhundertwende das erste Mal von Wilson in Westchina in einer Höhenlage von 1200 m gefunden (keine Ortsangabe). Rolfe beschrieb sie im Jahre 1909 und benannte sie nach dem Entdecker als *Phal. wilsonii.* Von anderen Sammlern wird berichtet, daß diese Art stark duftet und in der Farbe sehr variiert.

1988 beschrieb Fangyuan Liu *Phal. minor* in der Acta Botanica Yunnanica als eine neue Art. Das Typusexemplar war am 4. April 1981 von S. Q. Bao in Malipo in der Provinz Yŭnnan auf Bäumen wachsend in 1500 m Höhe gefunden worden. Bei genauer Ana-

Phalaenopsis wilsonii

lyse der Beschreibung ergibt sich, daß es sich hierbei um die bereits viel früher beschriebene *Phal. wilsonii* handelt.

Namensgebung: minor = lat. die kleinere, wegen der Größe der Pflanzen und Blüten, wilsonii = nach Wilson, dem Entdecker der Art.

Hybriden: Bisher wurden nur zwei Hybriden zur Registrierung angemeldet, da auch nur wenige Pflanzen in Kultur sind.

Phalaenopsis wilsonii
× *Phal. amabilis* = *Phal.* Maria-Theresia Berod; L. Vincent, 1994
× *Phal. fimbriata* = *Phal.* Bomantoro; Kolopaking, 1979

Sektion *Proboscidioides* Rolfe

Gard. Chron. 26: 276, 1886

Typus: *Phalaenopsis lowii*

Diese Sektion hat nur eine Art, *Phalaenopsis lowii*, die seit über 100 Jahren verschollen und nur noch von verschiedenen Bildtafeln bekannt ist.

Kennzeichen der Sektion:
Petalen breiter als die Sepalen,
Lippe dreilappig ohne Anhängsel,
Säule mit einer rüsselähnlichen Ausdehnung zum Rostellum.

Phalaenopsis lowii Rchb. f.

Bot. Zeit. 20: 214, 1862

Synonyme:
Phalaenopsis proboscidioides Parish ex Rchb. f.: Xenia Orch. 2: 139, 1868
Polychilos lowii (Rchb. f.) P. S. Shim: Malayan Nat. J. 36: 24, 1982

Geschichte: Rev. C. S. Parish entdeckte während seiner Reisen in Moulmein in Burma eine der prächtigsten *Phalaenopsis*-Arten. 1862 wurde sie durch die Firma Messrs. Low & Co. nach England importiert und im gleichen Jahr von H. G. Reichenbach in der Botanischen Zeitung beschrieben. Die Benennung der Art erfolgte zu Ehren des erfolgreichen Kultivateurs Low. Ursprünglich hatte Parish seinem Freund Low die Bezeichnung *Phal. proboscidioides* vorgeschlagen. Da aber Reichenbach weder von dem Entdecker noch dessen Namensvorschlag wußte, wählte er in gutem Glauben eine eigene Bezeichnung für diese Art. Erst viel später wurde der Namensvorschlag von Parish durch Rolfe aufgegriffen, als er eine eigene Sektion *Proboscidioides* für diese eine Art begründete.

Eine eingehende Beschreibung veröffentlichte Reichenbach f. 1862 in der Xenia Orchidacea: „Nebenwurzeln dickfadig ausgezogen. Blätter an kurzem Stamm rosettig, keillänglich, lanzettlich spitz oder zweizähnig, obenhin dunkelgrün, untenhin purpurn punktirt oder auch purpurn angehaucht. Blüthenstiel ausgezogen, ein- vierzehnblüthig, auch rispig verzweigt. Unpaares Sepalum von breitem Grunde halbeiförmig, dreieckig. Seitliche Sepalen schmäler. Tepalen keilig eiförmig, quer sehr breit. Seitliche Abtheilungen der Lippe aufrecht, nach rückwärts hakig, beiderseits ein nach vorn ausspringender Zahn, der indessen bisweilen fehlt; eine einspringende, schwielige Leiste, welche in die Platte hineingeht beiderseits; zwei kleine gesägte Schwielenzähne am tiefsten Lippengrunde. Zwei ganz kleine Zähne vorn wo die seitlichen Abtheilungen sich vereinigen. Die vordere Abtheilung keiligzungig, spitz, nach vorn gesägt, mit einem Kiel über die Mitte und seitlichen Kielchen; gewölbt. Säule dreikantig, stielrundlich, in der Mitte zusammengezogen; am Grunde nach vorn vorgezogen, an der Spitze in ein langes dreispitziges, brüchiges Rostellum ausgezogen. Staubbeutel niedergedrückt, birnförmig, vorn zugespitzt, über den Scheitel hin mit einer Längsleiste. Pollinien paarig, gedrückt dreieckig, hinten zweitheilig, sitzend auf einer Caudicula, die vom dreieckigen Grunde sehr lang lineal ausgezogen und gekrümmt. Glandula rundlich. Narbengrube lang ausgezogen. Der untere Saum derselben zeigt mir drei einspringende Zähne, doch ist es die Frage, ob das immer der Fall ist. Ich habe es mehrmals beobachtet. Blüthe weisslichrosa. Lippe purpurn mit gelben seitlichen Abtheilungen. Blüthenstiel rotbraun punktirt auf grüngelbem Grunde."

Phalaenopsis lowii
aus Lindenia Vol. 6, Tafel 272, 1891

Zum Standort veröffentlichte E. S. Berkeley im Gardeners' Chronicle 1887 einige Beobachtungen: „Die Pflanze verliert an ihrem heimatlichen Standort direkt nach der Blüte alle ihre Blätter ... Die Ketten der Kalksandsteinhügel, auf denen sie wächst, erheben sich plötzlich aus dem Delta der Gyne, Ataran, Tenasserim in Burma. Das Land, das diese Berge umgibt, steht den größten Teil des Jahres unter Wasser. Die Regenfälle sind sehr ergiebig. Gegen Ende November trocknet das Land ab, und am 1. Januar sind sowohl alle Blütenstiele als auch die Blätter der *Phal. lowii* abgetrocknet. Außer den Wurzeln bleibt nichts. Die Wurzeln hören auf zu wachsen, werden aber durch den nächtlichen Tau prall erhalten. Die Ruhezeit ist kurz, da schon im März Regenschauer einsetzen, welche die Pflanze zur Ausbildung neuer Blätter anregt ... Sie freut sich über viel Licht und eine redliche Menge Sonne, da große Bäume auf den Kalksteinfelsen fehlen."

1893 ergänzt Berkeley seine Ausführungen im Orchid Review: „*Phal. lowii* wurde in dem tiefgelegenen Lande ungefähr 60 Meilen aufwärts des Flusses Chine östlich von Moulmein gefunden. In dem riesigen Flußdelta gibt es viele kleine Gruppen Kalksteinfelsen, die zuweilen nur wenige Meter über der Ebene liegen, zuweilen aber 200 und mehr Fuß herausragen. Und auf gerade diesen Felsen oder auf den dort wachsenden Büschen anklammernd, ist die Pflanze in Gemeinschaft mit *Doritis wightii* zu finden."

In der Natur soll die *Phal. lowii* im Oktober lange Blütenstiele von mehr als 1 m Länge mit vielen Verzweigungen und mehr als 100 gleichzeitig geöffneten Blüten entwickeln.

Die Kultur der *Phal. lowii* scheint aber sehr problematisch gewesen zu sein. Denn sie befand sich nur kurze Zeit in Kultur und ist nunmehr seit mehr als 130 Jahren verschol-

Phalaenopsis lowii
aus H. G. Reichenbach, Xenia Orchidaceae Vol. 2, 151, 1868

len. Nachdem aber in den letzten Jahren einige lange verschollene Arten wieder aufgetaucht sind und auch erfolgreich kultiviert werden, sollte man die Hoffnung nicht aufgeben, daß diese prachtvolle *Phalaenopsis* wieder gefunden wird.

Bewußt wird bei dieser Art auf eine eigene Beschreibung verzichtet, da sie nicht an lebenden Pflanzen überprüft werden kann.

Namensgebung: lowii = nach Hugh Low, führte die Pflanze in England ein, proboscidioides = rüsselähnlich, wegen der verlängerten Säulenspitze, die Parish an einen Elefanten erinnerte.

Sektion *Parishianae* Sweet

AOS-Bulletin 37: 872, 1969

Typus: *Phalaenopsis parishii*

Diese Sektion der Gattung *Phalaenopsis* zeichnet sich durch gut entwickelte, aber am Naturstandort oft abfallende Blätter aus. Der Blütenstand ist kurz und weist nur wenige Blüten auf, deren Petalen und Sepalen annähernd die gleiche Form aufweisen und weitgehend rundlich geformt sind. Die Klaue der Lippe ist an der Säulenbasis angewachsen. Der Mittellappen der Lippe ist beweglich.

Zu dieser Sektion gehören folgende Arten:

Phal. appendiculata C. E. Carr: Gard. Bull. Str. Settl. 5: 16, t. 8, 1929
Phal. gibbosa Sweet: in AOS Bull. 39: 1095, 1970
Phal. lobbii (Rchb. f.) Sweet: The Genus Phalaenopsis: 53, 1980
Phal. mysorensis Saldanha: Indian For. 100: 527, 1974
Phal. parishii Reichenbach f.: Bot. Zeit. 23: 146, 1865

Von den 5 Species dieser Sektion ist nur eine Art verbreitet in Kultur, *Phalaenopsis lobbii.* Eine zweite Art, *Phalaenopsis parishii,* tauchte 1990 wieder in Kultur auf, nachdem sie annähernd 100 Jahre verschollen war (siehe Die Orchidee 41 (5): 158 ff.; 1990). Die weiteren Arten sind derzeit nicht in Kultur.

Phalaenopsis lobbii (Rchb. f.) Sweet

„The Genus Phalaenopsis" 53, 1980

Basionym: *Phalaenopsis parishii* var. *lobbii* Rchb. f.: Saunders Refug. Bot. 2: sub t. 85, 1870

Synonyme:
Phalaenopsis listeri Berkeley: Gard. Chron., ser. 3, 1: 280, 1887
Polychilos lobbii P. S. Shim: Malayan Nat. J. 36: 24, 1982

Blätter Kurzer Stamm mit bis zu 4 fleischigen, ovalen bis elliptischen Blättern, die ungefleckt grün sind; etwa 12 cm lang und 5 cm breit.
Blütenstand an den Blattbasen entspringend, bis zu 13 cm lang, oft bis zu 3 an einer Pflanze, locker mit 4–8 Blüten besetzt, von denen immer mehrere gleichzeitig geöffnet sind.
Blüten etwa 2 cm groß, Sepalen und Petalen cremeweiß, dorsales Sepalum länglich-elliptisch, stumpf, seitliche Sepalen schräg, oval bis fast kreisrund, stumpf, Petalen von einer keilartigen Basis aus verkehrt-eiförmig, stumpf bis gerundet; **Lippe** dreilappig, die kleinen, dreieckigen Seitenlappen sind hochgebogen und tragen innen eine höckerförmige Schwiele, gelblich gefärbt mit einigen, bräunlichen Flecken, der auffällige Mittellappen ist beweglich angeheftet, breit-dreieckig, vorne stumpf abgerundet, seitlich zumeist leicht hochgebogen, mit einem Paar ziemlich breiter, vertikaler, kastanien- bis rotbrauner Bänder versehen, an der Basis des Mittellappens befindet sich eine zweiteilige Schwiele, die sich in vier lange, fadenförmige Fortsätze

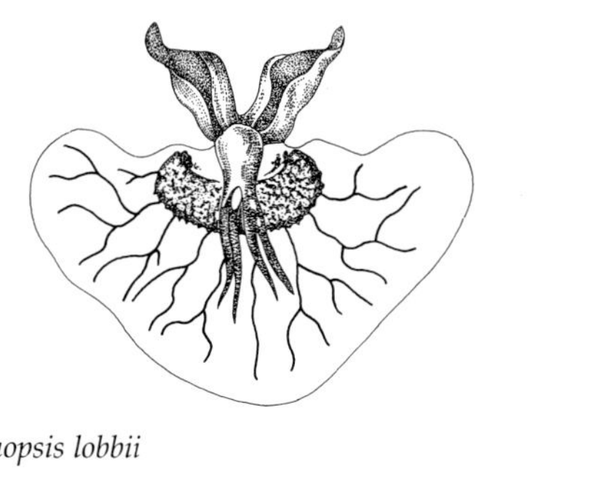

Phalaenopsis lobbii

gabelt. Die davor liegende, halbkreisförmige Schwiele zeigt einen leicht gezähnten bis gefransten Vorderrand. Die Säule ist kurz mit einem nach vorne abstehenden Säulenfuß an der Basis.

Verwechslungsmöglichkeiten: In Wuchs und Blüte ähneln sich *Phal. lobbii* und *Phal. parishii* sehr stark. Ohne Blüten lassen sie sich nicht von einander unterscheiden. Das wichtigste Unterscheidungsmerkmal ist die unterschiedlich geformte und gefärbte Lippe: *Phal. lobbii* besitzt eine halbkreisförmige, freie und ziemlich geschwollene Platte mit unregelmäßig feingezähntem Rand auf dem Mittellappen der Lippe. Dagegen hat *Phal. parishii* eine dünne und langgefranste Platte.

Das deutlichste Unterscheidungsmerkmal ist die Färbung der Lippe:
Phal. parishii: purpurviolett oder magentarot
Phal. lobbii: cremeweiß mit einem Paar ziemlich breiter, vertikaler, kastanienbrauner Bänder.

Verbreitung: Sikkim, Bhutan, Assam und Burma.

Hinweise zur Kultur: Die Pflanzen dieser Art wachsen epiphytisch im mit Moos bedeckten Astwerk von Bäumen. Dabei schmiegen sich die kräftigen und zahlreichen Wurzeln eng an die Baumrinde an. Während der Wachstumsperiode sind sie großer Hitze und Feuchtigkeit ausgesetzt. Häufig verlieren sie am Standort in der winterlichen Ruhezeit alle Blätter und kommen zum Teil auch blattlos zur Blüte.

Phalaenopsis lobbii

Phalaenopsis lobbii var. flava

Sowohl eine Kultur am Block als auch im Topf ist möglich. Reichliche Wassergaben während der Wachstumsphase, leichte Verminderung während der Ruhephase. Dabei ist die Dosierung der Wassergaben bei der Kultur im Topf besser zu steuern. In Kultur behält sie ihre Blätter den Winter hindurch, wenn der Pflanzstoff mäßig feucht (nicht naß) gehalten wird. Um sie gut zur Blüte zu bringen, ist es notwendig, das Blattwachstum durch angemessene Wasser- und Düngergaben anzuregen. Sie blüht bedeutend besser, wenn die Blattentwicklung üppig ist.

Blütezeit: Februar bis Mai, Blühdauer der Einzelblüte etwa 2–3 Wochen, der Gesamtinfloreszenz etwa 2 Monate.

Geschichte: Im Juni 1869 beschrieb H. G. Reichenbach in „Saunders' Refugium Botanicum" auf Tafel 85 eine Varietät der *Phal. parishii* als var. *lobbii*, die sich von der Normalform durch eine schwielige, halbeirund angeschwollene Lippe unterschied, die weiß gefärbt war und breite, kastanienbraune Längsstreifen zeigte.

Die Art war bereits 1845 durch Thomas Lobb im östlichen Himalaya gesammelt worden. Die Erstaufsammlung war anfänglich Rev. Parish zugeschrieben worden. Über die Messrs. Veitch erhielt Reichenbach dann eine Pflanze als Grundlage für seine Beschreibung.

Die zeitliche Abfolge der Beschreibung der beiden eng verwandten Arten *Phal. parishii* (1865) und *Phal. lobbii* (1870), beschrieben als *Phal. parishii* var. *lobbii*, war ausschlaggebend für einige Verwirrungen in der Folgezeit. Denn während die von Reichenbach beschriebene Varietät sehr häufig angeboten wurde und auch in vielen Sammlungen existiert, ist die „richtige" *Phal. parishii* bedeutend seltener und war annähernd 100 Jahre verschollen. Man kannte sie bis 1990 eigentlich nur noch aus der Literatur.

1980 erhob Herman R. Sweet in seinem Buch „The Genus Phalaenopsis" (Seite 53) die Varietät *lobbii* in den Rang einer eigenen Art. Das Schaffen einer eigenen Art begründet er damit, daß sich deren Blüten sowohl in Textur als auch Farbe ganz entscheidend vom *Phal. parishii* unterscheidet.

Namensgebung: lobbii = Thomas Lobb, Sammler der Pflanze.

Hybriden: Offiziell wurden keine Hybriden der *Phal. lobbii* registriert. Man kann aber davon ausgehen, daß alle offiziell registrierten Hybriden der *Phal. parishii* eigentlich mit der *Phal. lobbii* erzeugt wurden. Vgl. Liste dort.

Phalaenopsis parishii Rchb. f.

Bot. Zeit. 23: 146, 1865

Synonyme:

Grafia parishii (Rchb. f.) Hawkes: Phytologia 13: 306, 1966

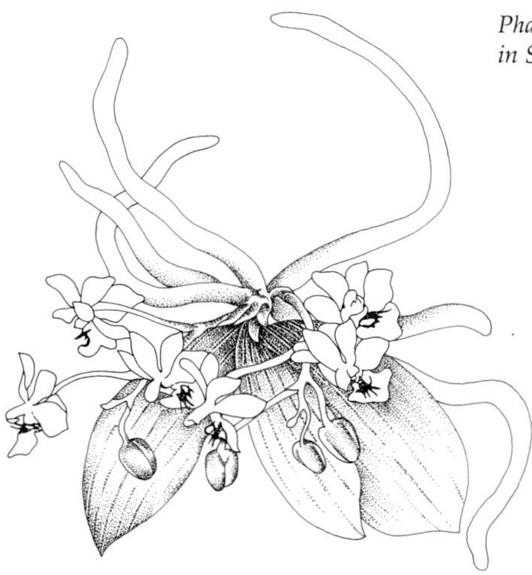

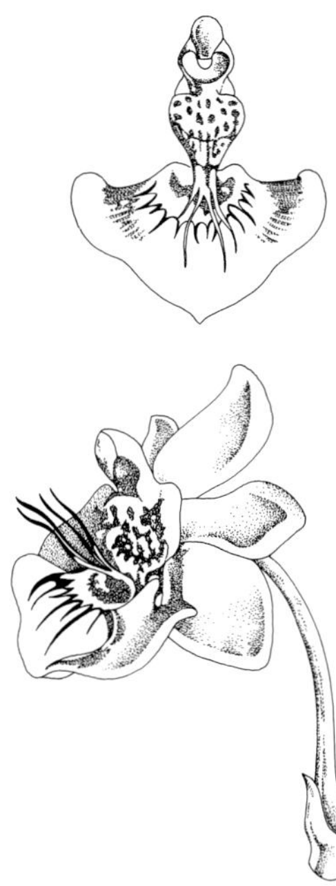

Phalaenopsis parishii. Zeichnung nach der Darstellung in Saunder's Refugium Botanicum 2, t. 85, 1870.

Phalaenopsis parishii

Polychilos parishii (Rchb. f.) P. S. Shim: Malayan Nat. J. 36: 25, 1982

Geschichte: 1864 entdeckte Reverend C. Parish in Moulmein in Burma eine neue Art der Gattung *Phalaenopsis* und schickte umgehend lebendes Pflanzenmaterial an T. Lobb und an den Royal Botanic Garden in Kew. Kultivierte Pflanzen von John Day und Dawson dienten H. G. Reichenbach als Grundlage für die Erstbeschreibung vom 26. April 1865 in der Botanischen Zeitung (Jahrgang 23, Seite 146, 1865). Neben der Beschreibung in lateinischer Sprache schrieb er ergänzend: „Hüllblätter milchfarbig. Vordertheil und Lippe purpurviolett, Seitentheile gelbbraun gedeckt. Die vierborstige Schwiele gelb. Der Wall am Grunde des Vordertheils der Lippe weiss mit braunen Flecken. Die Grundheit der Säule weiss mit violetten Flecken. Diese kleinblüthige Art, welche durch den prächtigen Farbenschmelz sich auszeichnet, blühte bei Herrn Dawson. Ich verdanke sie Herrn Low, welcher sie von Rev. Parish aus Burmah empfing. Ich habe sie diesem Herrn ergebenst gewidmet. Kew, den 26. April 1865."

Unter Berücksichtigung seiner Beobachtungen an lebendem Pflanzenmaterial von Day, Dawson, Veitch und aus dem Royal Botanic Garden in Kew stellte Reichenbach fest, daß alle diese Pflanzen der *Phalaenopsis parishii* sich durch eine eindeutig violette Lippe auszeichneten.

1893 beschrieb E. S. Berkeley im Orchid Review Vol. 1, Seite 242 f. die genauen Stand-

Phalaenopsis Micro Nova
Phal. maculata × *Phal. parishii*

Phalaenopsis parishii
aus Botanical Magazine Vol. 96, Tafel 5815, 1870

ortbedingungen dieser Art: „Die besten Varietäten dieser Art, die ich je gesehen habe, waren in dem Gebirgsdistrikt vorhanden, wo ich sie an sehr feuchten Stellen in Achseln von Bäumen wachsend fand, die über den Fluß hingen. Die Zweige, auf denen die Pflanzen wuchsen, waren mit lebendem Moos bedeckt, in welchem sich die Wurzeln ungehindert ausbreiten konnten. Die Pflanzen waren insgesamt viel robuster als jene, die auf den Bergen gefunden wurden und während der Trockenzeit sehr ungünstigen Bedingungen ausgesetzt waren. Diese Pflanze und auch das *Phal. lowii* sind in den Ländern, in denen sie wachsen, häufig laubabwerfend. Nur wenige Pflanzen an sehr günstigen und geschützten Stellen behalten ihre Blätter während der trockenen Jahreszeit."

Viele Jahre war diese Art nicht mehr in Kultur. 1991 tauchten aber in Deutschland einige Pflanzen im Handel auf, die genau der ursprünglichen Beschreibung der *Phal. parishii* entsprachen.

Namensgebung: parishii = nach dem Entdecker C. Parish, Grafia = Albert Byrd Graf, Herausgeber der schwergewichtigen Werke „Exotica" und „Tropica".

Hybriden: Nur wenige Hybriden wurden bislang von den Arten der Sektion *Parishianae* registriert. 1959 meldete der Botanische Garten Ceylon die erste Hybride dieser Art, *Vandaenopsis* Mem. Hugo Peires, an, eine Kreuzung mit *Vanda suavis*. 1965 wurde durch Thornton *Phal.* Partris angemeldet, eine Hybride von *Phal. parishii* mit *Phal. equestris*. Im gleichen Jahr wurde auch die zweite Hybride dieser Art mit einer anderen Gattung durch McCoy zur Registrierung angemeldet, *Renanthopsis* Tiny Tim, eine Kreuzung mit *Renanthera monachica*.

Als Elternteil wurde mit großer Wahrscheinlichkeit immer *Phal. lobbii* verwendet.

Phalaenopsis Partris
Phal. equestris × Phal. parishii

Da sie aber in der Registrierung nicht anerkannt wurde und auch Varietäten nicht angegeben sind, läßt sich der wahre Ursprung der angemeldeten Kreuzungen kaum noch nachvollziehen. So sind die bisherigen Kreuzungen von *Phal. lobbii* alle unter dem Namen *Phal. parishii* zu finden.

Phalaenopsis parishii
× *Phal. amabilis* = *Phal.* Formosa Dream; Hou Tse Liu, 1992
× *Phal. equestris* = *Phal.* Partris; Thornton, 1965
× *Phal. mannii* = *Phal.* Parma; Norrsell, 1971
× *Phal. fimbriata* = *Phal.* Green Imp; Thornton, 1973
× *Phal. lueddemanniana* = *Phal.* Minuet; Wallbrunn, 1976
× *Phal. schilleriana* = *Phal.* Pink Heart; Wallbrunn, 1980
× *Phal. maculata* = *Phal.* Micro Nova; Wallbrunn, 1980
× *Phal. violacea* = *Phal.* Iwan Kolopaking; Kolopaking, 1981

Weitere registrierte Hybriden:
× *Phal.* Be Glad = *Phal.* Little Miss Daisy; Gavin, 1990
× *Phal.* Gretchen = *Phal.* Gretchen's Parish; Wallbrunn, 1990
× *Phal.* × *intermedia* = *Phal.* Douglas Allan; Wallbrunn, 1973
× *Phal.* Princess Kaiulani = *Phal.* Mem. Rev. Parish; Thornton, 1973
× *Phal.* Mid Lip = *Phal.* Perfection; Wallbrunn, 1977

Mehrgattungshybriden:
× *Vanda suavis* = *Vandaenopsis* Mem. Hugo Peris; Peris, 1959
× *Renanthera monachica* = *Renanthopsis* Tiny Tim; McCoy, 1965
× *Kingiella philippinensis* = *Phaliella* Snow Drop; Kolopaking, 1978
× *Doritis pulcherrima* = *Doritaenopsis* Anna-Larati Soekardi; Sweden, 1980
× *Doriella* Tiny = Doriellaopsis Tiny Delight; Zuma Canyon, 1984
× *Vanda* Ben Berliner = *Vandaenopsis* Sweet Viola; Lauralin, 1988

Phalaenopsis Formosa Dream 'Yoko'
Phal. amabilis × *Phal. parishii*

Die folgenden Arten sind nicht in Kultur, wurden auch nicht im Bestimmungsschlüssel berücksichtigt und werden deshalb nur kurz erwähnt.

Phalaenopsis appendiculata
C. E. Carr
Gard. Bull. Str. Settle. 5: 16, t. 8, 1929

Geschichte: Diese vermeintliche *Phalaenopsis* wurde bislang nur zweimal in Malaya gesammelt. Auf der Basis der ersten Aufsammlung beschrieb sie Carr. Die Herbarbelege auf dem Typusblatt in Kew lassen erhebliche Zweifel aufkommen, daß es sich hierbei um eine Art der Gattung *Phalaenopsis* handelt.

Verbreitung: Malaya, Pahang State, Tembeling (nach Typusaufsammlung von Carr).

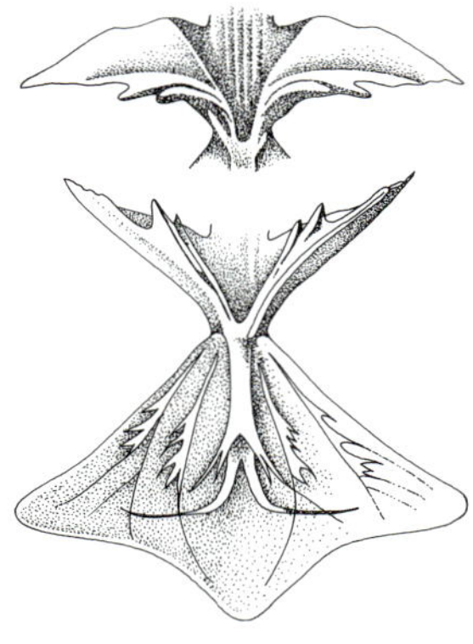

Phalaenopsis appendiculata

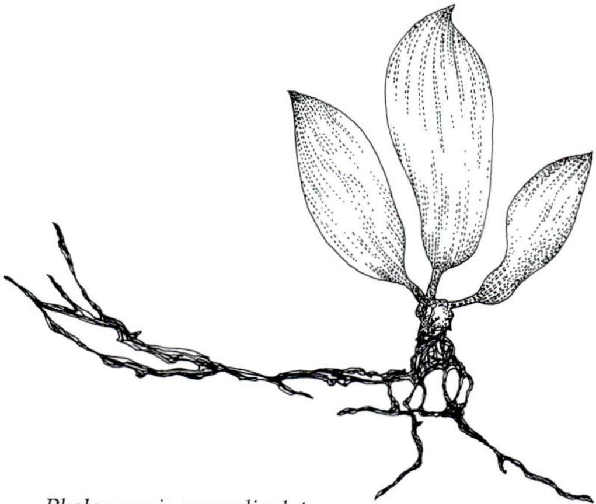

Phalaenopsis appendiculata.
Zeichnung nach dem Holotypus, der im Herbarium in Kew hinterlegt ist.

Als Phalaenopsis gibbosa in den Handel gekommene Pflanze aus Vietnam

Besondere Kennzeichen: Blätter an der Basis deutlich gestielt; Sepalen bis zu 4 mm lang; Mittellappen der Lippe von einer keilartigen Basis dreieckig, vorn gestutzt.

Phalaenopsis gibbosa Sweet

American Orchid Society Bulletin 39: 1095, 1970

Geschichte: Diese Art wurde 1970 von Hermann R. Sweet auf der Basis von Herbarbelegen und einer Zeichnung beschrieben. Es sind keine Pflanzen in Kultur, so daß eine endgültige und eindeutige Einstufung derzeit nicht möglich ist.

1994 tauchten in europäischen Gärtnereien Pflanzen aus Vietnam unter dem Namen *Phal. gibbosa* auf. Der Habitus und die ersten Blüten erinnern stark an *Phal. parishii.* Der Hauptunterschied zu dieser Art besteht in der gelben Färbung der Lippe. Auffällig sind zudem die fleischigen, deutlich abgeflachten (oder abgeplatteten) langen Wurzeln. Eine endgültige Einschätzung dieser Pflanzen, ob es *Phal. gibbosa,* eine Varietät der *Phal. parishii* oder eine neue Art ist, kann erst erfolgen, wenn die Pflanzen sich völlig etabliert haben und auch Blütenstände wie in der Natur entwickelt haben. Zudem werden auch die Nachzuchten interessante Erkenntnisse bieten können.

Verbreitung: Vietnam, Laos.

Besondere Kennzeichen: Die Infloreszenz reicht weit über die Blätter hinaus, mehrblütig; der Fruchtknoten ist leicht gebogen.

Phalaenopsis gibbosa. Zeichnung nach der Darstellung von Hermann R. Sweet in AOS Bulletin 39, 1095, 1970.

Phalaenopsis mysorensis. Zeichnung nach einer Darstellung von Saldanha in Indian Forester 100: 571, 1974.

Phalaenopsis mysorensis Saldanha
Indian Forester 100: 571, 1974

Geschichte: Die Art wurde 1974 von Saldanha beschrieben, tauchte aber nie in Kultur auf. So ist sie lediglich durch die Zeichnung im Indian Forester und eine nicht immer eindeutige Beschreibung bekannt. Nach Sweet könne es auf Grund des isolierten Vorkommens in Indien möglich sein, daß es sich hierbei nicht um eine Art der Gattung *Phalaenopsis* handelt. Vielmehr sieht er in ihr ein mögliches Bindeglied zur Gattung *Kingidium.*

Da keinerlei Pflanzen dieser Art in Kultur sind, kann man nur Vermutungen über den Artstatus anstellen. Eher ist sie der Gattung *Kingidium* zuzuordnen als der *Phalaenopsis.*

Verbreitung: Indien, Karnataka State, Hassan District.

Besondere Kennzeichen: Aufrechte Infloreszenz mit einer geraden Spindel; Mittellappen der Lippe ohne eine Platte an der Basis; Mittellappen dreieckig-nierenförmig mit gestutzter Basis; Sepalen bis zu 8 mm lang.

Nach Saldanha unterscheidet sich diese Art von der eng verwandten *Phal. parishii* durch die Form der Seitenlappen der Lippe, das Fehlen der gefransten, fleischigen, halbkreisförmigen Schwiele auf dem Mittellappen und das Vorhandensein von zwei sehr kurzen und zwei längeren Antennen.

Sektion *Polychilos* (Breda) Rchb. f.

Bot. Zeit. 22: 298, 1864

Basionym: *Polychilos* Breda: Gen. Spec. Orch. Asclep. (I), t. 1, 1828; „1827"

Synonym: *Polystylus* Hasselt ex Hassk. in Retzia 3, 1855

Typus: *Polychilos cornu-cervi*

Die Blüten dieser Sektion sind sehr fleischig, wachsartig; Sepalen und Petalen sind sich ähnlich, Lippe gelappt und eine Vertiefung in der Mitte, Vorderlappen mehr oder minder ankerförmig.

Zu dieser Sektion gehören folgende Arten:
Phal. cornu-cervi (Breda) Bl. & Rchb. f.: Hamb. Gartenz. 16: 116, 1860
Phal. lamelligera Sweet: AOS-Bull. 38: 516, 1969
Phal. mannii Rchb. f.: Gard. Chron. 902, 1871
Phal. pantherina Rchb. f.: Bot. Zeit. 22: 298, 1864
Phal. thalebanii Seidenf.: Opera Bot. 95: 241, 1988
Von diesen fünf Arten kommen *Phal. lamelligera* und *thalebanii* nicht in Kultur vor. Erstere wurde nur einmal gefunden (etwa 1891) und vom Herbarbeleg her beschrieben.

Phalaenopsis cornu-cervi (Breda) Bl. & Rchb. f.

Hamb. Gartenz. 16: 116, 1860

Basionym: *Polychilos cornu-cervi* Breda: Gen. Spec. Orch. Asclep. (I), t. 1, 1828, „1827"

Synonyme:
Polystylus cornu-cervi Hasselt ex Hassk.: Retzia 3, 1855
Phalaenopsis devriesiana Rchb. f.: Hamb. Gartenz. 16: 116, 1860

Blätter länglich-schmal, etwa 20 cm lang, 4 cm breit, bisweilen an der Spitze eingekerbt.
Blütenstand etwa 10–40 cm lang, einfach, bisweilen verzweigt. Zweizeilig stehende, abgeplattete Brakteen, die dem Stiel ein breites, flaches Aussehen geben (daher der Name).
Blüten etwa 4 cm, wachsartig, glänzend, Sepalen einander ähnlich, 18–23 mm lang, 5–8 mm breit, umgekehrt-eiförmig, Ränder zurückgebogen, rückseitig gekielt, deutlich zugespitzt, Petalen ähnlich, etwas kleiner, Sepalen wie die Petalen gelb bis grünlich mit rotbraunen Flecken, Form und Verteilung dieser Flecken sehr variabel; **Lippe** weiß, relativ klein, etwa 8 mm lang, 10 mm breit,

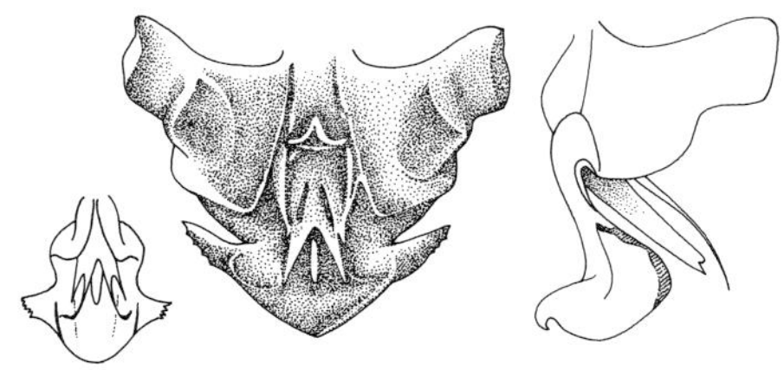

Phalaenopsis cornu-cervi

dreilappig, Seitenlappen nach oben gerichtet, zwischen den Seitenlappen drei Anhängsel: ein gelbes, ein langes, gegabeltes weißes und ein violettes, Mittellappen ankerförmig, sehr variabel, Säule 8 mm lang, gebogen.

Variation: Die Anzahl der Flecken auf Petalen und besonders auf den Sepalen ist äußerst variabel. An Hand dieser Färbungen wurden einige Varietätsnamen vorgeschlagen, zumeist ohne gültig publiziert worden zu sein. Diese Kriterien dürften auch für den Varietätsstatus zu wenig sein. Akzeptierbar sind:
var. *picta:* anstelle von Flecken auf den Sepalen und Petalen Querstreifen
var. *flava* hat wenig oder keine Streifung.
Eine andere Farbform ist fast völlig dunkelbraun und wurde als *Phal. cornu-cervi* 'Tibi' zur Bewertung bei der D.O.G. vorgestellt. Diese Form wurde aber bisher noch nicht gültig beschrieben.

Verwechslungsmöglichkeiten: Diese Art ist in Lippenform und -farbe sehr variabel, aber dennoch leicht erkennbar. Schwierig ist die Abgrenzung zu den umstrittenen Arten *Phal. pantherina* (vgl. dort) und *Phal. thalebanii.*

Verbreitung: Sumatra, Borneo, Java, Malakka, Burma, Thailand.

Hinweise zur Kultur: Der Blütenstand darf nicht abgeschnitten werden, da er in der Regel an der Spitze auch nach einer Ruhepause wieder weitertreibt. Normalerweise wird diese Art stets im tiefen Schatten angetroffen, ohne jede Ruhezeit; es wurden aber auch Exemplare in praller Sonne gefunden, die ihre Blätter abwerfen und dabei eine ausgeprägte Ruhezeit haben.

Blütezeit: Da die Infloreszenz an der Spitze immer neue Blüten bringt, ist eigentlich eine Blütezeit das ganze Jahr über möglich. Im Sommer ist aber ein Höhepunkt der Blüte bemerkbar.

Geschichte: *Phal. cornu-cervi* wurde erstmals 1827 von Breda in „Genera et Species Orchidearum et Asclepiadearum" beschrieben unter dem eigenen Gattungsnamen *Polychilos.* Später wurde diese Art von Blume und Reichenbach in der Hamburger Gartenzeitung in die Gattung *Phalaenopsis* übertragen. Die ersten lebenden Pflanzen erreichten die Fa. Low & Co. von C. S. Parish aus Moulmein in Burma erst im Jahre 1864.

Namensgebung: cornu-cervi = lat. Hirschgeweih, wegen der Erscheinungsform des Blütenstiels, devriesiana = Willem Hendrik de Vriese, 1807–1862, Professor der Botanik in Leiden.

Hybriden: *Phal. cornu-cervi* wurde erst sehr spät für die Hybridisierung entdeckt. Die erste Kreuzung stammt aus dem Jahre 1949 (× *sanderiana*).

Phal. cornu-cervi
× *Phal. amabilis* = *Phal.* Little Star; Bot. Gard. Ceylon, 1962
× *Phal. amboinensis* = *Phal.* Corona; Shaffer's, 1973

Phalaenopsis Corlind
Phal. cornu-cervi × *Phal. lindenii*

Phalaenopsis cornu-cervi

× *Phal. cochlearis* = *Phal.* Golden Bantam; Wallbrunn, 1972
× *Phal. equestris* = *Phal.* Cornustris; Wallbrunn, 1967
× *Phal. fasciata* = *Phal.* Little Girl; Thornton, 1974
× *Phal. fimbriata* = *Phal.* Corbriata; Thornton, 1968
× *Phal. javanica* = *Phal.* Adri Witanta Husada; Kolopaking, 1986
× *Phal. lindenii* = *Phal.* Lincervi; Thornton, 1967
× *Phal. lueddemanniana* = *Phal.* El Tigre; J. H. Miller, 1964
× *Phal. maculata* = *Phal.* Charm; Wallbrunn, 1987
× *Phal. mannii* = *Phal.* Mancervi; Thornton 1967
× *Phal. mariae* = *Phal.* Little Leopard; Wallbrunn, 1973
× *Phal. modesta* = *Phal.* Jayamurni; Kolopaking, 1985
× *Phal. sanderiana* = *Phal.* Lokelani; Kirsch 1949
× *Phal. schilleriana* = *Phal.* Ayleen; T. Sukarya, 1980
× *Phal. stuartiana* = *Phal.* Stewed Corn; Thornton, 1978
× *Phal. sumatrana* = *Phal.* Tiger Cub; Wallbrunn, 1973

× *Phal. venosa* = *Phal.* Eiderstedt; Parnata, 1985
× *Phal. violacea* = *Phal.* × *valentinii;* Naturhybride
× *Phal. viridis* = *Phal.* Ibu Kasman; Kolopaking 1978

× *Doritis pulcherrima* = *Doritaenopsis* Summerred; Nagata, 1969
× *Kingiella philippinensis* = *Phaliella* Speck O'Gold; Thornton, 1972

Phalaenopsis mannii

Phalaenopsis mannii Rchb. f.
Gard. Chron. 902, 1871

Synonyme:
Phalaenopsis boxallii Rchb. f.: Gard. Chron. ns. 19: 274, 1883
Polychilos mannii (Rchb. f.) P. S. Shim: Malayan Nat. J. 36: 24, 1982

Blätter 4–5, etwa 35 cm lang, 7 cm breit, oval bis riemenförmig.
Blütenstand etwa gleiche Länge wie die Blätter, etwas hängend, selten verzweigt.
Blüten etwa 5 cm, fleischig, nacheinander öffnend, Sepalen und Petalen gelb mit brauner Zeichnung, dorsales Sepalum 20–24 mm lang, 8 mm breit, eiförmig, Ränder zurückgebogen, am Rücken gekielt, die seitlichen Sepalen leicht größer, schräg-eiförmig, Petalen etwa 20 mm lang, 7 mm breit, lanzettlich; **Lippe** weiß bis violett, kurz genagelt, dreilappig, Seitenlappen schmallänglich, an der Spitze schief gestutzt, in der Mitte mit einer dicken Schwiele, Mittellappen ankerförmig, an den Rändern gezähnt und papillös, an der Spitze des Mittellappens eiförmiger Wulst, Schwiele zwischen den Seitenlappen vorn mit zwei Fortsätzen.

Verwechslungsmöglichkeiten: Im Grunde genommen keine, allenfalls mit *Phal. cornu-cervi;* läßt sich aber von dieser allein schon durch den runden Blütenstiel unterscheiden.

Variation: Es wurden bisher keine Varietäten offiziell beschrieben. Die Ausfärbung ist sehr variabel. So wurde für eine elfenbeinfarbene Pflanze der Name var. *concolor* vorgeschlagen und für eine großfleckige var. *maculata.*

Verbreitung: Sikkim, Assam, Vietnam.

Hinweise zur Kultur: Keine Besonderheiten.

Verschiedene Lippenformen von Phalaenopsis mannii

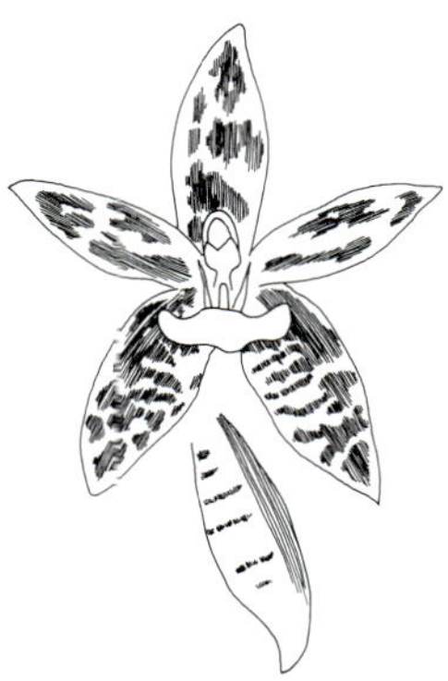

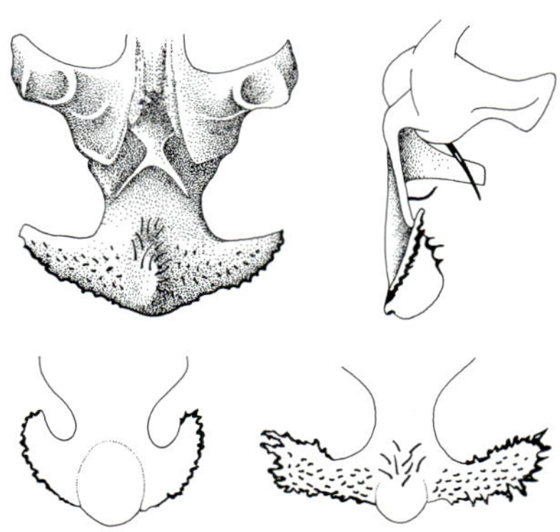

◁ *Phalaenopsis Valentinii*
Phal. violacea × *Phal. cornu-cervi*

Phalaenopsis mannii

Blütezeit: Vornehmlich im Frühjahr, aber durchaus das ganze Jahr über möglich.

Geschichte: Diese Art wurde 1868 von Mann in Sikkim gesammelt und von Reichenbach 1871 im Gardeners' Chronicle S. 902 beschrieben. In der gleichen Zeitschrift beschrieb Reichenbach 1883 auf S. 274 eine *Phal. boxallii,* was zu einiger Verwirrung führte. Noch heute werden Pflanzen unter diesen falschen Namen angeboten. Noch dazu schrieb Reichenbach, „boxallii" stamme von den Philippinen, dabei wurde sie in Burma gesammelt. Bisweilen wird „boxallii" auch als Varietätsnamen (gelbe Formen) zu *Phal. lueddemanniana* genannt, was ebenfalls nicht richtig ist.

Namensgebung: mannii = Gustav Mann, Entdecker der Pflanze, boxallii = Boxall, Sammler der Fa. Low & Co.

Hybriden: *Phal. mannii* wurde erst recht spät als Kreuzungspartner entdeckt, obwohl Veitch schon um die Jahrhundertwende zwei Hybriden registrieren ließ. Erst als das Interesse an gelben Phalaenopsen begann, verwendete man ab den 60er Jahren sehr gern diese Art.

Phal. mannii
× *Phal. amabilis* = *Phal.* Thor Flame; Thornton, 1963
× *Phal. amboinensis* = *Phal.* Mambo; Thornton, 1965
× *Phal. cornu-cervi* = *Phal.* Mancervi; Thornton, 1967
× *Phal. equestris* = *Phal.* Linda Cheok; Cheok Jiak Kim, 1964
× *Phal. fimbriata* = *Phal.* Manbriata; Thornton, 1968
× *Phal. fuscata* = *Phal.* Mannicata; Kuhn, 1966
× *Phal. gigantea* = *Phal.* Rosie Clouse; Fort Caroline, 1971

Mitte: Phalaenopsis mannii ‚flava'

Unten: Phalaenopsis Paifang's Golden Piece Phal. Art Hall × Phal. mannii

× *Phal. javanica* = *Phal.* Jazz Man; Jones & Scully, 1982
× *Phal. lueddemanniana* = *Phal.* Hymen; Veitch, 1900
× *Phal. maculata* = *Phal.* Aurelien; L. Vincent, 1993
× *Phal. mariae* = *Phal.* Merryman; Wallbrunn, 1985
× *Phal. micholitzii* = *Phal.* Margie Lane; Thornton, 1970
× *Phal. parishii* = *Phal.* Parma; Norrsell, 1971
× *Phal. sanderiana* = *Phal.* Sandman; Thornton, 1967
× *Phal. schilleriana* = *Phal.* Bronze Maiden; McCoy, 1964
× *Phal. stuartiana* = *Phal.* Stuartiano-Mannii; Veitch, 1898
× *Phal. sumatrana* = *Phal.* Hargianto; Kolopaking, 1986
× *Phal. venosa* = *Phal.* Mannosa; Paphanatics (Stewarts), 1991
× *Phal. violacea* = *Phal.* Malacea; Thornton, 1970

× *Sarcochilus hartmannii* = *Sarconopsis* Florence; Bedford, 1982
× *Vanda coerulescens* = *Vandaenopsis* Twiggy; Rumrill, 1980

Phalaenopsis pantherina Rchb. f.

Bot. Zeit. 22: 298, 1864

Synonyme:
Phalaenopsis luteola Burb.: The Garden of the Sun 258, 1880 nomen nudum
Polychilos pantherina P. S. Shim: Malayan Nat. J. 36: 25, 1982

Der *Phal. cornu-cervi* außerordentlich ähnlich; wir sind uns nicht sicher, ob diese Art von *Phal. cornu-cervi* getrennt gehalten werden kann. Als Unterschiede werden angegeben:

pantherina	*cornu-cervi*
Blüten etwas größer; Petalen im rechten Winkel zur oberen Sepale; Mittellappen der Lippe mit einer Verengung (Isthmus).	Blüten etwas kleiner; Petalen nicht im rechten Winkel zur oberen Sepale; Mittellappen der Lippe hat keinen Isthmus.

Phalaenopsis nicht registriert
Phal. pulchra × *Phal. mannii*

Da die *Phal. cornu-cervi* sehr variabel in der Blütenfärbung, aber auch in der Form der Lippe ist und es viele Übergangsformen gibt, erscheint diese Art nicht anerkennenswert.

Verbreitung: Borneo.

Hinweise zur Kultur: Pflege wie bei *Phal. cornu-cervi.*

Blütezeit: Wie bei *Phal. cornu-cervi* ist auch hier eine Blüte das ganze Jahr über möglich mit einem Schwerpunkt im Frühsommer.

Namensgebung: pantherina = lat. wie ein Panther, in Anspielung auf die gelbliche Grundfarbe mit der braunen Fleckung, luteola = lat. gelblich.

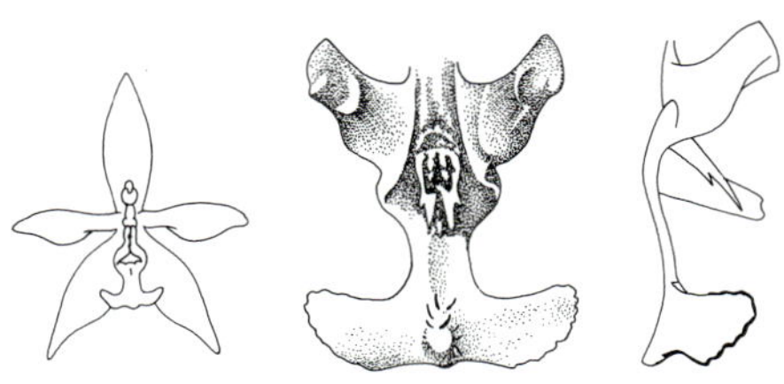

Phalaenopsis pantherina

Hybriden: Bisher wurden kaum Hybriden registriert. Es ist anzunehmen, daß auf Grund der großen Ähnlichkeit von *Phal. pantherina* und *Phal. cornu-cervi* einige Züchtungen, die mit dem Elternteil *Phal. pantherina* registriert worden sind, Kreuzungen mit *Phal. cornu-cervi* entstammen.

Phal. pantherina
× *Phal. amabilis* = *Phal.* Paskal Terang; Parnata, 1984
× *Phal. amboinensis* = *Phal.* Doris Blomquist; Kolopaking, 1975
× *Phal. fimbriata* = *Phal.* Jiro Sumichan; Kolopaking, 1981
× *Phal. javanica* = *Phal.* Mini Paskal; Parnata, 1982
× *Phal. sanderiana* = *Phal.* Liliana; Kolopaking, 1984

× *Doritis pulcherrima* = *Doritaenopsis* Si Kancil; Parnata, 1979

× *Vandopsis parishii* = *Phalandopsis* Siti Faunah; Kolopaking, 1978

Phalaenopsis pantherina

Phalaenopsis lamelligera
Sweet
American Orchid Society Bulletin 38: 516, 1969

Geschichte: Die Beschreibung dieser vermeintlich neuen Art basierte auf einer einzelnen, getrockneten Blüte im Herbarium des Royal Botanic Garden in Kew. Diese Blüte stammte von einer Pflanze, die Bull 1891 nach England gebracht und dort kultiviert hatte.

Rolfe notierte anfänglich auf dem Herbarbogen, daß diese Art entweder *Phal. maculata* oder *Phal. pantherina* zuzuordnen sei. Zudem notierte er später auch eine Zuordnung zu der nie offiziell beschriebenen *Phal. luteola.* Die erste Einschätzung wird nur dadurch verständlich, daß Rolfe keinen Zugang zu den Typusbelegen dieser beiden Arten im Herbarium von Reichenbach f. hatte.

Phalaenopsis Paskal Terang
Phal. amabilis × *Phal. pantherina*

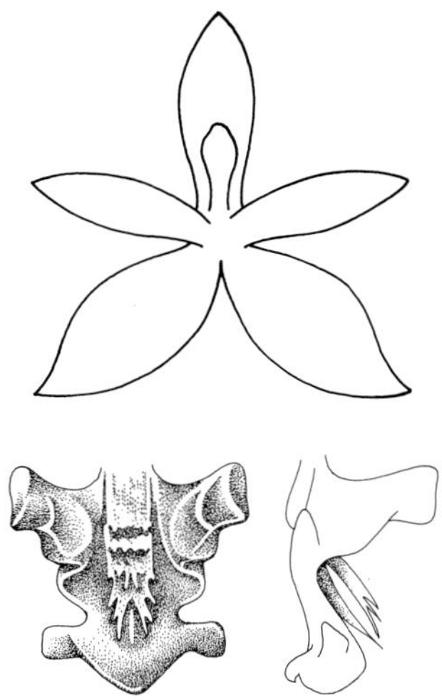

Phalaenopsis lamelligera

Sweet erstellte 1969 die Beschreibung nach seiner eigenen Feststellung, um die Aufmerksamkeit künftiger Sammler in Borneo auf die Existenz dieser bemerkenswerten Form hinzuweisen.

Nach Wallbrunn ist die Einstufung dieser Pflanze als eigene gute Art nicht akzeptabel, da mit einer einzigen getrockneten Blüte eine neue Art nicht ausreichend charakterisiert erscheint.

Verbreitung: Borneo ohne genaue Angaben.

Besondere Kennzeichen: Mittellappen der Lippe ankerförmig; kreisförmige Wölbung am Grunde des Mittellappens; Lappen an der Spitze der Lippe glatt; plattenähnliche Fortsätze an der Lippenbasis mit zerrissenen Rändern und zusammengesetzt aus querliegenden Platten.

Phalaenopsis thalebanii

Seidenfaden

Opera Botanica 95: 241, 1988

Geschichte: Diese neue Art wurde im September 1983 als einzelnes Exemplar nahe der Yaroi Falls im nördlichen Teil des Thaleban-Schutzgebiets gefunden. Es unterschied sich nach Seidenfaden auf den ersten Blick von der eng verwandten *Phal. cornu-cervi* durch die größeren Blüten mit einheitlich zimtfarbenen Petalen und Sepalen mit kaum sichtbaren dunkleren Flecken.

Nach Diskussion mit Garay und Sweet entschied sich Seidenfaden, diese Pflanze als neue Art zu beschreiben.

Da aber keine weiteren Pflanzen in Kultur oder bildhaft dargestellt worden sind, ist es unmöglich zu entscheiden, ob es sich hier um eine Pflanze in der normalen Streubreite der sehr variablen *Phal. cornu-cervi* oder um eine wirklich gute, neue Art handelt.

Verbreitung: Yaroi Falls, Thaleban-Nationalpark, Thailand.

Besondere Kennzeichen: gespaltener, fadenartig ausgezogener Kallus; zimtfarbene Blüten mit kaum sichtbaren Flecken und ohne Streifen; Blüten größer als die der *Phal. cornucervi;* muschelförmiger Mittellappen der Lippe mit zurückgeschlagenen Seitenrändern.

Sektion *Fuscatae* Sweet

AOS-Bulletin 37: 873, 1968

Typus: *Phalaenopsis fuscata*

Petalen und Sepalen einander ähnlich, ausgebreitet, zurückgebogene Ränder; Lippe nicht unterbrochen mit dem Säulenfuß; konkaver oder flacher Mittellappen der Lippe mit einem oder mehreren Kielen, wobei der mittlere immer fleischig ist.

Folgende Arten gehören zur Sektion *Fuscatae,* die sich alle sehr ähnlich sind:

Phal. cochlearis Holtum: Orch. Rev. 72: 408, 1964

Phal. fuscata Rchb. f.: Gard. Chron. 2: 6, 1874

Phal. kunstleri J. D. Hook.: Fl. Brit. Ind. 6: 30, 1890

Phal. viridis J. J. Smith: Bull. Dept. Agr. Ind. Neerl. 5: 21, 1907

Alle Arten sind mehr oder weniger häufig in Sammlungen zu finden.

Phalaenopsis cochlearis

Phalaenopsis Tridacna
Phal. cochlearis × *Phal. gigantea*

Phalaenopsis cochlearis Holttum

Orchid Review 72: 408, 1964

Synonym:
Polychilos cochlearis (Holttum) P. S. Shim: Malayan Nat. J. 36: 22, 1982

Blätter 2–4, ziemlich dünn, bis zu 22 cm lang und 8 cm breit, länglich-verkehrt-oval, oberseitig mit je bis zu 5 leicht erhobenen, längslaufenden Venen auf jeder Seite der Mittelrippe.

Blütenstand bis zu 50 cm lang, fast aufgerichtet und verzweigt, wenigblütig.

Blüten etwa 4,5 cm breit, ausgebreitet, Farbe variabel, von weiß über blaß grünlichgelb bis gelb mit jeweils zwei hellen, bräunlichen oder orangebraunen Riegeln an der Basis der Petalen und Sepalen, dorsales Sepalum bis zu 20 mm lang und etwa 8 mm breit, fast elliptisch, rückseitig mit einer leicht nach hinten gebogenen Spitze, seitliche Sepalen schräg angeordnet, etwa 22 mm lang und 7 mm breit, oval und fast spitz zulaufend, mit leicht zurück gerollten Rändern und deutlich gekielter Rückseite, Petalen bis zu 18 mm lang und nur 5 mm breit, langzettlich-elliptisch, spitz zulaufend und auf der Rückseite zur Spitze zu leicht gekielt; **Lippe** fleischig, dreilappig 9–12 mm lang, 8–10 mm breit, Seitenlappen länglich-lineal, mit einer horizontalen Rinne und zur Spitze gekerbt, zweispitzig erscheinend, weiß oder cremefarben mit jeweils drei unterbrochenen, zimtfarbenen bis orangebraunen Streifen auf den nach vorn zeigenden Oberflächen, Mittellappen annähernd kreisförmig, muschelartig gewölbt, mittig leicht gekielt und an der Spitze abgerundet oder leicht eingekerbt, primelgelb mit verschiedenen, rotbraunen bis orangebraunen Streifen auf beiden Seiten des Kiels, Lippenplatte zwischen den seitlichen Lappen mit 5 parallelen, ziemlich flachen Graten und einem Paar paralleler, fleischiger, lamellenähnlicher Schwielen, vor denen ein zweigezähnter, fleischiger Kallus ist, Säule 7 mm.

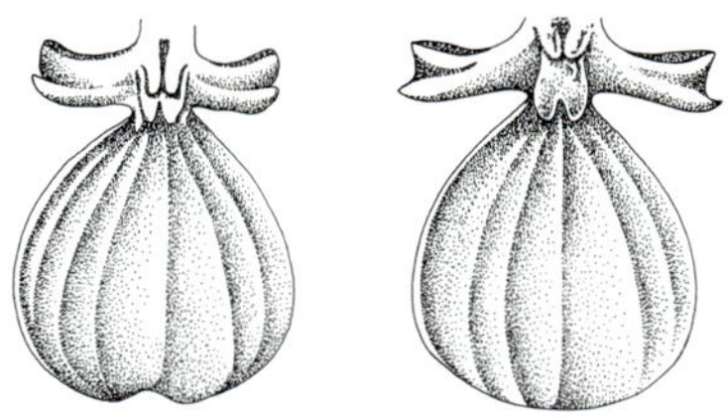

Phalaenopsis cochlearis

Variation: Es wurde bislang keine Varietät beschrieben. Die Blütenfarbe variiert von weiß über blaß grünlichgelb bis gelb, ebenfalls variabel ist die Zeichnung auf den Sepalen und Petalen und auf der Lippe.

Verwechslungsmöglichkeiten: Auf Grund der muschelartigen Lippe kaum eine Verwechslung möglich.

Verbreitung: Sarawak/Nord-Borneo. Diese Art wächst dort epiphytisch auf Bäumen in einer Kalksteingegend in Höhenlagen von etwa 500 bis 700 m.

Hinweise zur Kultur: Keine Besonderheiten zu beachten.

Blütezeit: September–Oktober; Blühdauer etwa 4–6 Wochen.

Geschichte: Anfang der 60iger Jahre wurde diese neue Art von Robert Kho aus Kuching in Sarawak gesammelt. Sie wurde nach Kew geschickt und 1964 von Holttum im Orchid Review beschrieben. Ein bereits vor etwa 100 Jahre gesammeltes Belegexemplar befindet sich ohne genaue Herkunftsangaben und Namen im Reichenbach-Herbar in Wien unter der Nummer 21058, wurde aber nie offiziell beschrieben und entspricht völlig der *Phalaenopsis cochlearis.*

Namensgebung: cochlearis = lat. muschel- oder löffelförmig, wegen der Lippenform.

Hybriden:

Phalaenopsis cochlearis
× *Phal. amboinensis* = *Phal.* Amblearis; Wallbrunn, 1972
× *Phal. cornu-cervi* = *Phal.* Golden Bantam; Wallbrunn, 1979
× *Phal. equestris* = *Phal.* Anthony The; Kolopaking, 1981
× *Phal. fasciata* = *Phal.* Golden Jubilee; Dobkin, 1975
× *Phal. fimbriata* = *Phal.* Memoria Frederick Thornton; Pridgen, 1985
× *Phal. gigantea* = *Phal.* Tridacna; Wallbrunn, 1983
× *Phal. maculata* = *Phal.* Maculearist; Shaffer's, 1985
× *Phal. stuartiana* = *Phal.* Andy Jackson; Kolopaking, 1982
× *Phal. violacea* = *Phal.* Little Darlin; Jones & Scully, 1969

Phalaenopsis fuscata Rchb. f.

Gard. Chron. 2: 6, 1874

Synonyme:

Phalaenopsis denisiana Cogn.: Gard. Chron. ser. 3, 26: 82, 1899

Phalaenopsis nicht registriert
Phal. cochlearis × Phal. mannii

Polychilos fuscata (Rchb. f.) P. S. Shim: Malayan Nat. J. 36, 23, 1982

Blätter 3–5, länglich-oval, bis 30 cm lang und 10 cm breit, fleischig.
Blütenstand gebogen bis hängend, bis zu 40 cm lang, teils verzweigt, wenigblütig, mit bis zu 10 geöffneten Blüten.
Blüten fleischig, ausgebreitet, krallenartig nach vorn gerichtet, Ränder nach hinten gerollt, etwa 3 cm breit, Grundfarbe gelb bis ocker, basale Hälften der Blütenteile braun gefleckt, Sepalen oval, stumpf, 15 mm lang, bis 1 mm breit, Petalen länglich oval, stumpf, 12–16 mm lang, bis 8 mm breit; **Lippe** dreilappig, bis zu 15 mm lang und 12 mm breit, braun gezeichnet, Seitenlappen fast quadra-

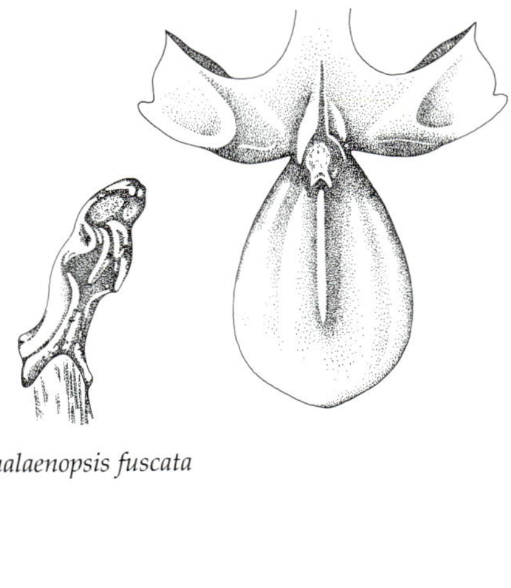

Phalaenopsis fuscata

Phalaenopsis fuscata

tisch und sichelartig geformt, Spitze gestutzt, Mittellappen oval, fleischig, flach, mit einem deutlichen, mittleren, fleischigen Kiel, basaler Teil der Lippenplatte ohne Schwielen, sie entspringen in der Mitte, Säule kurz, stämmig, in der Mitte zusammen geschnürt, zur Basis stielähnlich.

Variation: Trotz der Variabilität in der Ausfärbung der Blüten wurden keine Varietäten oder abweichende Formen beschrieben. Sinnvoll könnte aber die Einstufung der *Phal. kunstleri* als Varietät der *Phal. fuscata* = *Phal. fuscata* var. *kunstleri* erscheinen, wie sie bereits 1967 von Thornton im Orchid Review Vol. 75, S. 217 erwähnt wurde.

Verwechslungsmöglichkeiten: Es besteht eine große Ähnlichkeit mit *Phal. kunstleri*. Die Arten unterscheiden sich nur durch das Fehlen bzw. Nicht-Fehlen von Schwielen auf dem basalen Teil der Lippenplatte. Während *Phal. fuscata* keinerlei Schwielen auf dem basalen Teil der Lippenplatte aufweist, zeigt *Phal. kunstleri* ein Paar fleischiger Grate, die sich von der Basis bis zur Vereinigung der Lippenteile ausdehnen. Zudem gibt es einen geringfügigen Unterschied bei der Säule:

Phal. fuscata: Säule kurz, stämmig, in der Mitte zusammen geschnürt, zur Basis stielähnlich.
Phal. kunstleri: Säule verlängert, schlank, zylindrisch, ohne Einschnürung.

Die eng verwandte *Phal. viridis* hebt sich von der *Phal. fuscata* vor allem durch die Färbung und Zeichnung der Blüte ab.

Verbreitung: Borneo, Philippinen, Malaiische Halbinsel.

Hinweise zur Kultur: Der Blütenstand sollte nach der Blüte nicht abgeschnitten werden, sonst keine Besonderheiten.

Blütezeit: Frühsommer.

Geschichte: Nach einer Pflanze, die von Mr. Bull kultiviert wurde und ursprünglich von den Philippinen eingeführt wurde, beschrieb Reichenbach 1874 diese neue Art. 1899 wurde durch Fernald Denis, einem Orchideenliebhaber aus Vancluse in Frankreich, weiteres Pflanzenmaterial von den Philippinen nach Europa gebracht. Cogniaux sah sie wegen geringfügiger Abweichungen als eigene Art an und beschrieb sie als *Phal. denisiana.*

Namensgebung: denisiana = nach Fernald Denis, Orchideenliebhaber in Vancluse, Frankreich, fuscata = lat. bräunlich, gebräunt, nach der Blütenfärbung.

Hybriden:

Phalaenopsis fuscata
× *Phal. amabilis* = *Phal.* Fuscatalis; Minne, 1968
× *Phal. equestris* = *Phal.* Ellen Hanoppo; Kolopaking, 1984
× *Phal. fasciata* = *Phal.* Mirth; Hager, 1977
× *Phal. gigantea* = *Phal.* Crepuscule; Wallbrunn, 1985
× *Phal. lindensii* = *Phal.* Jean-Pierre Zryd; L. Vincent, 1994
× *Phal. lueddemanniana* = *Phal.* Lucata; Thornton, 1967

Phalaenopsis fuscata

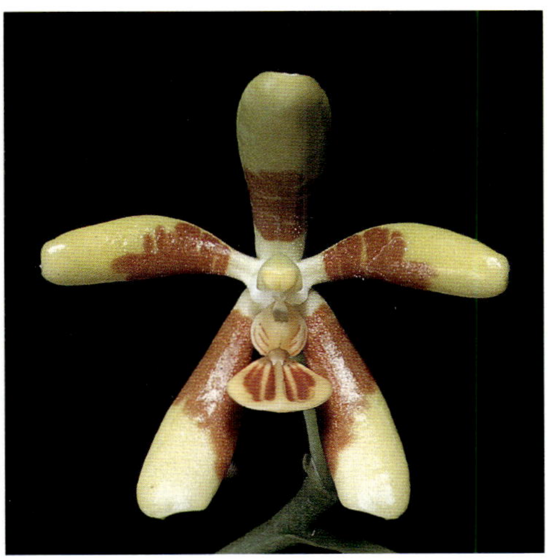

Phalaenopsis nicht registriert
Phal. amboinensis × *Phal. fuscata*

× *Phal. maculata* = *Phal.* Piebald; Wallbrunn, 1982
× *Phal. mannii* = *Phal.* Mannicata, Kuhn, 1966
× *Phal. mariae* = *Phal.* Golden Jewel; Dobkin, 1973
× *Phal. stuartiana* = *Phal.* Zuma's Angelita; Zuma Canyon, 1978
× *Phal. sumatrana* = *Phal.* Purbo Sejati; Parnata, 1983
× *Phal. violacea* = *Phal.* Bee Ridge; Bates Orchids, 1980

× *Kingiella philippinensis* = *Phal.* Jim Creasy; Wallbrunn, 1982

× *Phal.* Bamboo Baby = *Phal.* Maria O'Keeffe; L. H. O'Keeffe, 1983
× *Phal.* Darlene Cavaco = *Phal.* Yellow Star; Richella, 1981
× *Phal.* Ginger Candy = *Phal.* Spiced Mustard; Stewart Inc., 1983
× *Phal.* Kathy Reyes = *Phal.* Emerald Queen; Richella, 1985
× *Phal.* Larry Suzuki = *Phal.* Pageantry; Richella, 1984
× *Phal.* Lei = *Phal.* Roberta Goff; L. H. O'Keeffe, 1984
× *Phal.* Mae Catherine Conklin = *Phal.* Chan Sun Hoh; Yap Tuan Ngan, 1988
× *Phal.* Malibu Pink = *Phal.* Pajaro Morada; Livingstone's, 1984

× *Phal.* Maria Vasquez = *Phal.* Marcata; M. & C. (Gilmore), 1982
× *Phal.* Patty Belgarde = *Phal.* Colleen Moira O'Keeffe; L. H. O'Keeffe, 1986
× *Phal.* Rose Girl = *Phal.* Rose Garden; Takase, 1986
× *Phal.* Rothschildiana = Phal. Rothcata; Thornton's, 1981
× *Phal.* Sulochana = *Phal.* Bergambar; Parnata, 1981
× *Phal.* Vallauris = *Phal.* Zelinda Fiorentini; Fanfani, 1988
× *Phal.* Winter Dawn = *Phal.* Nancy Werner; Takase, 1984
× *Asconopsis* Irene Dobkin = *Asconopsis* Freckles; Wallbrunn, 1985

Phalaenopsis kunstleri

Phalaenopsis kunstleri J. D. Hook.

Fl. Brit. Ind. 6: 30, 1890

Synonyme:
Phalaenopsis fuscata var. *kunstleri* Thornton: Orchid Review 75: 217, 1967, nomen
Polychilos kunstleri (J. D. Hook.) P. S. Shim: Malayan Nat. J. 36: 24, 1982

Blätter bis zu 5, fleischig, glänzend, länglich-eiförmig, fast stumpf, bis 25 cm lang und 5–8 cm breit.
Blütenstand gebogen, meist verzweigt, bis 40 cm lang, wenigblütig.
Blüten fleischig, ausgebreitet, krallenförmig nach vorn gerichtet, alle Blütensegmente an den Seiten nach hinten gerollt, bis 4 cm breit, gelb bis ocker gefärbt, die basalen Hälften der Blütensegmente braun, Sepalen eiförmig, stumpf, 20 mm lang und 10 mm breit, rückseitig gekielt, Petalen oval, stumpf, 15 mm lang, bis zu 10 mm breit; **Lippe** 10 mm lang, 10 mm breit, gelb, fleischig, dreilappig, Mittellappen fast kreisrund, leicht muschelförmig, mit einem fleischigen Kiel in der Mitte, beidseits davon 1–2 zimtfarbene Streifen, Seitenlappen fast quadratisch und halb sichelförmig, mittig mit einer Schwiele, auf der Lippenplatte ein Paar fleischiger Grate, die sich von der Basis bis zur Vereinigung der Lippenteile ausdehnen, Säule verlängert, schlank, zylindrisch, ohne Einschnürung.

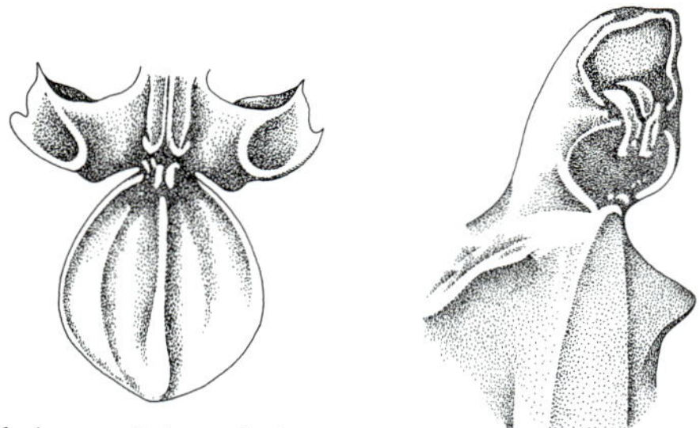

Phalaenopsis kunstleri

Variation: Die Blüten variieren zwar in Zeichnung und Färbung, es wurde aber keine Varietät oder Form beschrieben.

Verwechslungsmöglichkeiten: Es besteht eine große Ähnlichkeit mit *Phal. fuscata.* Sie unterscheiden sich nur durch das Fehlen bzw. Nicht-Fehlen von Schwielen auf dem basalen Teil der Lippenplatte. Während *Phal. fuscata* keinerlei Schwielen im basalen Teil der Lippenplatte aufweist, zeigt *Phal. kunstleri* ein Paar fleischiger Grate, die sich von der Basis bis zur Vereinigung der Lippenteile ausdehnen. Zudem gibt es einen geringfügigen Unterschied bei der Säule:

Phal. fuscata: Säule kurz, stämmig, in der Mitte zusammen geschnürt, zur Basis stielähnlich.
Phal. kunstleri: Säule verlängert, schlank, zylindrisch, ohne Einschnürung.

Die eng verwandte *Phal. viridis* hebt sich von

der *Phal. kunstleri* vor allem durch die Färbung und Zeichnung der Blüte ab.

Verbreitung: Burma, Malaya (Johore, Perak).

Hinweise zur Kultur: Der Blütenstand sollte nach dem Verblühen nicht abgeschnitten werden.

Blütezeit: Sommer.

Geschichte: Die ersten Pflanzen dieser Art wurden von Kunstler in Perek auf der Malaiischen Halbinsel gesammelt. 1890 beschrieb sie Hooker und benannte sie nach dem Entdecker.

In einem Artikel im Bull. Jard. Bot. Buitenz. (ser. 3, 9: 488, 1928) vereinigte Smith diese Art wegen ihrer Farbähnlichkeit mit *Phal. fuscata.*

Namensgebung: kunstleri = nach dem Entdecker der Art Kunstler.

Hybriden: Die erste Hybride wurde erst 1985 durch Kolopaking angemeldet. Zum einen waren nur wenige Pflanzen dieser Art in Kultur und zum anderen erwartete man keine herausragende Ergebnisse aus diesen Kreuzungen.

Phalaenopsis kunstleri
× *Phal. corningiana* = *Phal.* Asiani; Kolopaking, 1985

Phalaenopsis viridis J. J. Smith

Bull. Dept. Agric. Ind. Néerl. 5: 21, 1907

Synonyme:
Phalaenopsis forbesii Ridl.: Jour. Bot. 63: Suppl. 118, 1925
Polychilos viridis (J. J. Smith) P. S. Shim: Malayan Nat. J. 36: 27, 1982

Blätter 3–4, bis zu 30 cm lang und etwa 8 cm breit, glänzend grün gefärbt, ledrig, länglich-elliptisch geformt, nach außen schwach spitzig zulaufend, sich zur Basis stark verjüngend.
Blütenstand 1–2 Infloreszenzen bis zu 40 cm lang und gelegentlich verzweigt, lockerblütig mit jeweils 6–8 gleichzeitig geöffneten Blüten.
Blüten fleischig, bis zu 30 mm breit, mit völlig ausgebreiteten und etwas nach vorn gewölbten Blütenteilen, Petalen und Sepalen

Phalaenopsis viridis

grünlichgelb gefärbt, mit vielen, verschieden großen, rötlichbraunen, ineinander fließenden Flecken übersät, zuweilen an den Seiten oder der Spitze frei davon, so daß nur die Grundfarbe erkennbar ist, dorsales Sepalum etwa 18 mm lang und 8 mm breit, länglich-elliptisch, leicht spitz zulaufend mit zurückgerollten Rändern, seitliche Sepalen etwa 16 mm lang und 9 mm breit, ähnlich geformt und gefärbt wie das dorsale Sepalum, spitz zulaufend und auf der Rückseite zur Spitze hin gerippt, Petalen etwa 14 mm lang und 7 mm breit, oval-elliptisch geformt, zugespitzt und auf der Rückseite zur Spitze leicht gerippt; **Lippe** dreilappig, kurzklauig, etwa 10 mm breit und 10 mm lang, weiße Grundfarbe mit vier violettpurpurnen Streifen, die sich jeweils paarweise neben dem mittleren Kiel auf dem Mittellappen befinden, Seitenlappen schräg angeordnet, rechteckig mit stumpfer Spitze, einem fleischigen, horizontalen Grat und darunter einer fleischigen Schwiele in der Nähe der Basis. Mittellappen von einer keilartigen Basis ausgehend fast rhombisch bis oval geformt, an der Spitze abgerundet, flach oder manchmal etwas kon-

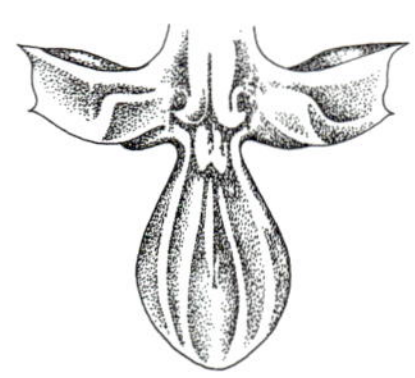

Phalaenopsis viridis nach dem Typus von Phalaenopsis forbesii

kav, längs mit zwei fleischigen, violettpurpurnen Graten auf jeder Seite des fleischigen Kiels, Lippenplatte zwischen den Seitenlappen mit 2 Schwielen, fleischig, annähernd plattenähnlich, gelb, mit abstehenden Spitzen, davor weiterer fleischiger, zweigezähnter Vorsprung an der Vereinigung des Mittellappens mit den Seitenlappen.

Variation: Es wurden keine Varietäten dieser Art beschrieben, auch wenn die Blütenfärbung und die Fleckung variieren können.

Verwechslungsmöglichkeiten: Leicht mit *Phal. fuscata,* es existieren vorrangig Farbunterschiede, die morphologischen sind minimal bzw. in der normalen Streubreite dieser Arten zu sehen:

Lippe der *Phal. viridis* mit violettbraunen Streifen
Lippe der *Phal. fuscata* mit bräunlichen bis zimtbraunen Streifen
Rhachis der *Phal. viridis* verdickt, spindelförmig
Rhachis der *Phal. fuscata* nicht verdickt

Verbreitung: Sumatra.

Hinweise zur Kultur: Keine Besonderheiten.

Blütezeit: September–Oktober; Blühdauer etwa 4 Wochen, manchmal blüht diese Art auch bereits im Frühjahr.

Geschichte: Die erste *Phal. viridis* wurde um die Jahrhundertwende von Heidt dem Botanischen Garten Buitenzorg auf Java zugesandt. Dort wurde sie jahrelang kultiviert und blühte regelmäßig jedes Jahr. 1907 beschrieb sie J. J. Smith im Bull. Dep. Agric. Ind. Neerl. In dieser Erstbeschreibung schreibt er u. a.: „Sie gehört in die Verwandtschaft der *P. cornu-cervi* Bl. & Rchb. f., hat jedoch stielrunde Blütenstände, welche sich in der selben Weise entwickeln, wie es bei *P. sumatrana* Korth. et Rchb. f. der Fall ist. Der für die Art charakteristische Mittellappen der Lippe ist elliptisch rautenförmig, oben mit 4 Längsfurchen und einer starken Längsrippe."

In einem Artikel im Bull. Jard. Bot. Buitenz. (ser. 3, 9: 488, 1928) vereinigte Smith diese Art wegen ihrer Farbähnlichkeit fälschlicherweise mit *Phal. fuscata.* Bei genauer Überprüfung auch bei lebendem Pflanzenmaterial stellte sich diese Einschätzung aber als nicht gerechtfertigt heraus.

1925 sammelte Forbes in Südost-Sumatra Pflanzen der Gattung *Phalaenopsis.* Eine scheinbar neue Art aus dieser Aufsammlung beschrieb Ridley in Journ. Bot. 63, Ergänzung 118 als *Phal. forbesii.* Eine Überprüfung des Herbarmaterials und der Beschreibung ergab später, daß diese Art völlig mit der früher beschriebenen *Phal. viridis* übereinstimmt.

Phal. viridis war jahrelang nicht in Kultur. 1976 schilderte J. B. Comber die Wiederentdeckung in einem Artikel im Orchid Digest. Ebenso erfolgreich war auch Liem Khe Wie (Kolopaking), der ein Jahr später in der gleichen Zeitschrift seine erfolgreiche Wiederentdeckung dieser Art beschrieb.

Namensgebung: forbesii = nach dem Sammler Forbes, viridis = lat. grün; nach der grünlichgelben Blütenfärbung benannt.

Hybriden:

Phalaenopsis viridis
× *Phal. cornu-cervi* = *Phal.* Ibu Kasman; Kolopaking, 1978
× *Phal. javanica* = *Phal.* Anwar Mahayudin; Kolopaking, 1983
× *Phal. stuartiana* = *Phal.* Harto Kolopaking; Kolopaking, 1989

Sektion *Amboinenses* Sweet

AOS-Bull. 37: 874, 1968

Typus: *Phalaenopsis amboinensis*

Blüten rundlich, Petalen breit-elliptisch, der Mittellappen der Lippe ist fleischig und immer konvex mit einem Kiel in der Mitte.

Zu dieser Sektion gehören:
Phal. amboinensis J. J. Smith: Bull. Dep. Agric. Ind. Néerl. 45: 23, 1911
Phal. floresensis Fowlie: Orchid Digest 57: 35, 1993
Phal. gigantea J. J. Smith: Bull. Dep. Agric. Ind. Néerl. 22: 45, 1909
Phal. javanica J. J. Smith: Bull. Jard. Bot. Buitenz. ser. 2, 26: 77, 1918

Phalaenopsis amboinensis

Phalaenopsis amboinensis 'Queen'

Phal. micholitzii Rolfe: Kew Bull. 130, 1920
Phal. robinsonii J. J. Smith: Phil. J. Sci., C, Bot., 12: 259, 1917
Phal. venosa P. S. Shim & Fowlie: Orchid Digest 47: 125, 1983

Alle Arten sind mehr oder weniger stark in Liebhabersammlungen vertreten, ausgenommen *Phal. robinsonii,* die seit dem Erstfund im Jahre 1913 bisher nicht wieder gefunden wurde.

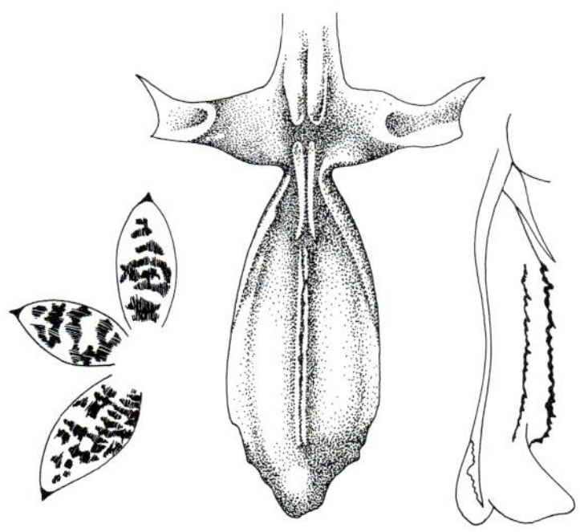

Phalaenopsis amboinensis

Phalaenopsis amboinensis
J. J. Smith
Bull. Dep. Agric. Ind. Néerl. 45: 237, 1911

Synonyme:
Phalaenopsis psilantha Schltr.: Fedde Repert. 10: 193, 1911
Phalaenopsis hombronii Finet: Notulae Syst. 2: 253, 1912
Polychilos amboinensis (J. J. Smith) P. S. Shim: Malayan Nat. J. 36: 22, 1982

Blätter 1–4, fleischig, verkehrt-eiförmig, Spitze gerundet, etwa 25 cm lang, 10 cm breit.
Blütenstand bis 45 cm lang, gebogen, wenigblütig.
Blüten zart, flach, Sepalen elliptisch, mit einem zurückgebogenen Spitzchen versehen, bis 30 mm lang, 15 mm breit, Petalen etwas kürzer, Farbe sehr variierend von weiß über creme bis gelblich, stets mit breiten, querlaufenden, zimtfarbenen bis braunen Streifen; **Lippe** bis 22 mm lang, 18 mm breit, dreilappig, mit Klaue versehen, kahl, Seitenlappen bandförmig mit kissenähnlicher Schwiele in der Mitte, in eine sichelartige Spitze auslaufend, Mittellappen länglich-oval, konkav, fleischig, hoher Kallus, der am Rand gezähnelt ist, an der Spitze mit einer hohen, bukkelartigen Schwiele verschmelzend, die Lippenplatte hat eine doppelte, gespaltene Leiste, wobei sich die vordere über die Verbindung von Mittel- und Seitenlappen hinaus erstreckt und wie eine spitze Nadel ausläuft.

Variation: Die Grundfarbe kann sehr stark variieren, ebenso auch die Größe und Verteilung der Flecken. Gültige Varietäten wurden

Phalaenopsis amboinensis 'Yellow Strain'

bisher nicht beschrieben und wären auch nicht gerechtfertigt.

Verwechslungsmöglichkeiten: *Phal. amboinensis* könnte man mit *Phal. sumatrana* verwechseln, hat aber im Gegensatz zu dieser (u. a.) eine nicht behaarte Lippe.

Verbreitung: Molukken, Ambon, Celebes.

Hinweise zur Kultur: Keine Besonderheiten im Vergleich zu anderen Arten.

Blütezeit: Das ganze Jahr über.

Geschichte: Innerhalb von zwei Jahren wurde diese Art dreimal beschrieben, wobei *Phal. amboinensis* der älteste Name ist. Dieser Name wurde in verschiedenen Schreibweisen variiert, da man den Fundort die Insel Ambon, eine Insel im Molukken-Archipel, verschiedenartig schrieb. Ein Jahr später beschrieb Finet nach dem Finder Hombron *Phal. hombronii,* die auch auf Ambon gefunden wurde. Diese Beschreibung erfolgte nach einem Herbarbeleg, der auf der berühmten Fahrt der „Astrolabe" zwischen 1838 und 1840 gesammelt wurde.

Bisweilen erscheint in den Handelslisten der Name *Phal. psilantha/psylantha.* Dieser Name wurde von Schlechter nur wenige Monate nach *Phal. amboinensis* geprägt. Zunächst wurde *Phal. psilantha* als synonym zu *Phal. modesta* angesehen. Sweet fand aber bei seinen Nachforschungen eine Kopie von Schlechters Originalzeichnung und stellte fest, daß diese Pflanze von *Phal. amboinensis* nicht verschieden ist.

Phalaenopsis Princess Kaiulani 'Martina' ▷
Phal. violacea × *Phal. amboinensis*

Namensgebung: amboinensis = vom ersten Fundort, nämlich der Insel Ambon, hombronii = nach dem Finder Hombron, psilantha = griech. nacktblütig, weil diese Art keine Härchen auf der Lippe hat.

Hybriden: *Phal. amboinensis* wurde erst in den 60er Jahren als Kreuzungspartner entdeckt, von da an aber dann recht intensiv verwendet. Diese Art wird gerne benutzt, um Streifen in verschiedener Breite bei den Nachkommen zu erzeugen. Sie ist ein Elternteil bekannter Hybriden wie *Phal.* Princess Kaiulani oder *Phal.* Orchid World.

Phal. amboinensis
× *Phal. amabilis* = *Phal.* Deventeriana; van Deventer, 1927
× *Phal. cochlearis* = *Phal.* Amblearis; Wallbrunn, 1972
× *Phal. corningiana* = *Phal.* Corning-Ambo; Takase, 1984
× *Phal. cornu-cervi* = *Phal.* Corona; Shaffer's, 1973

Phalaenopsis nicht registriert
Phal. Dark Star × *Phal. amboinensis*

× *Phal. fasciata* = *Phal.* Golden Pride; Dobkin, 1975
× *Phal. fimbriata* = *Phal.* Elaine-Liem; Kolopaking, 1972
× *Phal. equestris* = *Phal.* Ambotris; Thornton, 1970
× *Phal. gigantea* = *Phal.* David Lim; David Lim, 1974
× *Phal. javanica* = *Phal.* Kenanga; Parnata, 1981
× *Phal. lindenii* = *Phal.* Wanda Williams; Wallbrunn, 1967
× *Phal. lueddemanniana* = *Phal.* Ambomanniana; Thornton, 1965
× *Phal. maculata* = *Phal.* Good Cheer; Hager, 1973
× *Phal. mannii* = *Phal.* Mambo; Thornton, 1965
× *Phal. mariae* = *Phal.* Macassar; Kirsch, 1962
× *Phal. micholitzii* = *Phal.* Gelblieber; T. Brown (Kolopaking), 1984
× *Phal. modesta* = *Phal.* Ambolantha; Parnata, 1982
× *Phal. pantherina* = *Phal.* Doris Blomquist; Kolopaking, 1975
× *Phal. sanderiana* = *Phal.* Doc Charles; J. H. Miller, 1961
× *Phal. schilleriana* = *Phal.* Schillambo; Thornton, 1968
× *Phal. stuartiana* = *Phal.* Alice Millard; Wallbrunn, 1969
× *Phal. sumatrana* = *Phal.* Ambotrana; Thornton, 1965
× *Phal. venosa* = *Phal.* Ambonosa; Parnata, 1984
× *Phal. violacea* = *Phal.* Princess Kaiulani; Kirsch, 1961

× *Doritis pulcherrima* = *Doritaenopsis* Jim Chan; Wallbrunn, 1973
× *Kingiella philippinensis* = *Phaliella* Suwarno; Kolopaking, 1984

Weitere interessante Hybriden:
× *Phal.* Carnival = *Phal.* Carnival Queen; Takase, 1977
× *Phal.* Golden Sands = *Phal.* Golden Amboin; Jones & Scully, 1976

× *Phal.* Sonnentau = *Phal.* Veronique Bert; Marcel Lecoufle, 1983
× *Phal.* Freed's Danseuse = *Phal.* Fire Dance; G. & B., 1983
Phal. Ambomanniana × *Phal. lindenii* = *Phal.* Elke Cramer; Cramer, 1986

Phalaenopsis floresensis Fowlie

Orchid Digest 57: 35, 1993

Pflanze: Kurzer Stamm mit vielen fleischigen Wurzeln und 5–7 Blättern.

Blätter 8,5–14 cm lang und 3–6 cm breit, schmal-oval bis elliptisch, einfarbig grün, unterseits deutlich gekielt.

Blütenstand aufrecht, grün, mit 8 cm Länge deutlich kürzer als die Blätter, unbehaart, mit 3–4 Blüten, die sich nacheinander öffnen.

Blüten bis 4 cm im Durchmesser, elfenbein- bis cremefarben mit einem leichten Hauch gelber Färbung, mit ausgebreiteten, fast plan angeordneten bis leicht krallenartig nach vorn gebogenen Blütenblättern. Das dorsale Sepalum ist bis 20 mm lang und 8 mm breit, elliptisch geformt, am Ende mit einem Spitzchen versehen. Die seitlichen Sepalen sind bis 20 mm lang und 12 mm breit, oval, in einem gelblichen Spitzchen auslaufend. Die Petalen sind 18 mm lang und 12 mm breit, oval, sich zur Basis stark verjüngend, abgerundet, nach außen mit einem leichten Spitzchen versehen, zur Basis manchmal sehr fein gelblichbraun gebändert. **Lippe** dreilappig, 15 mm lang und 12 mm über die Seitenlappen breit, weiße Grundfarbe mit leicht rosa Hauch. Der Mittellappen ist länglich-oval, mittig deutlich gekielt, von der Spitze bis weit über die Hälfte mit feinen weißen Härchen besetzt, oberseits gekielt; an der Basis befindet sich ein kurzer Kallus und davor ein etwas längerer, deutlich gegabelter Kallus, der sich deutlich vom Mittellappen der Lippe abhebt. Die Seitenlappen sind aufgerichtet, gelb, fast rechteckig, zugespitzt, mit einer leichten Erhebung jeweils im mittleren Bereich.

Phalaenopsis floresensis

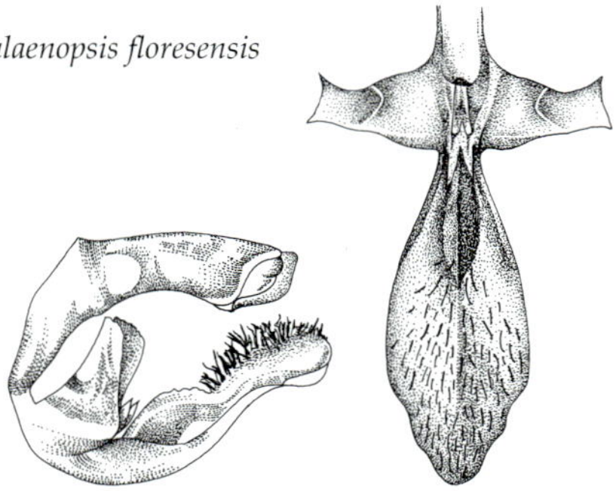

Phalaenopsis floresensis. Seitenansicht der Säule und Lippe in natürlicher Haltung. Nach einer Zeichnung von Lilo Lückel in Die Orchidee 45: 3, 101.

Phalaenopsis floresensis

Variation: Da bislang nur sehr wenige Pflanzen dieser Art in Kultur sind, ist die Variationsbreite noch recht wenig bekannt. Während die Blütenfarbe recht konstant erscheint, ist die Haltung der Blütenblätter etwas variabel. Sie können etwas krallenartig nach vorn neigen oder völlig plan angeordnet sein.

Verwechslungsmöglichkeiten: Diese Art ist auf den ersten Blick mit *Phal. javanica* zu verwechseln, unterscheidet sich aber eindeutig durch die stark behaarte Lippe und die fast einheitlich elfenbeinfarbenen Blütenblätter, zumeist auch durch die nicht krallenartige Haltung der Blüte. Von der eng verwandten *Phal. amboinensis* unterscheidet sie sich klar durch die fast völlig fehlende Zeichnung auf den Blütenblättern und durch die kleineren Blüten, aber auch durch den ungeteilten Kiel auf der Oberseite des Mittellappens der Lippe.

Verbreitung: Insel Flores, Indonesien, nahe Wolowaru in 300–500 m Höhe.

Hinweise zur Kultur: Da bislang kaum Pflanzen in Kultur sind, fehlt es an entsprechenden Erfahrungen. Bislang zeigten sich aber in der Kultur keine merkbaren Unterschiede der Ansprüche.

Blütezeit: Spätes Frühjahr bis Sommer.

Geschichte: 1988 sammelte Marthias auf der Insel Flores Pflanzen dieser Art nahe Wolowaru östlich von Ende in 300–500 m Höhe. Die Pflanzen wuchsen epiphytisch im tiefen Schatten von Bäumen, die direkt an einem Fluß standen. Über Liem Khe Wie (Kolopaking) gelangten so auch Pflanzen nach Europa und in die USA. Am 12. Juni 1992 kam eine dieser ohne Blüten gesammelten Pflanzen im State and County Arboretum in Los Angeles zur Blüte. 1993 beschrieb sie J. A. Fowlie als *Phalaenopsis floresensis* im Orchid Digest. Fast zur gleichen Zeit erstellten auch Emil Lückel und Hans Fessel eine Beschreibung dieser neuen Art. Sie hatten das entsprechende Pflanzenmaterial von H. Unger aus Kriftel erhalten und planten, diese Pflanze als *Phal. ungeri* zu beschreiben. Dem kam aber J. A. Fowlie mit seiner Neubeschreibung zuvor, so daß auf eine Veröffentlichung unter diesem Namen in der Zeitschrift Die Orchidee verzichtet wurde.

Namensgebung: florensis = nach der Insel Flores.

Hybriden: Bislang sind keine Hybriden bekannt geworden.

Phalaenopsis gigantea J. J. Smith

Bull. Dep. Agric. Ind. Néerl. 22: 45, 1909

Synonym: *Polychilos gigantea* (J. J. Smith) P. S. Shim: Malayan Nat. J. 36: 23, 1982

Blätter 5–6, sehr groß und hängend, glänzend, ledrig elliptisch, bis etwa 50 cm, 20 cm breit.
Blütenstand bis 40 cm lang, hängend, vielblütig, 20–40 Blüten, öfters mehrere Blütenstände, Blüten öffnen sich alle gleichzeitig.
Blüten fleischig, leicht duftend, die Farbe

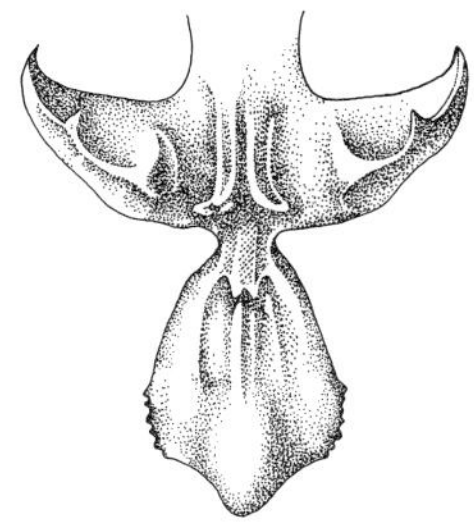

Phalaenopsis gigantea

und Zeichnung ist sehr variabel, von weiß bis grünlichgelb, mehr oder weniger dicht mit rotbraunen bis purpurnen Flecken oder Streifen, oftmals wie in konzentrischen Kreisen, Sepalen etwa 31 mm lang, 21 mm breit, elliptisch, stumpf, die seitlichen Sepalen an der Basis mit dem Säulenfuß verwachsen, Petalen etwas kleiner, ebenfalls elliptisch; **Lippe** sehr klein, etwa 15 mm lang und breit, fleischig, Seitenlappen dreieckig bis sichelförmig mit einer orangegelben Schwiele in der Mitte, Mittellappen eiförmig, Ränder leicht gezähnelt, an der Spitze eiförmige Schwiele, an der Vereinigung von Seiten- und Mittellappen ein plattenförmiger, fleischiger, zweigezähnter Kallus, davor ein Kiel bis zur Schwiele an der Spitze, Lippenplatte mit einem oben gegabelten, orangegelben Kallus; die weiße Lippe hat bis zu drei rötliche Linien auf jeder Seite des Kallus auf dem Mittellappen, Säule etwa 11 mm lang.

Variation: Sowohl die Grundfarbe ist von weiß bis grünlichgelb sehr variabel, als auch die Farbe (braun bis purpur) und Verteilung der Flecken auf den Tepalen; ein Grund für die Aufstellung von Varietäten ist das nicht.

Verwechslungsmöglichkeiten: Keine.

Verbreitung: Borneo.

Hinweise zur Kultur: In der Kultur unterscheidet sich diese Art nicht von den anderen Vertreter der Gattung *Phalaenopsis.* Sie benötigt nur sehr viel Platz und sollte am besten in einem Hängetopf kultiviert werden, damit sich die herabhängenden Blätter und der Blütenstand ungestört entwickeln können. Man kann ihr auch ein etwas schattigeres Plätzchen anbieten.

Phalaenopsis gigantea

Phalaenopsis gigantea

Besonders beim Kauf von Jungpflanzen ist zu bedenken, daß die *Phal. gigantea* sehr langsam wächst (s. Geschichte).

Blütezeit: Das ganze Jahr über möglich, mit einem deutlichen Höhepunkt im Spätsommer und Herbst.

Geschichte: Diese Art wurde 1897 in Borneo erstmals gefunden. Es dauerte viele Jahre, bis sie die ersten Blüten zeigte, und so konnte sie J. J. Smith erst 1909 im Bulletin du Département de l'Agriculture aux Indes Néerlandaises 22: 45 beschreiben. Die Pflanze ging dann kurz darauf ein, doch wurde vorher der Pollen entnommen und damit *Phal. amabilis* bestäubt. Auch das Heranwachsen dieser Hybride dauerte sehr lange und wurde erst 1936 als *Phal.* Bogoriensis in De Orchidee 5: 71 beschrieben. 40 Jahre lang hat man keine neuen Pflanzen gefunden. Erst 1937 wurden bei einer neuen Landnahme in Ostborneo nicht nur riesengroße Exemplare gefunden, sondern auch in großen Stückzahlen ausgeführt.

Namensgebung: gigantea = lat. riesengroß, diese Art ist die größte *Phalaenopsis,* in Erzählungen von früheren Sammlungen wird von bis zu 90 cm langen Blättern berichtet, also wirklich gigantisch.

Hybriden: Da diese Art lange Zeit verschollen war, wurde sie erst recht spät für die Züchtung entdeckt. Erst ab den 70er Jahren spielt sie bei Kreuzungen eine Rolle. Auch diese Art wird besonders zur Vererbung der Streifen verwendet (Auswirkung auf die konzentrische Anordnung).

Es zeigt sich aber, daß die Hybriden neben den sehr attraktiv gepunkteten Blüten sehr lange, oft herabhängende Blütenstände entwickeln, welche die Kultur sehr erschweren. Oft öffnet sich an einem bisweilen mehr als einen Meter langen, hängenden oder auf den anderen Töpfen liegenden Blütenstand dann jeweils nur eine Blüte nach der anderen.

Phal. gigantea
× *Phal. amabilis* = *Phal.* Bogoriensis; J. J. Smith, 1936
× *Phal. amboinensis* = *Phal.* David Lim; David Lim, 1974

× *Phal. cochlearis* = *Phal.* Tridacna; Wallbrunn, 1983
× *Phal. corningiana* = *Phal.* Mem. Margarete Buchholz; E. Baumann, 1987
× *Phal. equestris* = *Phal.* Bernice Maskin; Wallbrunn, 1977
× *Phal. fasciata* = *Phal.* Reichentea; Moir, 1975
× *Phal. fuscata* = *Phal.* Crepuscule; Wallbrunn, 1985
× *Phal. inscriptiosinensis* = *Phal.* Baylor; T. Brown (Kolopaking), 1984
× *Phal. lueddemanniana* = *Phal.* Joey; Wallbrunn, 1973
× *Phal. maculata* = *Phal.* Rare Delight; Wallbrunn, 1985

Phalaenopsis nicht registriert
Phal. gigantea × Phal. Princess Kaiulani

× *Phal. mannii* = *Phal.* Rosie Clouse; Wallbrunn, 1971
× *Phal. mariae* = *Phal.* Genesis; O. W. Inc., 1986
× *Phal. micholitzii* = *Phal.* Pepin; T. Brown (Kolopaking), 1984
× *Phal. schilleriana* = *Phal.* Schillgig; Fernando, 1987
× *Phal. stuartiana* = *Phal.* Gretchen; Wallbrunn, 1969
× *Phal. sumatrana* = *Phal.* David Ai; Dobkin, 1977
× *Phal. venosa* = *Phal.* Jade Gold; David Lim, 1984
× *Phal. violacea* = *Phal.* Mok Choi Yew; C. Y. Mok, 1968

× *Doritis pulcherrima* = *Doritaenopsis* Tan Swee Eng; Teoh Eng Soon, 1973

Weitere interessante Hybriden:
× *Phal.* Golden Buddha = *Phal.* Hualien Spotlight; Y. H. Huang, 1987
× *Phal.* Zada = *Phal.* Marion Fowler; Freed, 1973
× *Phal.* Krümeline = *Phal.* Stern von Paradiese; Ratcliff, 1980
× *Phal.* Mad Lips = *Phal.* Kurt Hausermann; Hausermann, 1972

Phalaenopsis javanica J. J. Smith

Bull. Jard. Bot. Buitenz. ser. 2, 26: 77, 1918

Synonyme:
Phalaenopsis latisepala Rolfe: Kew Bull. 130, 1920
Polychilos javanica (J. J. Smith) P. S. Shim: Malayan Nat. J. 36: 24, 1982

Blätter 3–5, dünnfleischig, glänzend, mit keilartiger Basis, länglich-oval geformt, spitz, etwa 20 cm lang und 6–9 cm breit, leicht längs geadert, unterseits mittig gekielt und mattgrün, oberseits kräftig grün.
Blütenstand: 1–3, bis zu 25 cm lang, hängend, mit sich nacheinander öffnenden Blüten.
Blüten klein, dünnfleischig, glänzend, wohlriechend, etwa 3 cm im Durchmesser und in

Phalaenopsis nicht registriert
Phal. javanica × Phal. gigantea

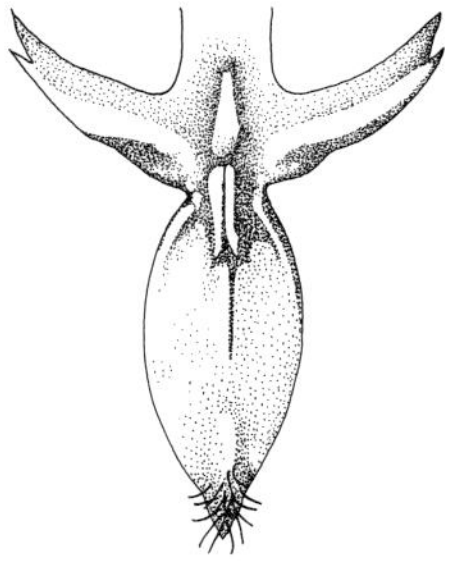

Phalaenopsis javanica

der Regel nicht völlig ausgebreitet, eher leicht klauenförmig vorwärts gebogen, weißlich, gelblich oder leicht grünlich gefärbt, später langsam verblassend, mit violett-kastanienbraunen bis zimtbraunen Längsstreifen versehen, dorsales Sepalum oval, fast rund mit einem leicht zurückgebogenen Spitzchen am oberen Ende, rückseitig deutlich gekielt, konkav gewölbt, etwa 15 mm lang und bis zu 10 mm breit, seitliche Sepalen ähnlich dem dorsalem Sepalum in Größe und Form, leicht schräg nach unten gerichtet, Petalen breit-elliptisch, stumpf bis fast spitz auslaufend, konvex, ohne Spitzchen 11–15 mm lang, 8–10 mm breit; **Lippe** dreilappig, am Säulenfuß unbeweglich angeheftet und fast rechtwinklig vorwärts gekrümmt, etwa 15 mm lang und 12 mm breit, Seitenlappen ausgestreckt, länglich-lineal, mittig leicht gefurcht und nach außen hin doppelzähnig spitz, Mittellappen fast verkehrt-oval-länglich, spitz, sehr fleischig, fast dreikantig, in der Mitte leicht gekielt und zur Spitze hin etwas verdickt, die Spitze der Lippe ist mit etwa 1 mm langen Haaren bedeckt, der Längskiel ist blaßpurpurn, hellviolett oder dunkelpurpurn gefärbt (bei der forma *alba* weiß), während der andere Teil der Lippe weiß ist, Lippenplatte mit einem winzigen, zweigezähnten, lamellenähnlichen, abwärts gerichteten Kallus, oberhalb von ihm mit einer linealischen, der Länge nach gefurchten, fleischigen Schwiele versehen, Säule etwas gebogen, 6 mm lang.

Variation: Die Blüten variieren von weißlich über gelblich bis zu einer grünlichen Färbung immer mit violett-kastanienbraunen bis zimtbraunen Längsstreifen. Es wurde bislang aber keine Varietät beschrieben.

Es existieren aber Pflanzen, deren Längsstreifen rein gelb auf cremeweißen Grund sind, die man also als forma *alba* bezeichnen könnte.

Verwechslungsmöglichkeiten: Keine bei blühenden Pflanzen, evtl. aber sonst mit *Phal. inscriptiosinensis.*

Hinweise zur Kultur: Der Blütenstand darf nach der Blüte nicht abgeschnitten werden.

Verbreitung: Java (Indonesien).

Blütezeit: Sie kann je nach den Lichtverhältnissen zwischen April und September liegen. Blühdauer der Einzelblüte 3–4 Wochen. Die Blühdauer der gesamten Infloreszenz beträgt aber bis zu 3 Monaten, da sich die Blüten nacheinander öffnen.

Geschichte: Die ersten Pflanzen dieser Art wurden etwa 1914 von J. Schuller von einem sundanesischen Pflanzensucher gekauft und erblühten bei ihm im April 1914. Sie sollten nach Sammlerangaben aus Java stammen. 1918 beschrieb J. J. Smith diese neue Art im Bulletin du Jardin Botanique de Buitenzorg. Darin gab er als Fundort für diese neue Art Priangan an der Südküste Javas zwischen Garoet und der Wijnkoops-Bai an.

Gleichzeitig erblühten je eine Pflanze unbekannter Herkunft am 16. April 1914 im Königlichen Botanischen Garten Glasnevin in Irland bei Sir Frederick W. Moore und am 28. April 1914 bei Roger Liouville aus Maure, Ile-et-Villaine in der Bretagne. Beide Pflanzen wurden durch Moore zu Rolfe nach Kew zur Bestimmung geschickt. Er beschrieb diese Pflanze dann 1920 im Kew Bulletin unter dem Namen *Phalaenopsis latisepala.* Unter anderem merkte er darin zu dieser neuen Art an: „Die Sepalen und Petalen sind grünlichgelb, mit Reihen von rotbraunen Flecken, und die Lippe ist weiß mit einer purpurnen Spitze. Die Blüten sollen nach Veilchen duften."

Nach Sweet ergab eine Prüfung des Typusmaterials durch ihn, daß es sich hierbei um die *Phal. javanica* handelt.

Lange Jahre war diese Art nicht in Kultur bis sie im Jahre 1975 durch Liem Khe Wie (Kolopaking) auf einem Markt in Cianjur in

West-Java wiederentdeckt wurde. Liem Khe Wie ließ sich durch den sundanesischen Sammler Ajup zu dem Standort an der Südküste Javas, im Hochland nördlich von Plabuanratu, führen. Dort fand er dann zwei sehr große Pflanzen mit Samenkapseln, vier mittelgroße und mehrere kleine Pflanzen epiphytisch auf Bäumen wachsend.

Über Samen konnte diese Art in den letzten Jahren vermehrt werden, so daß sie jetzt auch für den Amateur erhältlich ist.

Namensgebung: javanica = nach dem Verbreitungsgebiet Java, latisepala = lat. mit breiten Sepalen.

Hybriden:

Phalaenopsis javanica
× *Phal. amabilis* = *Phal.* Flava; Guillaumin, 1929
× *Phal. amboinensis* = *Phal.* Kenanga; Parnata, 1981
× *Phal. celebensis* = *Phal.* Prince Star; Hou-Tse Liu, 1992
× *Phal. corningiana* = *Phal.* Sulastini; Kolopaking, 1983
× *Phal. cornu-cervi* = *Phal.* Adri Witanta Husada; Kolopaking, 1986
× *Phal. equestris* = *Phal.* Christine Magro; L. Vincent, 1994
× *Phal. fimbriata* = *Phal.* Agus Ligo; Kolopaking, 1979
× *Phal. inscriptiosinensis* = *Phal.* Paskal Indukbaru; Parnata, 1985
× *Phal. lindenii* = *Phal.* Javalin; Zuma Canyon, 1983 (Stones River Orchids)
× *Phal. lueddemanniana* = *Phal.* Adyah Prapto; Kolopaking, 1981
× *Phal. mannii* = *Phal.* Jazz Man; Jones & Scully, 1982
× *Phal. mariae* = *Phal.* Little Fox; Carlson, 1985
× *Phal. pantheriana* = *Phal.* Mini Paskal; Parnata, 1982
× *Phal. stuartiana* = *Phal.* Java Gem; Stones River Orchids; 1981
× *Phal. sumatrana* = *Phal.* Siu-Fang Lin; Kolopaking, 1981
× *Phal. violacea* = *Phal.* Lung Ching's Baby; Brothers, 1981
× *Phal. viridis* = *Phal.* Anwar Mahayudin; Kolopaking, 1983
× *Phal.* × *intermedia* = *Phal.* Indrawan Husosdo; Kolopaking, 1980
× *Phal.* × *leucorrhoda* = *Phal.* Pasikaliki's Gold; Parnata, 1979

× *Doritis pulcherrima* = *Doritaenopsis* Tarina; Kolopaking, 1983

Phalaenopsis micholitzii Rolfe

Kew Bull. 130, 1920

Synonym: *Polychilos micholitzii* (Rolfe) P. S. Shim: Malayan Nat. J. 36: 25, 1982

Blätter 3–4, fleischig, bis zu 16 cm lang und etwa 6 cm breit, von einer keilartigen Basis sich zu einer verkehrt-ovalen Form verbreiternd mit stumpfen Blattenden, Unterseite gekielt, wobei der Kiel zum Blattende eine leichte Spitze ausbildet, die leicht nach unten geneigt ist, an der Oberseite hellgrüne Färbung, Unterseite etwas blasser.

Blütenstand Einer oder mehrere, sehr kurz, nur etwa 5 cm lang, seitlich an der Pflanzenbasis entspringend und im 30–45°-Winkel nach oben gerichtet.

Blüten bis zu 6 cm breit, nicht duftend, cremeweiß gefärbt, manchmal auch in eine leicht gelbe bis grünliche Färbung übergehend, Sepalen und Petalen klauenartig nach vorn gewölbt, dorsales Sepalum oval geformt, zum Ende nach oben rinnenartig leicht nach hinten gewölbt und fast spitz zulaufend, etwa 30 mm lang und 17 mm

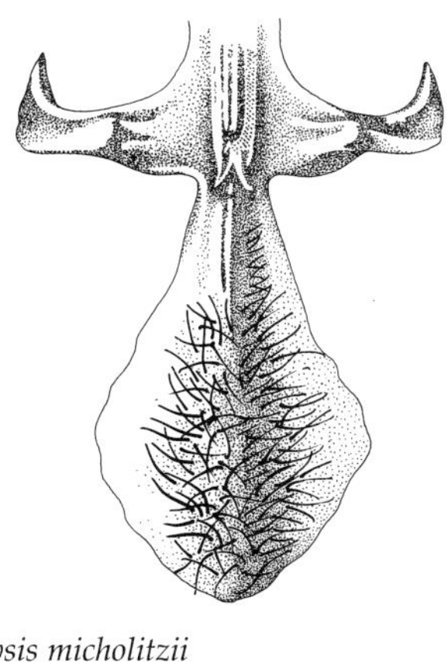

Phalaenopsis micholitzii

Phalaenopsis nicht registriert
Phal. equestris × *Phal. javanica*

Phalaenopsis javanica

breit, seitliche Sepalen gleiche Größe und Form, spitz auslaufend, Petalen bis 28 mm lang und 17 mm breit, von einer keilförmigen Basis plötzlich oval-elliptisch werdend; **Lippe** insgesamt mehr als 20 mm lang und über die Seitenlappen bis 16 mm breit, fleischig, dreilappig, wobei die Seitenlappen von einer dreieckigen Basis sichelartig ausgeformt sind, sie tragen jeweils in der Mitte eine klar hervortretende Schwiele, der Mittellappen von einer keilförmigen Basis annähernd rautenartig (rhombisch) geformt, an den Seiten grob gezähnt und an der Spitze etwas angeschwollen stumpf, im Zentrum mit langen, hervortretenden, groben Haaren weißer Färbung dich bedeckt, Schwiele zwischen den Seitenlappen doppelt übereinandergelegt, zylindrisch geformte, fleischige, zweigegabelte Schwiele, obere Schwiele ebenfalls zweigezähnt und in die untere eingebettet, Säule an der Basis etwas erweitert, 12 mm lang.

Variation: Es sind keine Varietäten beschrieben worden. Die Farbe der Blüten variiert von weiß über cremeweiß bis zu einem grünlichen Farbton.

Verwechslungsmöglichkeiten: Von den nahesten Verwandten *Phal. javanica, Phal. gigantea* und *Phal. amboinensis* und auch der *Phal. lueddemanniana* läßt sich *Phal. micholitzii* leicht durch ihre ungefleckten Blütenblätter unterscheiden. Von *Phal. violacea* unterscheidet sie sich in der Regel durch die Blütenfarbe (außer bei der Alba-Form), aber auch durch die Form der Lippe und der Blätter.

Achtung: Vor 2–3 Jahren kamen einige Pflanzen blühend auf den Markt, die wahlweise als *Phal. micholitzii* oder *Phal. violacea* var. *alba* angeboten wurden. Dabei handelte es sich aber um eine Kreuzung aus beiden Arten. Vermutlich sind noch immer Pflanzen mit dieser falschen Bezeichnung in Kultur. **Unterscheidung der reinen Art von der Hybride:** Bedeutend längerer Blütenstand bei der Hybride, während die Blüten bei der

Phalaenopsis micholitzii

reinen Art sich relativ dicht am Stamm öffnen. Zudem weicht die Hybride in der Form der Lippe von der *Phal. micholitzii* ab.

Verbreitung: Philippinen.

Hinweise zur Kultur: Keine Besonderheiten.

Blütezeit: September–Oktober.

Geschichte: *Phal. micholitzii* wurde 1889 durch den Sammler W. Micholitz an die Firma Messrs. Sander in St. Albans in England geschickt. Genaue Fundortangaben wurden dazu nicht bekannt. Im folgenden Jahr erblühte die erste der gesammelten Pflanzen in St. Albans. Micholitz hatte zugleich eine Skizze der Pflanze in der Natur angefertigt und diese zusammen mit Herbarmaterial zur Erstbeschreibung an H. G. Reichenbach geschickt. Durch den Tod von Reichenbach und seine letztwillige Verfügung unterblieb aber diese Beschreibung. Er hatte nämlich verfügt, daß sein Herbarium für 25 Jahre verschlossen bleiben solle. So waren auch die Aufzeichnungen und das Herbar von Micholitz für andere Wissenschaftler unerreichbar. Somit unterblieb auch die Beschreibung dieser neuen Art für 30 Jahre. Sie wurde zwar im Gardeners' Chronicle das erste Mal 1890 (S. 197) unter diesem Namen genannt, aber nicht offiziell beschrieben. Erst 1920 erfolgte die offizielle Beschreibung durch Rolfe auf der Basis der Pflanzen, die Micholitz an Sander geschickt hatte.

Phalaenopsis venosa

Namensgebung: micholitzii = nach W. Micholitz, einem Sammler der Firma Sander.

Hybriden:
Phal. micholitzii
× *Phal. amabilis* = *Phal.* Formosa Star; M. Young, 1991
× *Phal. amboinensis* = *Phal.* Gelblieber; T. Brown (Kolopaking), 1984
× *Phal. fimbriata* = *Phal.* Green Valley; Thornton, 1972
× *Phal. gigantea* = *Phal.* Pepin; T. Brown (Kolopaking), 1984
× *Phal. lindenii* = *Phal.* Professor Rubinia, Kolopaking, 1985
× *Phal. maculata* = *Phal.* Selene; Wallbrunn, 1984
× *Phal. mannii* = *Phal.* Margie Lane; Thornton, 1970
× *Phal. modesta* = *Phal.* Jason Scott; G. & I. Scott, 1989
× *Phal. stuartiana* = *Phal.* Micholart; Wallbrunn, 1970
× *Phal. sumatrana* = *Phal.* Sumitz; Wallbrunn, 1973
× *Phal. venosa* = *Phal.* Angdi; Kolopaking, 1986
× *Phal. violacea* = *Phal.* Penang Violacea; Ooi Leng Sun, 1987

Phalaenopsis Professor Rubinia
Phal. lindenii × *Phal. micholitzii*

Phalaenopsis venosa P. S. Shim & Fowlie

Orchid Digest 47: 125, 1983

Synonym: *Polychilos venosa* (Shim & Fowlie) Shim ex Fowlie: Orchid Digest 47: 126, 1983, nom. nud.

Blätter 3–5, länglich-elliptisch, 10–22 cm lang, 5–8 cm breit, leicht gewellt, an der Spitze stark zurückgebogen.
Blütenstand 12–18 cm lang, aufrecht, 2–5 Blüten, immer nur eine geöffnet, die nächste geht auf wenn die vorgehende abfällt.
Blüten weit geöffnet, 4–5 cm im Durchmesser, Tepalen länglich-elliptisch, 17–22 mm lang, 10–14 mm breit, zugespitzt und zurückgebogen, an der Basis weiß dann ins Grünlichgehende, großflächige Flecken in div. Brauntönen; **Lippe** weiß, dreilappig, 18–20 mm lang, 13–15 mm breit, Seitenlappen bandförmig, 10–15 mm lang, 4–6 mm breit, gelbe bis orangefarbene Schwiele in der Mitte, Mittellappen bandförmig, 10 mm lang, 6 mm breit, ein Kallus in der Mitte, auf beiden Seiten des Kallus sind vorstehende Adern oder Kiele, auf der Lippenplatte ein gegabelter Kallus, der sich auf ⅓ der Lippe erstreckt.

Variation: Die braune Fleckung auf den Tepalen ist mehr oder minder stark flächig ausgeprägt. Punkte oder Streifen treten nicht auf. Die gefärbte Fläche, nicht als Punkte oder Streifen. Diese Fläche kann so groß sein, daß sie fast die gesamten Tepalen bedeckt und nur ein grünlicher Rand bleibt. Eine sehr blaßbraune Form, wo also der grünliche Untergrund überwiegt, wurde als var. *ochracea* bezeichnet, ohne gültig beschrieben worden zu sein.

Verwechslungsmöglichkeiten: *Phal. venosa* ist der *Phal. amboinensis* etwas ähnlich, hat aber einen breiteren Mittellappen, hervorstehende Adern darauf (daher der Name) und der gespaltene Kallus erstreckt sich auf ⅓ der Lippenlänge. Auch die Form der Lippe erleichtert die Unterscheidung auf den ersten Blick.

Verbreitung: Celebes/Sulawesi.

Hinweise zur Kultur: Keine Besonderheiten.

Blütezeit: Herbst.

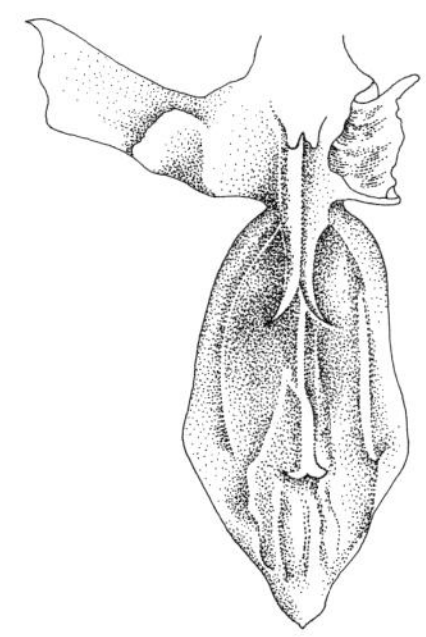

Phalaenopsis venosa

Geschichte: 1911 beschrieb Schlechter eine scheinbar neue Art der Gattung *Phalaenopsis* in Fedde Repert. 10: 193, 1911 als *Phal. psilantha.* Er hatte diese vor 1910 auf Celebes am „oberen Lampasioe bei den alten Goldgruben am Djangdjang im Bezirk Toli-Toli in 180 m Höhe“ gefunden. Sie erblühte im Januar 1910. Lange blieb diese Art verschollen.

Sweet vereinigte diese Art 1969 auf der Basis der nicht eindeutigen Beschreibung von Schlechter mit der *Phal modesta* u. a. wegen der unbehaarten Lippe.

1979 berichtete Fowlie im Orchid Digest Vol. 43, p. 213, über die Wiederentdeckung dieser Art westlich von Palopo in Zentral-Sulawesi. C. L. Bundt aus Makassar fand 1978 dort eine vermeintlich neue Art der Gattung *Phalaenopsis.* Über diesen Fund informierte er Lance Birk und schickte ihm auch entsprechende Zeichnungen. Birk leitete dieses Material an Fowlie, den Herausgeber des Orchid Digest, weiter. Da das von Schlechter angelegte Typusmaterial bei der Bombardierung Berlins im 2. Weltkrieg verloren gegangen war, bereitete die Überprüfung dieser Pflanzen große Schwierigkeiten. Man war aber der Überzeugung, die lange verloren geglaubte *Phal. psilantha* wiedergefunden zu haben. So kamen bereits kurze Zeit danach Pflanzen unter diesem Namen in den Handel. An Hand einer kopierten Skizze von Schlechter konnte aber dann Sweet in seinem Buch diese Einschätzung korrigieren. Er stufte die bisher anerkannte Art nun als Synonym zu *Phal. amboinensis* ein.

Damit war klar, daß die von Bundt gefundenen Pflanzen wirklich neu waren und neu beschrieben werden mußten. So erfolgte die offizielle Beschreibung der *Phal. venosa* durch Shim und J. A. Fowlie im Orchid Digest 47: 125, 1983.

Namensgebung: venosa = lat. nervig, wegen der hervorgehobenen Aderung auf dem Mittellappen der Lippe.

Hybriden: Für diese noch recht junge Art wurden schon erstaunlich viele Hybriden registriert. Man erhoffte sich eine Vererbung der bräunlichen Färbung der Blüte. Dies traf aber nur begrenzt zu.

Phal. venosa
× *Phal. amabilis* = *Phal.* Venolis; Zuma Canyon, 1991
× *Phal. amboinensis* = *Phal.* Ambonosa; Parnata, 1984
× *Phal. celebensis* = *Phal.* Golden Butterfly; Hou-Tse Liu, 1987
× *Phal. corningiana* = *Phal.* Dragon's Fire; Dragon Fire, 1992
× *Phal. curnu-cervi* = *Phal.* Eiderstedt; Parnata, 1985
× *Phal. equestris* = *Phal.* Kuntrarti Rarashati; Kolopaking, 1986
× *Phal. fasciata* = *Phal.* Golden Princess; David Lim, 1985
× *Phal. gigantea* = *Phal.* Jade Gold; David Lim, 1984
× *Phal. lindenii* = *Phal.* Helene Burkhardt; E. Burkhardt, 1988
× *Phal. lueddemanniana* = *Phal.* Rasa Veniana; Wihardjo, 1985
× *Phal. maculata* = *Phal.* Gerald; L. Vincent, 1993
× *Phal. mannii* = *Phal.* Mannosa; Paphanatics (Stewarts), 1991
× *Phal. mariae* = *Phal.* Marie's Delight; W. Ellenberg (Jemmco), 1991
× *Phal. micholitzii* = *Phal.* Angdi Kolopaking; Kolopaking, 1986
× *Phal. modesta* = *Phal.* Baudat; L. Vincent, 1993
× *Phal. sanderiana* = *Phal.* Sanderosa; Avant, 1989
× *Phal. stuartiana* = *Phal.* New Wave; Paphanatics, 1985
× *Phal. sumatrana* = *Phal.* Oberhausen Smart; E. Baumann, 1988
× *Phal. violacea* = *Phal.* Penang Girl; Ooi Leng Sun, 1984
× *Doritis pulcherrima* = *Dtps.* Jim; H. P. Norton, 1984
× *Phal.* Helmi = *Phal.* Struber Bernstein; Cramer, 1992
× *Phal.* Roulette = *Phal.* Marianne Cramer; Cramer, 1991

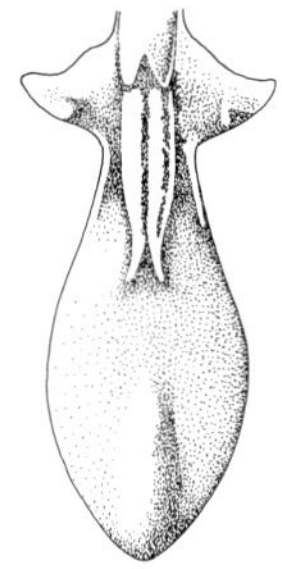
Phalaenopsis robinsonii

Phalaenopsis robinsonii J. J. Smith

Phil. Journ. Sci. 12: 259: 1917

Geschichte: 1917 beschrieb J. J. Smith die Pflanze auf der Basis einer noch ungeöffneten Blüte. Entsprechend ungenau erscheint auch die Beschreibung. Da Smith diese Art mit der *Phal. amboinensis* und der heute als deren Synonym geltenden *Phal. hombronii* vergleicht, ordnete sie 1969 Sweet der Sektion *Amboinenses* zu. Von dieser vermeintlichen Art ist nur die Typusaufsammlung bekannt geworden. Eine endgültige Entscheidung, ob es sich hierbei um eine gute Art handelt, kann erst an Hand von weiteren Pflanzen getroffen werden.

Nach Wallbrunn sollte man diese Art nicht anerkennen, da die Beschreibung ihrer Blütenteile nur auf einer noch nicht geöffneten Blüte beruht und die Art damit nur unzureichend charakterisiert ist.

Verbreitung: Ambon.

Besondere Kennzeichen: Mittellappen der Lippe ohne mittigen Kiel; die Scheibe zwischen den Seitenlappen der Lippe ist mit einem Paar übereinanderliegender Schwielen versehen.

Phalaenopsis Kuntrarti Rarashati
Phal. equestris × *Phal. venosa*

Phalaenopsis Penang Girl
Phal. violacea × *Phal. venosa*

Sektion *Zebrinae* Pfitzer

Engler & Prantl, Pflanzenfam. 2 (6): 212, 1889

Synonym: Sektion *Zebrinorchis* O. Kuntze: Post & Kuntze, Lex. Gen. Phan. 430, 1904

Typus: *Phalaenopsis sumatrana*

Blüten sternenförmig, Tepalen schmal, d. h. mehr als doppelt so lang als breit.

Zu dieser Sektion gehören:

Phal. bastianii Gruß & Röllke: Die Orchidee 42: 76, 1991
Phal. corningiana Rchb. f.: Gard. Chron. n. s. 11: 620, 1879
Phal. fasciata Rchb. f.: Gard. Chron. n. s. 18: 134, 1882
Phal. fimbriata J. J. Smith: Bull. Jard. Bot. Buitenz. ser. 3, 3: 300, 1921
Phal. hieroglyphica (Rchb. f.) Sweet: AOS-Bull. 38: 36, 1969
Phal. inscriptiosinensis Fowlie: Orchid Digest 47: 11, 1983
Phal. lueddemanniana Rchb. f.: Bot. Zeit. 23: 146, 1865
Phal. maculata Rchb. f. Gard. Chron. n. s. 16: 134, 1881
Phal. mariae Burb. ex Warner & Willims: Orchid Album 2: t. 80, 1883
Phal. modesta J. J. Smith: Ic. Bogor. 3: 47, 1906
Phal. pallens (Lindl.) Rchb. f.: Walp. Ann 6: 932, 1864
Phal. pulchra (Rchb. f.) Sweet: AOS-Bull. 37: 1102, 1968
Phal. reichenbachiana Rchb. f. & Sander: Gard. Chron. n. s. 18: 586, 1882
Phal. speciosa Rchb. f.: Gard Chron. n. s. 15: 562, 1881
Phal. sumatrana Korth. & Rchb. f.: Hamb. Gartenz. 16: 115, 1860
Phal. tetraspis Rchb. f.: Xenia Orchidacea 2: 146, 1870
Phal. violacea Witte: Ann. Hort. Bot. Leiden 4: 129, 1860

Außer *Phal. speciosa* und *Phal. reichenbachiana* sind alle Arten in Kultur. Manche, wie *Phal. fasciata* oder *Phal. lueddemanniana,* sind weit verbreitet und kommen in vielen Spielarten vor, da sie auch einem Anfänger in der Pflege kaum Schwierigkeiten bereiten.

Diese artenreichste Sektion wird in die vier Untersektionen *Zebrinae, Lueddemannianae, Hirsutae* und *Glabrae* eingeteilt, was wir auch hier beibehalten wollen.

Untersektion *Zebrinae* Sweet
AOS-Bull. 37: 874, 1968

Typus: *Phalaenopsis sumatrana*
Säule mit gut entwickeltem, kapuzenförmigem oder ausgehöhltem Klinandrium (Antherenbett), Mittellappen mit Kiel, an der Spitze mehr oder minder stark behaart.

Zu dieser Untersektion gehören:
Phal. bastianii Gruß & Röllke: Die Orchidee 42: 76, 1991
Phal. corningiana Rchb. f.: Gard. Chron. n. s. 11: 620, 1879
Phal. inscriptiosinensis Fowlie: Orchid Digest 47: 11, 1983
Phal. speciosa Rchb. f.: Gard. Chron. n. s. 15: 562, 1881
Phal. sumatrana Korth. & Rchb. f.: Hamb. Gartenz. 16: 115, 1860
Phal. tetraspis Rchb. f.: Xenia Orchidacea 2: 146, 1870

Phal. speciosa kommt in Kultur nicht vor. *Phal. tetraspis,* die auch häufig als Varietät von *Phal. speciosa* genannt wurde und lange verschollen war, wurde in der letzten Zeit häufiger zum Kauf angeboten.

Phalaenopsis bastianii Gruß & Röllke
Die Orchidee 42: 76, 1991

Synonyme:
„*Phalaenopsis mariae* mit aufrechtem Stiel", als Handelsname erwähnt bei Gruß & Röllke: Die Orchidee 42: 76, 1991
Phalaenopsis deltonii, als Handelsname erwähnt bei Gruß & Röllke: Die Orchidee 42: 76, 1991

Pflanze kompakt, kurzer Stamm, von 2–10 Blättern dachziegelartig umschlossen.

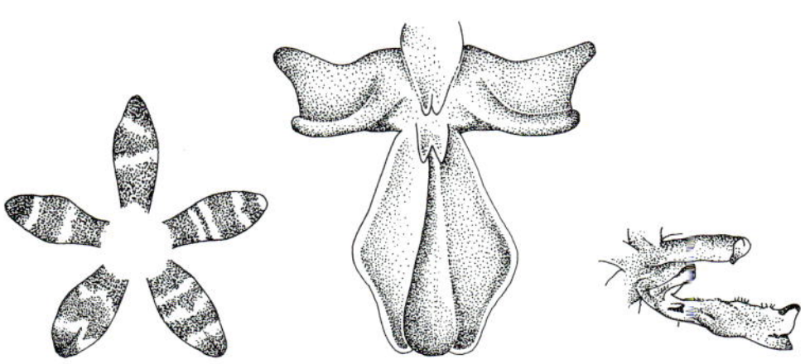

Phalaenopsis bastianii

Phalaenopsis bastianii

Blätter umgekehrt-eiförmig, länglich, leicht aufrecht, Enden abgerundet, parallelnervig, ausgeprägter Mittelnerv unterseitig hervortretend, 15–23 cm lang, 5–7 cm breit, Blattoberseite glatt, glänzend, wachsartig beschichtet, hellgrün, Blattunterseite etwas heller.
Blütenstand 15–50 cm lang, oval unverzweigt, aufrecht, hellgrün, mit 2–7 sich nacheinander öffnenden Blüten; der Blütenstand hält mehrere Blühperioden.
Blüten etwa 35–40 mm im Durchmesser, Sepalen und Petalen mit mehr oder weniger kräftigen, rotbraunen Flecken auf cremeweißem Hintergrund, Zentrum und Lippe violett mit weißer Pollenkappe, offene symmetrische Sternform, fast plan, Sepalen 15–18 mm lang, 5–7 mm breit, länglich-eiförmig, fast spitz zulaufend, seitlich nach hinten

gewölbt, Petalen den Sepalen gleich: **Lippe** dreilappig, lila gefärbt, etwa 9 mm lang und breit, fleischig, Seitenlappen etwa 3,5 mm lang und 1,5 mm breit, nach vorn gebogen, in der Mitte verengt, an der Spitze zweigezähnt, Mittellappen etwa 8 mm lang, 4 mm breit, rautenförmig, zum Ende abgestumpft, in der Mitte gekerbt, von hervorstehendem Kiel überragt, Kiel fleischig, zur Spitze hin stark ansteigend, leicht mit weißen Härchen versehen, Scheibe mit einem Paar hintereinanderliegender, fleischiger, zweigezähnter Schwielen.

Variation: Die Art variiert in der Färbung von weiß- über creme- bis gelbgrundig. Die hell- bis dunkelbraunen Flecken sind von verschiedener Größe und Häufigkeit. Die gelbgrundige Form wurde von Gruß & Röllke im Rahmen der Neubeschreibung als forma *flava* eingestuft.

Verwechslungsmöglichkeiten: Die Blüte ähnelt sehr *Phal. maculata,* zeigt aber deutliche Unterschiede in der Form und Behaarung des Mittellappens der Lippe. Bei *Phal. maculata* ist die Form oval zugespitzt und unbehaart, während sie bei *Phal. bastianii* rautenförmig und behaart ist.

Verbreitung: Philippinen, ohne genaue Ortsangaben.

Hinweise zur Kultur: Der Blütenstand ist nach der Blüte nicht abzuschneiden, da er mehrmals Blüten hervorbringt.

Blütezeit: Spätsommer–Herbst.

Geschichte: 1980 wurden in größerer Zahl *Phalaenopsis*-Naturformen von den Philippinen importiert. Eine dieser Arten tauchte im Handel als „*Phal. mariae* mit aufrechtem Stiel" auf. Seit 1987 kamen zudem weitere Pflanzen unter dem Namen „*Phal. deltonii*" in den Handel, die keine morphologischen Unterschiede zu „*Phal. mariae* mit aufrechtem Stiel" aufwiesen. Eine Beschreibung unter diesem Namen wurde nie veröffentlicht. Da sich diese Art als reinerbig erwies, wurde sie 1991 in Die Orchidee von Olaf Gruß und Lutz Röllke als *Phalaenopsis bastianii* beschrieben.

Namensgebung: bastianii = Benennung nach Bastian Röllke, dem Sohn von Lutz Röllke, deltonii = der Ursprung dieser Handelsbezeichnung ist unklar; wahrscheinlich eine Ableitung der Ortsbezeichnung Delton, die aber nicht lokalisiert werden konnte.

Bislang wurde erst eine Hybride zur Registrierung angemeldet (× *Phal. fasciata* = *Phal.* Billie Lawson; Wallbrunn, 1986).

Phalaenopsis corningiana Rchb. f.

Gard. Chron. n. s. 11: 620, 1879

Synonyme:

Phalaenopsis cumingiana Rchb. f.: Gard. Chron. n. s. 15: 562, 1881

Phalaenopsis sumatrana var. *sanguinea* Rchb. f.: Gard. Chron. n. s. 15: 782, 1881

Phalaenopsis sumatrana subvar. *sumatrana* (Rchb. f.) Veitch: Man. Orch. Pl. pt. 7: 40, 1891

Polychilos corningiana (Rchb. f.) P. S. Shim: Malayan Nat. J. 36: 23, 1982

Blätter 15–30 cm lang, 4–11 cm breit, fleischig, gebogen, länglich-elliptisch.

Blütenstand bis 30 cm lang, aufgerichtet bis leicht gebogen, bisweilen Seitenzweige, mehrblütig.

Blüten etwa 5 cm im Durchmesser, fleischig, ausgebreitet, Sepalen 20–40 mm lang, 10–15 mm breit, länglich-lanzettlich, spitz, oberseits rinnenartig, rückseits gekielt, Petalen etwas kleiner, langzettlich, spitz, Tepalen mit weißlich bis grünlichgelber Grundfarbe und zimtfarbener bis rote Streifung, rückseits einheitlich gelblich; **Lippe** 25 mm lang, 15 mm breit, dreilappig, Seitenlappen länglich, aufrecht mit sichelförmiger, schiefer

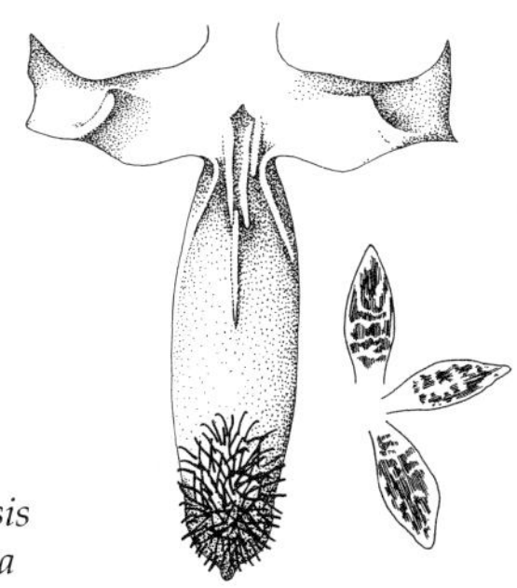

Phalaenopsis corningiana

Spitze, mit Verdickung im Zentrum, weiß, Mittellappen rot, konvex, länglich-elliptisch, erhabene, fleischige Mittelleiste zur Spitze hin kissenartig verdickt und flaumig behaart, zwei rote Streifen auf beiden Seiten der Leiste, Lippenplatte mit zweifingriger Schwiele, an der Basis taschenähnlich vertieft, Säule 15 mm lang, gebogen, kappenähnliches Klinandrium, Basis rot.

Variation: Sowohl die Grundfarbe als auch die Farbe der Streifen ist äußerst variabel, ebenso die Verteilung und Größe dieser Streifen, die von ein paar größeren Punkten bis zum fast kompletten Ausfüllen der ganzen Fläche reichen kann. Auch die Größe der Blüten ist recht unterschiedlich.
Beschriebene Varietäten gibt es nicht, dies wäre nur auf Grund von Farbunterschieden auch nicht gerechtfertigt.
So hat Jack A. Fowlie im Orchid Digest 46: S. 140; 1982 auch eine so benannte *Phal. corningiana* var. *flava* abgebildet, ohne diese Farbform aber offiziell zu beschreiben.

Verwechslungsmöglichkeiten: Mit *Phal. sumatrana*. Es wird u.a. gesagt, bei *Phal. sumatrana* sei die Streifung quer und unregelmäßig, während sie bei *Phal. corningiana* längs und geordneter sei. Dies kommt bisweilen so vor, kann aber keineswegs als Regel oder Unterscheidungsmerkmal gelten. Es ist zweifelhaft, ob diese Art als separat gelten kann.

Verbreitung: Borneo.

Hinweise zur Kultur: Wie *Phal. sumatrana.*

Blütezeit: Sommer.

Geschichte: 1879 beschrieb H. G. Reichenbach f. im Gardeners' Chronicle n.s. 11: 620, 1879 eine neue, bei Harry J. Veitch kultivierte Art der Gattung *Phalaenopsis* und benannte sie nach Sir Erastus Corning, einem Orchideenfreund aus Albany/New York als *Phalaenopsis corningiana.*

Auf dem Typusblatt von *Phal. corningiana* ist auch eine kurze Mitteilung vom 2. Mai 1879 von Veitch an Reichenbach f. zu finden. Darin schreibt er: „... In sehr großer Eile sende ich Ihnen heute eine Blüte einer Pflanze *(Phal.)*, die gestern auf Ehrwürden Norman's Verkauf verkauft und gekauft wurde als das, was die eingelegte kurze Mitteilung sagt ..." Diese kurze Mitteilung entstammt einem Auktionskatalog S. 28: „676 – Phalaenopsis; Edward de Alnida oder Violacea, eine sehr seltene und wunderschöne Varietät aus Singapur." Da viele Pflanzen damals über Singapur nach England kamen, ergab sich diese falsche Ortsangabe. Die Pflanzen dieser Art sind ursprünglich auf Borneo gesammelt worden.

Zusätzlich machte Veitch in seiner Kurzmitteilung auch einen Namensvorschlag für diese neue Art: „Wenn sie neu ist, bitte ich Sie inständig, sie nach Sir Erastus Corning, dem Pionier der Orchideenkultur in Amerika zu benennen ... und wenn Sie es machen können, benennen Sie sie bitte nach ihm, weil er ein Hauptkunde (von uns) ist und wir ihm ein Kompliment machen möchten." So schrieb dann auch Reichenbach f. in seiner Originalbeschreibung: „Ich habe den Herren Veitch für diese außergewöhnliche Pflanze zu danken. Sie ist nachdrücklich Sir Erastus Corning, dem Pionier der Orchideenkultur in Amerika gewidmet, dessen Kollektion in Albany, New York, jetzt so berühmt ist."

Bereits zwei Jahre später beschrieb der gleiche Autor Pflanzen dieser Art in der gleichen Zeitschrift zuerst als *Phal. cumingiana* (nach Hugh Cuming, 1791–1865, Pflanzensammler in Asien) und dann als *Phal. sumatrana* var. *sanguinea* Rchb. f.

10 Jahre später erfolgte dann durch Veitch eine Einstufung dieser Art als *Phalaenopsis sumatrana* subvar. *sumatrana* (Rchb. f.) Veitch. Diese Vielzahl von Namen zeigt, wie ähnlich diese Art der *Phal. sumatrana* ist und wie schwer es ist, beide Arten voneinander zu unterscheiden.

Namensgebung: corningiana = Sir Erastus Corning, Orchideenfreund in Albany/New York, cumingiana = Hugh Cuming (1791–1865), Pflanzensammler in Asien, sanguinea = blutrot, wegen der Blütenfarbe.

Hybriden: Diese Art wird in den Hybridenlisten bisher wenig erwähnt. Wegen der großen Ähnlichkeit mit *Phal sumatrana* und auch des Variationsnamens von *sumatrana* in der Synonymie (Variationen werden bei Hybri-

Phalaenopsis corningiana
als Phal. lueddemanniana
aus Lindenia Vol. 8, t. 366, 1893

Phalaenopsis corningiana

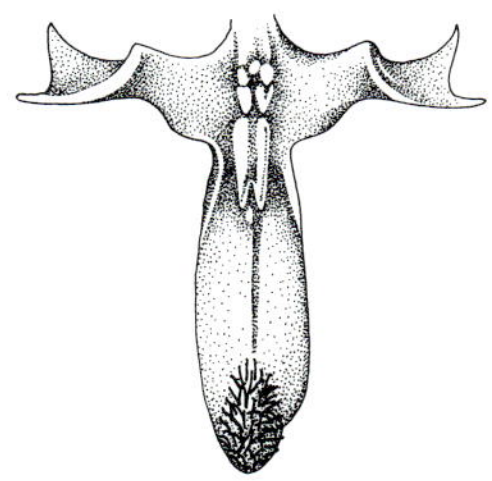

Phalaenopsis corningiana als Phalaenopsis sumatrana var. sanguinea

denlisten nicht angegeben), ist es durchaus möglich, daß diese *Phalaenopsis* öfters verwendet wurde, als namentlich registriert.

Bei der Hybridenregistrierung durch den Orchid Registrar bei der Royal Horticultural Society wird sie als eigene Art und damit als Kreuzungspartner anerkannt.

Als erste Primärhybride wurden 1974 durch Irene Dobkin aus Kalifornien die *Phal.* Double Eagle (eine Kreuzung mit der *Phal. sumatrana*) und 1976 von Charles J. Sheviak aus den USA die *Phal.* Corning's Violet (eine Kreuzung mit der *Phal. violacea*) zur Registrierung angemeldet.

1974 und 1975 wurden zudem die ersten Kreuzungen mit anderen *Phalaenopsis*-Hybriden durch Irene Dobkin und C. F. Keyes angemeldet, wie z. B. *Phal.* Electra, *Phal.* My Fancy, *Phal.* Twenty Grand und *Phal.* Dots Violet.

1983 folgte die erste Mehrgattungshybride, die *Doritaenopsis* Burma Queen, eine Hybride von Breckinridge Orchids.

Da die *Phal. corningiana* nicht sehr häufig in Kultur ist, wurden nur relativ wenige Hybriden mit ihr registriert.

Wegen der großen Ähnlichkeit mit der *Phal. sumatrana* ist nicht auszuschließen, daß einige der angemeldeten Hybriden eigentlich mit der *Phal. sumatrana* oder einer ihrer Varietäten gemacht worden ist. Zudem besteht die Möglichkeit, daß Pflanzen zur Hybridisierung herangezogen wurden, die unter dem Namen *Phal. sumatrana* var. *sanguinea* in Kultur waren. Die Hybriden hätten dann als Kreuzungen der *Phal. sumatrana* registriert werden müssen, da Varietäten bei der Registrierung nicht vermerkt werden. Auch wenn sich später herausstellt, daß eine vormals als Varietät eingestufte Pflanze eigentlich eine gute Art ist, läßt sich ein solcher Fehler in der Registrierung kaum noch berichtigen.

Die Hybriden der *Phal. corningiana* ähneln denen der *Phal. sumatrana* sehr stark. Zumeist tritt die intensive Zeichnung sehr stark dominant in den Hybriden auf.

Phalaenopsis Sulastini
Phal. javanica × *Phal. corningiana*

Bei der Kreuzung mit der *Phal. gigantea*, aber auch mit deren Hybriden zeigt die Blüte eine für den Kreuzungspartner typische Punktierung.

Phal. corningiana
× *Phal. amboinensis* = *Phal.* Corning-Ambo; Takase, 1984
× *Phal. celebensis* = *Phal.* Seleraku; Kolopaking, 1989
× *Phal. fimbriata* = *Phal.* Widodo; Kolopaking, 1981
× *Phal. javanica* = *Phal.* Sulastini; Kolopaking, 1983
× *Phal. gigantea* = *Phal.* Memoria Margarete Buchholz; E. Baumann 1987
× *Phal. kunstleri* = *Phal.* Asiani; Kolopaking, 1985
× *Phal. modesta* = *Phal.* Martell Rot; Martell, 1984
× *Phal. sanderiana* = *Phal.* Ovin Hendriyanti; Kolopaking, 1982
× *Phal. sumatrana* = *Phal.* Double Eagle, Dobkin, 1974
× *Phal. venosa* = *Phal.* Dragon's Fire; Dragon Fire, 1992
× *Phal. violacea* = *Phal.* Corning's Violet; Sheviak, 1976

Phalaenopsis inscriptiosinensis
Fowlie
Orchid Digest 47: 11, 1983

Blätter 3–5, 8–16 cm lang, 4–8 cm breit, glänzend grün, länglich-oval geformt, an den Rändern leicht gewellt.

Blütenstand 7–11 cm lang, rund, grün, unverzweigt mit 2–5 Blüten, die sich nacheinander öffnen.

Blüten relativ klein, 25–35 mm breit, blaßgelbe Grundfarbe mit zimtfarbenen Bändern und Zeichnungen, die an chinesische Schriftzeichen erinnern, dorsales Sepalum länglich-elliptisch geformt, etwa 18 mm lang, 8 mm breit, leicht konvex mit einer etwas nach hinten gebogenen Spitze, seitliche Sepalen länglich oval, 17 mm lang, 10 mm breit, schräg nach unten geneigt, konvex, zugespitzt mit einem kleinen, hervortretenden Spitzchen, das leicht nach hinten geneigt ist, Petalen horizontal abstehend, lanzettlich-oval, 13 mm lang und nur 5–6 mm breit, leicht zugespitzt; **Lippe** dreilappig, weiße Grundfarbe, Mittellappen länglich-oval geformt und fast zugespitzt, 8 mm lang und 4 mm breit, mit einem Kiel in der Mitte, neben dem sich jeweils eine blutrote bis zinnoberrote Zeichnung befindet, Spitze kaum sichtbar fein behaart, Seitenlappen fast rechteckig, in der Mitte etwas zusammengeschnürt, nach außen an den Seiten nach oben gewölbt, eine

Phalaenopsis inscriptiosinensis

Rinne ausbildend, 2 zweispaltige Schwielen, Säule mit kappenähnlichem Klinandrium.

Variation: Keine.

Verwechslungsmöglichkeiten: Von den nahe verwandten Arten unterscheidet sich *Phal. inscriptiosinensis* durch die sehr kleinen Blüten mit einem Durchmesser von nur 2,5 cm und durch die eindeutige Blütenzeichnung. Gegenüber *Phal. corningiana* und *Phal. sumatrana* unterscheidet sie sich zudem deutlich durch den kaum behaarten Mittellappen der Lippe, während die beiden anderen Arten eine deutliche Behaarung an der Spitze des Mittellappens ihrer Lippe haben. Zudem ist auch die Form und die Zeichnung dieses Mittellappens deutlich unterschiedlich.

Verbreitung: Zentral-Sumatra ohne genaue Standortangaben.

Hinweise zur Kultur: Keine Besonderheiten.

Blütezeit: Juli–September.

Geschichte: Diese Art wurde 1981 von Liem Khe Wie (Kolopaking) in Zentral-Sumatra gesammelt. Aus dieser Aufsammlung erhielt J. A. Fowlie getrocknete Blüten und auch Fotos. Nachdem er auch Pflanzen von Wie unter dem Namen *„Phal. Chung Kuo"* erhalten hatte und diese im Juli 1982 im Los Angeles State and County Arboretum erblühten, beschrieb Fowlie diese neue Art im Orchid Digest 1983.

Im gleichen Jahr wurde bereits die erste Kreuzung dieser neuen Art mit *Phalaenopsis × intermedia* von Kolopaking angemeldet, die *Phal.* Mayasari.

Namensgebung: inscriptiosinensis = lat. chinesische Inschrift, nach der Zeichnung auf den Sepalen und Petalen, die der alten chinesischen Schrift ähneln.

Hybriden:

Phalaenopsis inscriptiosinensis
× *Phal. fasciata* = *Phal.* Timmons; T. Brown (Kolopaking), 1984
× *Phal. gigantea* = *Phal.* Baylor; T. Brown (Kolopaking), 1984
× *Phal. × intermedia* = *Phal.* Mayasari; Kolopaking, 1983
× *Phal. javanica* = *Phal.* Paskal Indukbaru; Parnata, 1985
× *Phal. lueddemanniana* = *Phal.* Wössner Luedde-Sin; F. Glanz, 1991
× *Phal. violacea* = *Phal.* Fribourg; L. Vincent, 1992

Phalaenopsis speciosa Rchb. f.

Gard. Chron. n. s. 15: 562, 1881

Synonyme:
Phalaenopsis speciosa var. *maculata* Gower: Garden 37: 582, 1890
Phalaenopsis imperati Gower: Garden 37: 447, 1890
Polychilos speciosa (Rchb. f.) P. S. Shim: Malayan Nat. J. 36: 26, 1982

Geschichte: *Phal. speciosa* Rchb. f. wurde durch den englischen Offizier E. S. Berkeley auf Bäumen in den Mangroven-Sümpfen wachsend auf den Nicobar-Inseln gefunden und über die Firma Low nach England eingeführt. Berkeley berichtete dazu in einem Brief an William Bull aus Port Blair auf den Andamanen vom 28. Februar 1881: „Es scheint eine bemerkenswerte Pflanze zu sein. Nicht zwei Pflanzen blühen gleich. Die erste Pflanze, die blühte, war dunkel rosapurpurn mit in Flecken durchscheinendem Purpur auf der Rückseite. Die zweite Pflanze hatte rosapurpurne Sepalen und elfenbeinweiße Petalen. Die dritte Pflanze hatte rosapurpurne Sepalen und purpurn und weiß gestreifte Petalen. Andere Pflanzen, die zur Blüte kommen, zeigen eine andere Vielfarbigkeit. Die Rückseite der Blüte hat zuweilen purpurne Flecken, die mit der Form des Zellengewebes harmonieren, und zuweilen einige Punkte. Sie duften süß und stark ge-

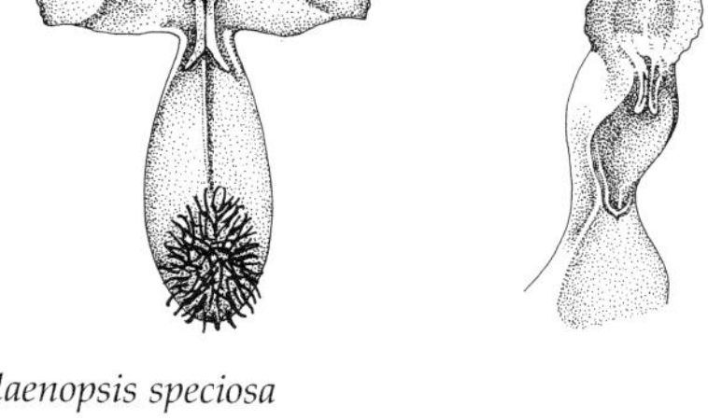

Phalaenopsis speciosa

Links oben: Phalaenopsis Fribourg
Phal. violacea × Phal. inscriptiosinensis

Links unten: Phalaenopsis Janine
Phal. lindenii × Phal. speciosa

Rechts: Phalaenopsis speciosa
aus Lindenia Vol. 6, t. 258, 1891

nug, daß in der Mittagszeit das ganze Orchideenhaus duftet, und am Abend scheint sie ihren Duft zu verlieren." (Brief im Reichenbach-Herbarium, zitiert nach Sweet)

1881 beschrieb Reichenbach diese neue Art in Gardeners' Chronicle unter dem Namen *Phalaenopsis speciosa.* Wegen der großen Variationsbreite der Färbung der Blüten dieser Art wurden viele verschiedene Varietäten in der Folgezeit beschrieben, wie z. B. Imperiatrix, Christiana, Maculata, Tetraspis, bzw. diese als eigene Arten geführt.

Seit vielen Jahren ist keine Pflanze dieser so attraktiven Art mehr in Kultur oder in der Natur gefunden worden. Es wurde auch kein Bildmaterial in den letzten Jahren veröffentlicht. Zwar wurden bereits in den 60er Jahren Pflanzen als *Phal. speciosa,* besonders in den USA, in den Handel gebracht, die aber nach Aussagen von Wallbrunn lediglich eine besonders schöne Form der *Phal. pulchra* ist.

Namensgebung: speciosa = lat. ansehnlich, schön, prächtig.

Hybriden: Es wurden zwar Hybriden mit dem Elternteil *Phal. speciosa* zur Registrierung angemeldet. Es ist aber zu vermuten, daß dabei bewußt oder unbewußt die *Phal. pulchra* verwendet wurde. Vielleicht ist dieses Verhalten damit zu erklären, daß die *Phal. pulchra* in der Registrierung nicht akzeptiert ist, aber daß man diese intensive Rotfärbung der Blüte in der Geschichte der Hybridisierung namentlich festhalten wollte.

Phal. speciosa
× *Phal. lindenii* = *Phal. Janine;* L. Vincent, 1993
× *Phal.* Doris = *Phal.* George Carlson; Carlson, 1978
× *Phal.* George Vasquez = *Phal.* Su-An Super Star; P. Hwang, 1986
× *Phal.* Mabel = *Phal.* Dorothy; Cooledge, 1979
× *Phal.* Spica = *Phal.* Red Magic; Jones & Scully, 1982
× *Doritaenopsis* Red Coral = *Doritaenopsis* Special Coral; Jones & Scully, 1982
× *Renanthera* Brookie Chandler = *Renanthopsis* Windward Coral; Cooledge, 1978

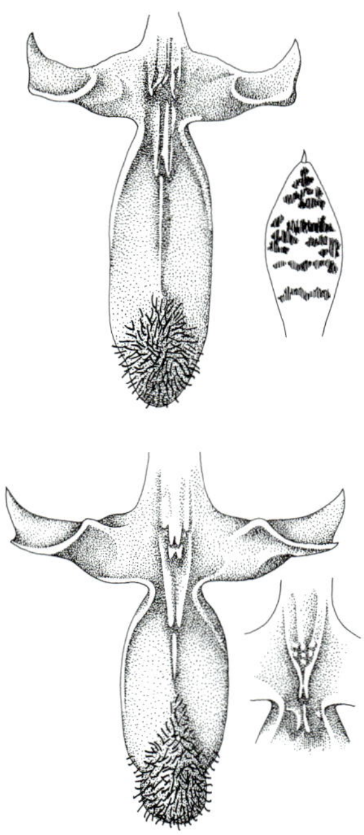

Lippenformen der Phalaenopsis sumatrana

Phalaenopsis sumatrana

Phalaenopsis sumatrana Korth. & Rchb. f.

Hamb. Gartenz. 16: 115, März 1860

Synonyme:
Phalaenopsis zebrina Witte: Ann. Hort. Bot. Leiden 4: 145, 1860 (zweite Jahreshälfte)
Phalaenopsis acutifolia Lind.: Lindenia 2: 11, 1886
Polychilos sumatrana (Korth. & Rchb. f.) P. S. Shim: Malayan Nat. J. 36: 26, 1982
Phalaenopsis paucivittata (Rchb. f.) Fowlie: Orchid Digest 49: 51, 1985

Blätter fleischig, länglich-elliptisch bis verkehrt-eiförmig, gebogen, spitz oder gerundet, 15–30 cm lang, 4–11 cm breit.
Blütenstand etwa 30 cm lang, aufgerichtet oder leicht gebogen, gelegentlich verzweigt.
Blüten fleischig, etwa 5 cm im Durchmesser, Farbe variabel, die Grundfarbe ist weißlich bis gelblich, Sepalen und Petalen mit hell- bis dunkelbraunen Querstreifen, Sepalen elliptisch-lanzettlich, spitz, 20–40 mm lang, 10–15 mm breit, Petalen ähnlich, aber etwas kürzer und schmaler; **Lippe** 25 mm lang, 15 mm breit, dreilappig, Seitenlappen länglich, aufrecht mit sichelförmig, schiefer Spitze, Verdickung im Zentrum, Mittellappen konvex,

länglich-elliptisch, erhabene, fleischige Mittelleiste, zur Spitze hin kissenartig verdickt und flaumig behaart, zwei rote Streifen auf beiden Seiten der Leiste, Lippenplatte mit mehrfingriger Schwiele, weitere fleischige, gegabelte Schwiele an Basis des Mittellappens, Säule 15 mm lang, gebogen, kappenförmiges Klinandrium.

Variation: Die Farbe und Anzahl der Flecken auf den Tepalen ist sehr variabel. Beschrieben wurden drei Varietäten:

var. *kimballiana* wurde seit dem Erstfund nie mehr gesehen und ist deshalb recht unklar.

var. *paucivittata:* Die Tepalen sind weiß und haben nur 3–4 zimt- bis purpurfarbene Streifen, 2 malvenfarbene Streifen auf beiden Seiten des Mittellappens der Lippe.

var. *alba:* Blüten weiß, Lippe mit 3 zarten, roten Streifen auf beiden Seiten des Mittellappens der Lippe, Seitenlappen in leuchtendem Gelb.

Nur die letzte „Varietät" ist vielleicht als Forma anerkennenswert.

Verwechslungsmöglichkeiten: Mit *Phal. corningiana,* vgl. dort.

Verbreitung: Sumatra, Borneo, Java, Malaysia, Thailand, Burma.

Hinweise zur Kultur: Diese Art kommt zusammen mit *Phal. violacea* gut beschattet auf Baumstämmen über Wasserläufen vor, d. h. man sollte sie nicht der Sonne aussetzen und muß für entsprechende Luftfeuchtigkeit sorgen.

Blütezeit: Das ganze Jahr über möglich, bevorzugt im Frühsommer.

Geschichte: 1839 fand der Naturforscher Dr. Korthals im Süden Sumatras das erste Mal Pflanzen dieser Art. Noch vor einer Beschreibung gingen die Pflanzen ein. Es war lediglich eine Skizze dieser Art von Korthals bekannt, die sich in Leiden befand. Als Reichenbach diese Skizze in Leiden kopieren und diese Art beschreiben wollte, wurde es ihm verwehrt. Einige Monate später fand er eine Kopie dieser Originalskizze in der Sammlung von John Lindley in Twinham Green. Auf der Basis dieser, nach seinem Urteil nicht ganz verständlichen Zeichnung fertigte er mit Korthals die Beschreibung in der Hamburger Gartenzeitung 16: 115; März 1860, und zwar in einer sehr knappen Form von nur drei Zeilen.

Phalaenopsis sumatrana

Gersen, ein Sammler von Tejsmann, fand 1859 weitere Pflanzen in der Provinz Palembang zusammen mit der *Phal. violacea* auf Bäumen wachsend und schickte einige an den Botanischen Garten der Universität Leiden unter dem Namen *Phal. zebrina.* 1860 erblühte dort die einzige überlebende Pflanze bei Witte, dem Superintendanten des Botanischen Gartens. Unter dem von Tejsmann vorgeschlagenen Namen *Phal. zebrina* beschrieb sie Witte in den Annales d'Horticulture et de Botanique ou Flore des Jardins Royaume des Pays Bas 4: 145, Tafel, 1860.

Nachdem bereits vorher diese Art als *Phal. sumatrana* beschrieben worden war, kann diese neue Bezeichnung nur als Synonym angesehen werden. Es gibt Autoren, die *Phal. zebrina* von *Phal. sumatrana* getrennt halten ohne zu sagen, worin die Unterscheidungsmerkmale sind. Beigegebene Bilder lassen nur auf Farbunterschiede schließen. Noch heute trägt die gesamte Sektion den Namen *Zebrinae.*

1886 erschien eine weitere Beschreibung dieser Art als *Phal. acutifolia* durch Linden in Lindenia 2: 11, 1886. Nach Sweet soll es sich hierbei nur um einen Fehler des Druckers gehandelt haben.

1985 erhob Fowlie die Varietät *paucivittata* in den Art-Rang, ohne die Beweggründe und Merkmale zu schildern. Auch hier handelt es sich wohl nur wieder um ein Farbspiel. Da der Rang einer Varietät schon sehr vage ist, ist der einer Art erst recht überflüssig.

Namensgebung: acutifolia = lat. spitzblättrig, kein besonders gut ausgewählter Name, denn die Blätter können zwar spitz sein, das ist aber kein signifikantes Merkmal; sumatrana = vom Fundort Sumatra, zebrina = lat. buntstreifig, wegen der Zeichnung auf Sepalen und Petalen.

Hybriden: Diese Art wird erst seit Ende der 60er Jahre intensiver zur Hybridisierung verwendet. Man benützt sie zur Verstärkung der Streifen auf den Tepalen.

Phalaenopsis sumatrana
× *Phal. amabilis* = *Phal.* Sumabilis; Atherton, 1938
× *Phal. amboinensis* = *Phal.* Ambotrana; Thornton, 1965
× *Phal. corningiana* = *Phal.* Double Eagle; Dobkin, 1974
× *Phal. cornu-cervi* = *Phal.* Tiger Cub; Wallbrunn, 1972
× *Phal. equestris* = *Phal.* Equitrana; Thornton, 1967
× *Phal. fasciata* = *Phal.* Kathy Kornahrens, Fort Caroline (Wallbrunn), 1973
× *Phal. fimbriata* = *Phal.* Fimbritrana; Wallbrunn, 1970
× *Phal. fuscata* = *Phal.* Purbo Sejati; Parnata, 1983
× *Phal. gigantea* = *Phal.* David Ai; Dobkin, 1977
× *Phal. javanica* = *Phal.* Siu-Fang Lin; Kolopaking, 1981
× *Phal. lindenii* = *Phal.* Stern von Martell; Martell, 1984
× *Phal. lueddemanniana* = *Phal.* Elizabeth Todd; Fort Caroline, 1970
× *Phal. mannii* = *Phal.* Hargianto; Kolopaking, 1986
× *Phal. mariae* = *Phal.* James Burton; Maj Orchids, 1977
× *Phal. micholitzii* = *Phal.* Sumitz; Wallbrunn, 1973
× *Phal. sanderiana* = *Phal.* Gerserana; Marcel Lecoufle, 1981
× *Phal. stuartiana* = *Phal.* Susanti; Kolopaking, 1975
× *Phal. venosa* = *Phal.* Oberhausen Smart; E. Baumann, 1988
× *Phal. violacea* = *Phal.* Sulaceous; Fort Caroline (Wallbrunn), 1975
× *Phal.* Hokuspokus = *Phal.* Punktum; Röhl, 1982

◁ *Phalaenopsis Equitrana*
Phal. equestris × *Phal. sumatrana*

Phalaenopsis tetraspis Rchb. f.

Xenia Orchidacea 2: 146, 1870

Synonyme:
Phalaenopsis barrii King ex Hooker: Ann Roy. Bot. Gard. Calcutta 5: 38, 1895
Phalaenopsis speciosa var. *tetraspis* (Rchb. f.) Sweet: AOS-Bull. 37: 1092, 1968

Blätter 2–4, elliptisch bis verkehrt-eiförmig, zur Spitze gebogen, leicht zugespitzt, 15–30 cm lang, 6–8 cm breit, nach Beschreibungen vom Standort können die Blätter bis 90 cm lang werden.
Blütenstand bis zu 30 cm lang, gebogen, gelegentlich verzweigt, etwa 3 Blüten, am Standort bedeutend länger mit einer Vielzahl von Blüten und Kindeln.
Blüten fleischig, sternförmig, etwa 5 cm im Durchmesser, Farbe elfenbeinweiß mit teils schwacher rötlicher Zeichnung, Sepalen länglich-elliptisch, spitz, bis zu 30 mm lang,

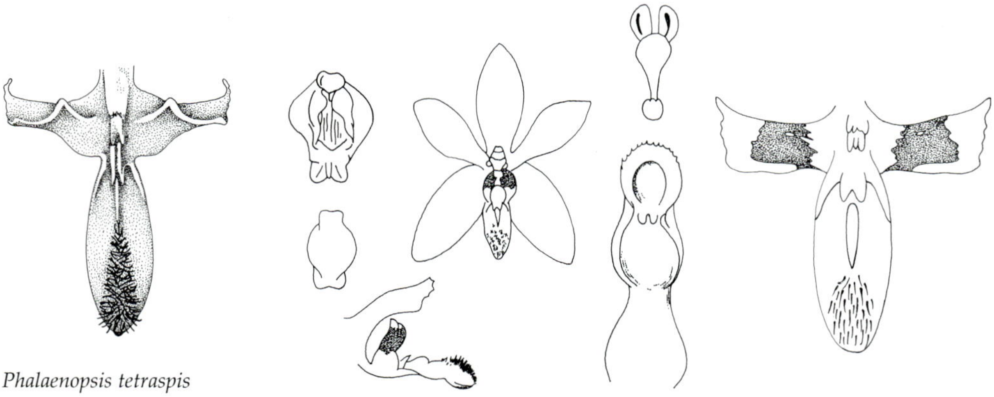

Phalaenopsis tetraspis

10 mm breit, Petalen ähnlich aber etwas kürzer und schmaler; **Lippe** etwa 20 mm lang, 15 mm breit, weißgrundig, dreilappig, Seitenlappen länglich, aufrecht mit sichelförmig, schiefer Spitze, mittig jeweils gelb gefärbte Verdickung, Mittellappen konvex, länglich-elliptisch, erhabene, fleischige Mittelleiste zur Spitze hin kissenartig verdickt und flaumig behaart, leicht rosa an der Basis gezeichnet, Lippenplatte mit gegabelter Schwiele, davor liegt eine weitere eng anliegende, gegabelte Schwiele; Säule bis 8 mm lang, gebogen, gut entwickeltes, fächerförmiges, sich aufbauschendes Klinandrium.

Variation: Die Art variiert nur wenig in der leichten Zeichnung auf den Blütenblättern.

Phalaenopsis tetraspis 'Brock'

Teils fehlt sie völlig. Keinerlei Varietät wurde bislang offiziell beschrieben. Lediglich im Orchid Digest 56: Seite 6, 1992 wurde von Jack A. Fowlie im Bilduntertitel eine Pflanze als *Phal. tetraspis* var. *alba* bezeichnet. Eine Einstufung als Varietät scheint aber wenig sinnvoll.

Verwechslungsmöglichkeiten: Keine, von der eng verwandten, intensiv gefärbten Art *Phal. speciosa* unterscheidet sie sich eindeutig durch die weiße Blütenfarbe.

Hinweise zur Kultur: Nach mehr als vier Jahren Kultur in Deutschland zeigen sich keinerlei Unterschiede zu anderen Arten der Gattung *Phalaenopsis.*

Verbreitung: Andamanen und Nicobaren, Nordspitze Sumatras.

Geschichte: Bereits 1868 beschrieb H. G. Reichenbach in der Xenia Orchidacea 2, Seite 146, die andere *Phalaenopsis*-Art von dieser Inselgruppe, *Phal. tetraspis.* Als Herkunftsgebiet für diese Pflanze hatte Reichenbach fälschlicherweise Himalaya angegeben. Die Pflanzen waren von Thomas Lobb für die Firma Veitch gesammelt worden. Von ihm stammten wahrscheinlich auch die falschen Angaben. Erst 1880 kamen erneut Pflanzen nach Europa. E. S. Berkeley schickte sie von den Andamanen an William Bull, der sie an John Day verkaufte. Eine dieser Pflanzen findet man als Aquarell vom 12. Mai 1881 in John Day's Scrap-Book wieder, das sich in Kew befindet. Berkeley berichtete zudem voller Begeisterung von Pflanzen auf den Andamanen mit einer Vielzahl von Kindeln und Hunderten gleichzeitig geöffneter, duftender Blüten.

Der häufiger veröffentlichten Abbildung im Botanical Magazine Vol. 119, Tafel 7321, 1893, lag eine Pflanze zu Grunde, die 1892 durch Horace Man von Port Blair auf den Andamanen nach Kew geschickt wurde und dort im April 1893 erblühte.

1990 tauchten im Handel wieder Pflanzen auf, die genau den Angaben zu dieser *Phalaenopsis*-Art entsprechen. Nach Fowlie sollen diese Pflanzen aus Nord-Sumatra stammen.

Namensgebung: tetraspis = evtl. nach gr. tetraspora mit 4 Sporen bzw. Samen.

Hybriden: Da die Pflanzen dieser Art sich erst seit kurzem wieder in Kultur befinden, ist erst in den nächsten Jahren mit Hybriden zu rechnen.

Untersektion *Luedde-mannianae* Sweet

Sweet: The Genus *Phalaenopsis* 15, 1980

Typus: *Phalaenopsis lueddemanniana*

Säule nicht mit einem ausgeprägtem Klinandrium (Antheren-Bett), Kallus der Lippenplatte nicht einfach zweigespalten, sondern mit vielen kleinen Höckern.

Zu dieser Untersektion gehören:

Phal. fasciata Rchb. f.: Gard. chron. n. s 18: 134, 1882
Phal. fimbriata J. J. Smith: Bull. Jard. Bot. Buitenz. ser. 3, 3: 300, 1921

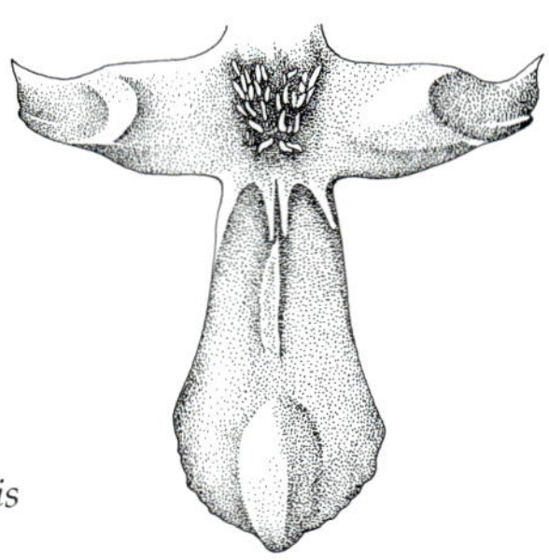

Phalaenopsis fasciata

Phalaenopsis fasciata

Phal. hieroglyphica (Rchb. f.) Sweet: AOS-Bull. 38: 36, 1969
Phal. lueddemanniana Rchb. f.: Bot. Zeit. 23: 146, 1865
Phal. pulchra (Rchb. f.) Sweet: AOS-Bull. 37: 1102, 1968
Phal. reichenbachiana Rchb. f. & Sander: Gard. Chron. n. s. 18: 586, 1882
Phal. violacea Witte: Ann. Hort. Bot. Leiden 4: 129, 1860

Bis auf *Phal. reichenbachiana* sind alle Arten verbreitet in Kultur. Diese wird in letzter Zeit vereinzelt im Handel angeboten, sieht aber meist sehr stark *Phal. fasciata* ähnlich.

Phalaenopsis fasciata Rchb. f.

Gard. Chron. n. s. 18: 134, 1882

Synonym: *Polychilos fasciata* (Rchb. f.) P. S. Shim: Malayan Nat. J. 36: 23, 1982

Blätter 14–20 cm lang, 6–8 cm breit, elliptisch bis verkehrt-eiförmig, stumpf.
Blütenstand nicht ganz aufgerichtet, länger als die Blätter.
Blüten ausgebreitet, fleischig, wächsern, Grundfarbe Gelb mit zimt- bis rotbraunen Streifen, dorsales Sepalum 20–30 mm lang, 9–13 mm breit, elliptisch, spitz, seitliche Sepalen etwas länger und breiter. Mitte rinnenförmig, rückseits deutlich gekielt, Petalen 22–26 mm lang, 9–13 mm breit, elliptisch;

Phalaenopsis Escapade
Phal. Abram McAndless × Phal. fasciata

Lippe 20–30 mm lang, 12–18 mm breit, dreilappig, in intensivem Gelb, Vorderteil des Mittellappens in hellem Violett bis Rot, Seitenlappen aufrecht, schmal, länglich, in der Mitte verdickt, Mittellappen konvex, keilförmig, zur Spitze hin etwas ausgebissen, zentrale Leiste zur Spitze hin in eine Schwiele übergehend, kaum behaart, Lippenplatte mit einer Schwiele, die viele schwarze, rückwärts gerichtete Zähne hat, in zwei lange, orangefarbene Zähne auslaufend, Säule 16 mm, gebogen, weiß.

Variation: Die Farbe und Anzahl der Streifen auf den Sepalen und Petalen ist sehr verschieden, rechtfertigt aber keine Varietäten.

Verwechslungsmöglichkeiten: *Phal. fasciata* wird bisweilen mit anderen gelbblühenden *Phalaenopsis* wie *Phal. amboinensis* oder *Phal. lueddemanniana* var. *ochracea* verwechselt, doch kann man *Phal. fasciata* leicht an der charakteristischen Lippenplatte (s. oben) erkennen.

Verbreitung: Philippinen.

Hinweise zur Kultur: Von der allgemeinen Kultur her wie die meisten *Phalaenopsis*. Der Blütenstand sollte jedoch nicht abgeschnitten werden, da er über längere Zeit hinweg immer neue Blüten bringen kann.

Blütezeit: Sommer.

Geschichte: Diese Art wurde 1882 von der Firma Low & Co. importiert und noch im gleichen Jahr von Reichenbach beschrieben.

Namensgebung: fasciata = lat. gebändert, bezieht sich auf die Streifen der Sepalen und Petalen.

Hybriden: *Phal. fasciata* wird gerne verwendet, um gelbe Farbtöne zu erzielen.

Phalaenopsis fasciata
× *Phal. amboinensis* = *Phal.* Golden Pride; Dobkin, 1975
× *Phal. cochlearis* = *Phal.* Golden Jubilee; Dobkin, 1975
× *Phal. cornu-cervi* = *Phal.* Little Girl, H. Webb (Thornton), 1974
× *Phal. equestris* = *Phal.* Apricot Glow; Thornton, 1979
× *Phal. fuscata* = *Phal.* Mirth; Hager, 1977
× *Phal. gigantea* = *Phal.* Reichentea; Moir, 1975
× *Phal. inscriptiosinensis* = *Phal.* Timmons; T. Brown (Kolopaking), 1984
× *Phal. lueddemanniana* = *Phal.* Spica; Osgood, 1969
× *Phal. maculata* = *Phal.* Little Mac; Hager, 1978
× *Phal. mariae* = *Phal.* Tigress; Dewey, 1970
× *Phal. sumatrana* = *Phal.* Kathy Kornahrens; Fort Caroline (Wallbrunn), 1973
× *Phal. venosa* = *Phal.* Golden Princess; David Lim, 1985
× *Phal. violacea* = *Phal.* Norman; Beard, 1969

× *Doritis pulcherrima* = *Doritaenopsis* Red Elf; Lenette (Oak Hill), 1982
× *Phal.* Penang = *Phal.* Songkhla; Wescott (Hager), 1982
× *Phal.* Abram McAndless = *Phal.* Escapade; Hausermann, 1980

Phalaenopsis fimbriata

Phalaenopsis fimbriata J. J. Smith

Bull. Jard. Bot. Buitenz. ser. 3, 3: 300, 1921

Synonym: *Polychilos fimbriata* (J. J. Smith) P. S. Shim: Malayan Nat. J. 36: 23, 1982

Blätter 2–5, 15–25 cm lang, 3–7 cm breit, länglich-elliptisch bis oval, meist stumpf, leicht aufgerichtet und gebogen.

Blütenstand bis zu 30 cm lang, leicht zurückgebogen mit bis zu 40 Knospen, die sich von der Mitte her nacheinander öffnen.

Blüten weiß bis cremefarben, fleischig, 4–5 cm breit, dorsales Sepalum länglich-oval, fast stumpf, bis zu 20 mm lang und 10 mm breit, seitliche Sepalen länglich-oval, meist spitz, rückseitig gekielt, bis zu 20 mm lang und 12 mm breit, mit einer magentaroten Färbung der unteren Hälfte des basalen Teiles, Petalen länglich-oval, fast spitz, 14–18 mm lang, 6–9 mm breit; **Lippe** 15 mm lang, 14 mm breit, dreilappig, Seitenlappen aufgerichtet, länglich-viereckig, in der Mitte kissenartige Schwellung mit gelben Schwielen, Mittellappen fleischig, rhombisch-oval, konvex mit gefransten aufgebogenen Rändern, mit kissenähnlicher weiß behaarter, ovaler Schwiele an der Spitze, magentarot, Lippenplatte mit übereinanderliegenden, zweispaltigen Schwielen und einem zweispaltigen, fleischigen Vorsprung.

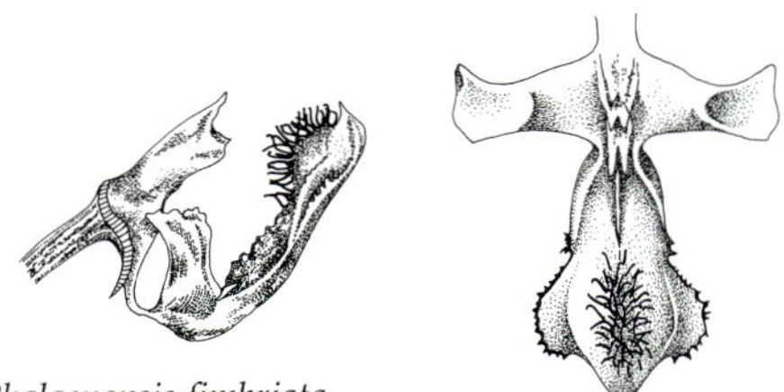

Phalaenopsis fimbriata

Variation: Die Blüten variieren sehr stark. Die Normalfärbung ist weiß bis cremefarben mit einer magentaroten Färbung der unteren Hälfte des basalen Teils der seitlichen Sepalen. Zudem ist die Lippe magentarot. Daneben sind auch reine alba, gelbgrüne bis hellgrüne Formen bekannt geworden.

So wurden auch verschiedene Varietäten und Formen beschrieben:

var. *sumatrana* mit etwas größeren, weißen bis gelblichen Blüten, mit einer purpurnen Lippe und kürzerem Blütenstand.

var. *tortilis* mit größerem Wuchs der Pflanze, runderen Blättern und wesentlich

Phalaenopsis Borobodur
Phal. equestris × *Phal. fimbriata*

Phalaenopsis Sandriata
Phal. sanderiana × *Phal. fimbriata*

größeren Blüten, sehr kurzer Rispe mit meist nur bis zu 6 Blüten mit gedrehten Sepalen und Petalen.
forma *alba* mit rein weißen Blüten.

Verwechslungsmöglichkeiten: Keine; dennoch wurde die Art zuweilen mit *Phal. tetraspis, Phal. micholitzii* und auch mit *Phal. lueddemanniana* verwechselt. Sie läßt sich aber eindeutig durch die dicht gefransten, aufgebogenen Ränder des Mittellappens der Lippe und die dicht weiß behaarte, kissenartige Lippenplatte an der Spitze des Mittellappens von diesen Arten unterscheiden.

Verbreitung: Java, Sawarak, Sumatra.

Hinweise zur Kultur: Diese Art wird wie die meisten anderen Vertreter der Gattung *Phalaenopsis* am besten im Topf gepflegt.

Blütezeit: August–Oktober.

Geschichte: *Phal. fimbriata* wurde von Tollens in den Wäldern von Blitar auf Java gesammelt. Auf der Grundlage einer Pflanze, die im Botanischen Garten Buitenzorg (heute Bogor) kultiviert wurde, erstellte J. J. Smith 1921 im Bulletin du Jardin Botanique de Buitenzorg die Erstbeschreibung.

Namensgebung: fimbriata = lat. bewimpert, wegen der Behaarung des Mittellappens der Lippe.

Hybriden:

Phal. fimbriata
× *Phal. amabilis* = *Phal.* Ambriata; Thornton, 1981
× *Phal. amboinensis* = *Phal.* Corbriata; Thornton, 1968
× *Phal. celebensis* = *Phal.* Didi; Kolopaking, 1985
× *Phal. cochlearis* = *Phal.* Memoria Frederick Thornton; Pridgen, 1985
× *Phal. corningiana* = *Phal.* Widodo; Kolopaking, 1981
× *Phal. equestris* = *Phal.* Borobudur; Kolopaking, 1980
× *Phal.* × *intermedia* = *Phal.* Shamrock Lady; Shaban, 1979
× *Phal. javanica* = *Phal.* Agus Ligo; Kolopaking, 1979
× *Phal.* × *leucorrhoda* = *Phal.* Rimbun; Parnata, 1981
× *Phal. mannii* = *Phal.* Manbriata; Thornton, 1968
× *Phal. mariae* = *Phal.* Vista Freckles; G. & B., 1984
× *Phal. micholitzii* = *Phal.* Green Valley; Thornton, 1972
× *Phal. pantherina* = *Phal.* Jiro Sumiehan; Kolopaking, 1981
× *Phal. parishii* = *Phal.* Green Imp; Thornton, 1973

× *Phal. sanderiana* = *Phal.* Sandriata; Thornton, 1980
× *Phal. schilleriana* = *Phal.* Boen Soepardi; Kolopaking, 1982
× *Phal. stuartiana* = *Phal.* Kuanida Kristanto; Kolopaking, 1976
× *Phal. sumatrana* = *Phal.* Fimbritrana; Wallbrunn, 1970
× *Phal. violacea* = *Phal.* Java; Thornton, 1970
× *Phal. wilsonii* = *Phal.* Bomantoro; Kolopaking, 1979

× *Doritis pulcherrima* = *Doritaenopsis* Suka Hati; Parnata, 1981
× *Phal.* Doris = *Phal.* Paskal Hijau; Parnata, 1982
× *Phal.* Doris Blomquist = *Phal.* Linawati; Kolopaking, 1984
× *Phal.* Grosbeak = *Phal.* Kinglet; Griesbach, 1988
× *Phal.* Hugo Freed = *Phal.* Bill Gee; G. Scott, 1983
× *Phal.* Malibu Amour = *Phal.* Amourata; Sukarya, 1982
× *Phal.* Vivaldi = *Phal.* Vifim; Sukarya, 1981
× *Phal.* Wilma Hughes = *Phal.* Suarez Verde; Los Felitz, 1988

Phalaenopsis hieroglyphica
(Rchb. f.) Sweet
AOS-Bull 38: 36, 1969

Basionym: *Phalaenopsis lueddemanniana* var. *hieroglyphica* Rchb. f.: Gard. Chron. ser. 3, 2: 586, 1887

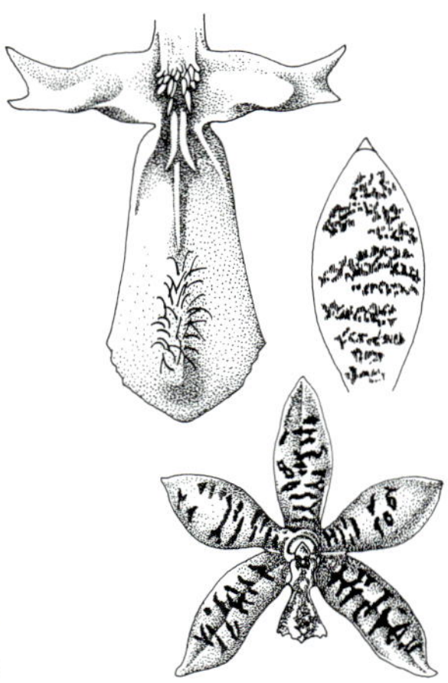

Phalaenopsis hieroglyphica

Phalaenopsis hieroglyphica

Synonyme:
Phalaenopsis lueddemanniana var. *palawensis* Quis.: Phil. Orch. Rev. 5 (3): 2, 1953
Polychilos hieroglyphica (Rchb. f.) P. S. Shim: Malayan Nat. J. 36: 23, 1982

Blätter 30 cm lang, 9 cm breit, länglich-riemenförmig, ledrig.
Blütenstand bis 30 cm lang, aufrecht oder gebogen, bisweilen verzweigt.
Blüten wächsern, Tepalen weiß bis ocker mit zimtbrauner Zeichnung, Sepalen 23–41 mm lang, 10–17 mm breit, elliptisch, spitz, am Rücken nach oben gekielt, seitliche Sepalen etwa in gleicher Größe und Form, schief, in einem Spitzchen endend, Petalen 22–33 mm lang, 11–16 mm breit, elliptisch, spitz; **Lippe** 20–25 mm lang, 14–18 mm breit, dreilappig,

Phalaenopsis hieroglyphica

Phalaenopsis nicht registriert
Phal. hieroglyphica × Phal. mariae

Seitenlappen schief länglich, aufgerichtet, in der Mitte kissenartige Verdickung, gelb, Mittellappen keilförmig, an der Basis gelb sonst weiß bis leicht violett, an der Spitze etwas ausgebissen, von der Basis zur Mitte mit einem Kiel versehen, der dann in eine eiförmige Schwiele aufgeht, in der Mitte behaart, Kallus auf der Lippenplatte mit mehreren, nach vorn gerichteten Zähnchen und zwei gegabelten Anhängseln, Säule 12 mm lang, etwas gebogen.

Variation: Die Grundfarbe reicht von weiß über ocker bis grünlich, die Anzahl und Farbe der Flecken ist sehr variabel. Eine Grenze zwischen *Phal. hieroglyphica* und *Phal. lueddemanniana,* besonders zu deren Varietäten *delicata* und *ochracea,* ist nur schwer zu ziehen. Es ist deshalb sehr fraglich, ob diese Art als solche bestehen bleiben kann oder doch besser als Varietät von *Phal. lueddemanniana* gesehen werden sollte.

Verwechslungsmöglichkeiten: Mit *Phal. lueddemanniana,* als deren Varietät diese „Art" lange Zeit galt. Der eine Unterschied zu dieser Art besteht in der Form der Zeichnung, die zu den Artnamen Anlaß gab. Da aber in der Sektion *Zebrinae* alle Arten Streifen haben und auch bei allen die Farbe, Form und Anzahl der Streifen äußerst variabel ist, kann dies unmöglich als Unterscheidungskriterium herangezogen werden. Zum anderen wird die Schwiele auf der Lippenplatte zu Hilfe genommen. Bei *Phal. hieroglyphica* sind die Zähnchen der Schwiele länger. Diese Merkmale sind recht schwach, und es gibt sicherlich viele Übergangsformen, so daß sich diese „Art" wohl im Bereich der natürlichen Variation innerhalb einer Art bewegt.

Verbreitung: Philippinen (Polillo, Palawan).

Hinweise zur Kultur: Wie *Phal. lueddemanniana.*

Blütezeit: Sommer–Herbst, Einzelblüte sehr langlebig.

Geschichte: Ursprünglich von Reichenbach als Varietät von *Phal. lueddemanniana* beschrieben, erhob sie Sweet 1969 zu einer eigenständigen Art.

Namensgebung: hieroglyphica = die Flekken auf den Tepalen sollen an Hieroglyphen erinnern, palawensis = von der philippinischen Insel Palawan.

Hybriden: *Phalaenopsis hieroglyphica* ist bei der Registrierung nicht anerkannt und wird zu *Phal. lueddemanniana* gerechnet.

Phalaenopsis lueddemanniana
Rchb. f.

Bot. Zeit. 23: 146, 1865

Synonyme:

Phalaenopsis ochracea Carriere ex Stein: Orchideenbuch 509, 1892

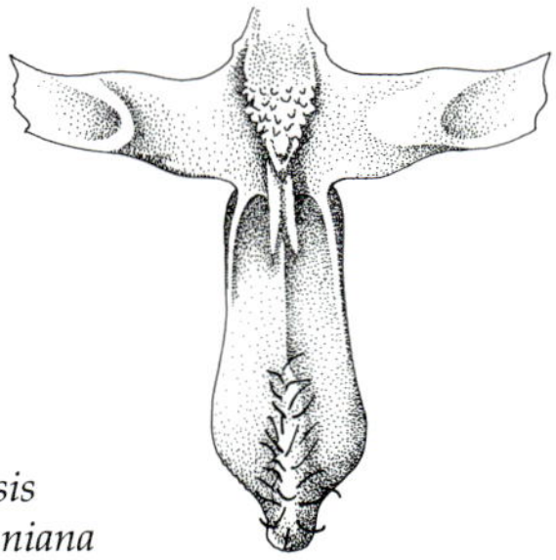

Phalaenopsis lueddemanniana

Phalaenopsis lueddemaniana

Polychilos lueddemanniana (Rchb. f.) P. S. Shim: Malayan Nat. J. 36: 24, 1982

Blätter 30 cm lang, 9 cm breit, elliptisch, ledrig.
Blütenstand etwa 30 cm lang, aufrecht oder gebogen, bisweilen verzweigt.
Blüten wächsern, Tepalen weiß bis ocker mit violetten bis magentaroten Flecken, Sepalen 22–30 mm lang, 10–14 mm breit, elliptisch, spitz, am Rücken gekielt, Petalen 22–27 mm lang, 12–16 mm breit, von einer keilförmigen Basis elliptisch, spitz; **Lippe** 18–22 mm lang, 15–18 mm breit, dreilappig, Seitenlappen länglich, aufgerichtet, gelb, in der Mitte kissenartige Verdickung, Mittellappen in der Form veränderlich, an der Basis gelb sonst violett, eine Mittelleiste die an der Spitze in eine kissenartige Verdickung übergeht, behaart, Kallus auf der Lippenplatte papillös mit zwei, gegabelten Anhängseln, Säule 12 mm lang, weiß bis violett.

Phalaenopsis lueddemaniana ‚boxalli'

Variation: Bei *Phal. lueddemanniana* handelt es sich um eine Art, die äußerst veränderlich ist in bezug auf Größe, Farbe und auch Verteilung der Flecken. Zwei Varietäten werden öfters genannt:

var. *delicata:* Hier hat die Hälfte, die auf den Tepalen zur Spitze hin geht, zimt- oder okkerbraune Farbe, während auf dem Basisteil violette Farbtöne überwiegen.

var. *ochracea* ist ein wenig farbenfroher Typ. Anstelle der violetten Tönung überwiegen ocker bis bräunliche Farben, aber immer sehr blaß aussehend.

Die oft angebotenen Varietäten *purpurea* und *pulchra* entsprechen der *Phal. pulchra.*

Bisweilen werden gelbliche Formen als var. *boxallii* angeboten. Dieser Name ist nicht gültig. *Phal. boxallii* ist ein Synonym von *Phal. mannii,* welche u. a. eine ganz andere Lippenstruktur (ankerförmig) hat.

Verwechslungsmöglichkeiten: Eine Verwechslung von *Phal. lueddemanniana,* vor allem bei der Varietät *ochracea,* ist leicht möglich mit:

Phal. hieroglyphica: Hier ist die Fleckung zarter und die Zähnchen des Kallus auf der Lippenplatte sind länger. Eine Abgrenzung beider Arten ist äußerst schwierig.

Phal. fasciata: Der Kallus auf der Lippen-

Phalaenopsis Hymen
Phal. mannii × Phall. pallens (lueddemanniana), vgl. Seite 136

platte dieser Art hat schwarze, nach hinten gerichtete Zähnchen, während *Phal. lueddemanniana* nach vorne gerichtete Papillen hat.

Phal. pallens: Sie besitzt eine einzige, gespaltene Schwiele auf der Lippenplatte.

Verbreitung: Philippinen.

Hinweise zur Kultur: Keine Besonderheiten. Diese Art neigt besonders gern dazu, Keikis zu machen. In der Regel hat die Pflanze dann zu lang Licht bekommen.

Blütezeit: Das ganze Jahr über möglich, im Herbst und Winter aber weniger blühfreudig. Einzelblüte sehr langlebig.

Geschichte: Diese Art wurde von Low eingeführt. Die ersten Pflanzen hat man in der Annahme, es handele sich um *Phal. equestris*, einfach weggeworfen. Als der Irrtum erkannt wurde, ist diese Art 1865 von Reichenbach in der Botanischen Zeitung beschrieben worden. Er benannte sie zu Ehren von Lueddemann aus Paris, der sie als erster Europäer 1865 erfolgreich in Kultur zur Blüte brachte.

Namensgebung: lueddemanniana = nach Lueddemann, Orchideenliebhaber und Freund von Reichenbach, ochracea = lat. ockergelb, wegen der Farbe der Tepalenflekken bei einigen Pflanzen.

Hybriden: *Phal. lueddemanniana* wurde in der Züchtung sehr intensiv verwendet, vor allem um eine feine, violette Streifung zu vererben. Hierbei ist anzumerken, daß bei der Registrierung die auch als Arten beschriebenen *Phal. hieroglyphica* und *Phal. pulchra* unter *Phal. lueddemanniana* zusammengefaßt werden.

Phalaenopsis lueddemaniana
× *Phal. amabilis* = *Phal.* John Seden; Veitch, 1888
× *Phal. amboinensis* = *Phal.* Ambomanniana; Thornton, 1965
× *Phal. aphrodite* = *Phal.* Pierrot; J. H. Miller, 1961
× *Phal. cornu-cervi* = *Phal.* El Tigre; J. H. Miller, 1964
× *Phal. equestris* = *Phal.* Mahinhin; J. H. Miller, 1957
× *Phal. fasciata* = *Phal.* Spica; Ossgood (Lee Kuhn), 1969
× *Phal. fuscata* = *Phal.* Lucata; Thornton, 1967
× *Phal. gigantea* = *Phal.* Joey; Fort Caroline (Wallbrunn), 1973

× *Phal. inscriptiosinensis* = *Phal.* Wössner-Luedde-Sin; F. Glanz, 1992
× *Phal. javanica* = *Phal.* Adyah Prapto; Kolopaking, 1981
× *Phal. lindenii* = *Phal.* Sunfire; J. H. Miller, 1964
× *Phal. mannii* = *Phal.* Hymen; Veitch, 1900
× *Phal. mariae* = *Phal.* Tigerette; Hausermann, 1974
× *Phal. modesta* = *Phal.* Triayu Maharani; Kolopaking, 1984
× *Phal. parishii* = *Phal.* Minuett; Wallbrunn, 1976
× *Phal. sanderiana* = *Phal.* Mrs. J. H. Veitch; Veitch, o. J. = *Phal.* Luzon; Rivermont, 1958
× *Phal. schilleriana* = *Phal.* Regnier; Regnier, 1922
× *Phal. stuartiana* = *Phal.* Hermione; Veitch, 1899
× *Phal. sumatrana* = *Phal.* Elizabeth Todd; Fort Caroline, 1970
× *Phal. venosa* = *Phal.* Rasa Veniana; Wihardjo, 1985
× *Phal. violacea* = *Phal.* Luedde-violacea; Veitch, 1895?

× *Doritis pulcherrima* = *Doritaenopsis* Sweet Gem; Hiews', 1970
× *Vanda* Rothschildiana = *Vandaenopsis* Blue Shade; Yamada, 1965

× *Phal.* Best Girl = *Phal.* Hawaiian Chiefess; R. K. Mizuta, 1968
× *Phal.* Estrellita = *Phal.* Redwine; Fennell, 1972
× *Phal.* Snowbird = *Phal.* Hawaiian Sunrise; McCoy, 1963

Weitere interessante Hybride:
Phal. Lueddeviolacea × *Phal.* × *gersenii* = *Phal.* Mayaimi; Jones & Scully, 1971

Phalaenopsis pulchra (Rchb. f.) Sweet

AOS-Bull. 37: 1102, 1968

Basionym: *Phalaenopsis lueddemanniana* var. *pulchra* Rchb. f.: Gard. Chron. n. s. 4: 36, 1875

Synonyme:
Phalaenopsis lueddemannia var. *purpurea* Ames & Quis.: Phil. J. Sci. 49: 494, 1932
Phalaenopsis lueddemanniana subvar. *pulchra* (Rchb. f.) Veitch: Man. Orch. Pl. 7: 31, 1891
Polychilos pulchra (Rchb. f.) P. S. Shim: Malayan Nat. J. 36: 26, 1982

Blätter 15 cm lang, 6 cm breit, länglich-elliptisch, fleischig.
Blütenstand halbaufrecht, etwa 15 cm lang.
Blüten leuchtend dunkelmagentarot, wächsern, glänzend, dorsales Sepalum 19–25 mm lang, 9–13 mm breit, elliptisch, leicht zugespitzt, rückseitig gekielt, seitliche Sepalen 19–28 mm lang, 10–15 mm breit, sonst wie dorsales Sepalum, Petalen wie Sepalen, etwas schmaler; **Lippe** 17–23 mm lang, 16–20 mm breit, dreilappig, Seitenlappen schmal-länglich, aufrecht, kissenähnliche

◁ *Phalaenopsis pulchra*

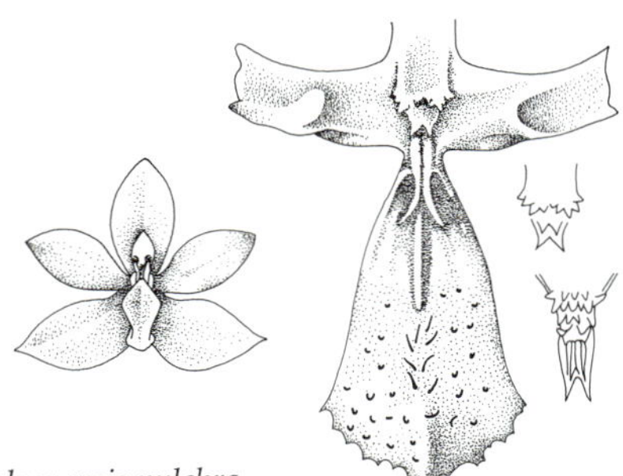

Phalaenopsis pulchra

Verdickung in der Mitte, gelb, Mittellappen keilförmig, am Vorderrand ausgebissen, die Schwiele auf dem Vorderteil wenig ausgeprägt mit wenig Haaren, zwischen den Seitenlappen ein plattenförmiger Kallus mit papillösen Rändern, davor zwei übereinanderliegende Kalli, beim Zusammenkommen von Mittel- und Seitenlappen ein fleischiger, gegabelter, spitz zulaufender Vorsprung, Säule 13 mm lang, leicht gekrümmt.

Variation: Diese Art wird unter verschiedenen Namen zum Kauf angeboten, als *Phal. pulchra, Phal. purpurea* und beide Namen als Varietäten von *Phal. lueddemanniana.* Alle vier Namen bezeichnen das Gleiche, man sollte sich davon nicht irritieren lassen.

Verwechslungsmöglichkeiten: Sicherlich mit *Phal. speciosa,* obwohl diese Art schon lange verschollen ist. Angebote mit *Phal. speciosa* sind in der Regel *Phal. pulchra. Phal. pulchra* hat aber u.a. keinen ausgeprägten, haarigen Kallus, wie er für *Phal. speciosa* beschrieben wurde.

Am einfachsten lassen sich beide Arten anhand der Säule unterscheiden, wobei *Phal. speciosa* ein ausgeprägtes Klinandrium (Antherenbett) hat. Ferner soll der Mittellappen der Lippe bei *Phal. speciosa* lang-oval sein und einen haarigen, kissenartigen Kallus an der Spitze haben, während der Mittellappen bei *Phal. pulchra* keilförmig ist, mit nur einem schwachen, kaum behaarten Kallus.

Verbreitung: Philippinen.

Hinweise zur Kultur: Wie *Phal. lueddemanniana.* Auch diese Art bildet häufig Kindel.

Blütezeit: Das ganze Jahr über möglich, vornehmlich aber im Sommer.

Geschichte: Von Low erstmals importiert wurde diese Art 1875 von Reichenbach als Varietät von *Phal. lueddemanniana* beschrieben. 1968 erhob sie Sweet zu einer Art, was aber nicht von allen Botanikern akzeptiert ist.

Namensgebung: pulchra = lat. schön, purpurea = lat. purpurn.

Hybriden: *Phal. pulchra* ist bei der Registrierung nicht akzeptiert, sondern gilt als *Phal. lueddemanniana,* auch wenn sich die Hybriden besonders durch ihre Farbintensität deutlich von Kreuzungen mit dieser Art unterscheiden.

Phalaenopsis Lueddeviolacea
Phal. pulchra × Phal. violacea

Sicherlich wurde auch diese Art bei der Hybridisierung verwendet. Es ist zu vermuten, daß die Kreuzungen, die unter *Phal. speciosa* zur Registrierung angemeldet wurden, eigentlich mit *Phal. pulchra* gemacht worden sind. Vielleicht ist dieses Verhalten damit zu erklären, daß man diese intensive Rotfärbung der Blüte von *Phal. pulchra,* die bei der Registrierung nicht akzeptiert ist und eine gewisse Ähnlichkeit mit *Phal. speciosa* hat, in der Geschichte der Hybridisierung namentlich festhalten wollte.

Phalaenopsis violacea Witte

Ann. Hort. Bot. Leiden 4: 129, 1860

Synonyme:

Stauritis violacea Rchb. f.: Hamb. Gartenz. 18: 34, 1862

Stauropsis violacea Rchb. f.: Xenia Orchidacea 2: 7, 1862

Polychilos violacea (Witte) P. S. Shim: Malayan Nat. J. 36: 27, 1982

Blätter 2–4, elliptisch bis verkehrt-eiförmig, fleischig, glänzend, sattgrün, bis 25 cm lang und 12 cm breit.

Blütenstand geneigt, kurz, wenigblütig mit 2–5 Blüten, leicht zickzackförmig.

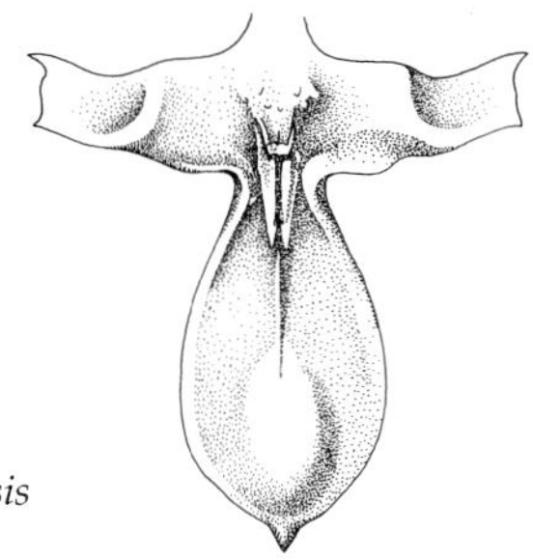

Phalaenopsis violacea

Blüten fleischig, wächsern, bis etwa 7 cm groß, sich nacheinander öffnend, mit etwa gleichgroßen Blütenblättern, hellgrün und je nach Typ unterschiedlich stark karmin- bis purpurrot eingefärbt, dorsales Sepalum länglich-oval, zugespitzt, leicht konkav, rückseitig erkennbar gekielt, 20–35 mm lang, 10–18 mm breit, seitliche Sepalen schräg angeordnet, oval, zugespitzt, rückseitig gekielt, 20–35 mm lang, 10–16 mm breit, Petalen oval, spitz, 20–30 mm lang, 8–18 mm breit; **Lippe** dreilappig, Seitenlappen aufgerichtet, 20–25 mm lang, gelb, länglich, fast rechteckig, leicht gefaltet und zugespitzt, mit einer halbmondförmigen Verdickung in der Mitte, Mittellappen oval, leicht zugespitzt, fleischig, konvex, glatt, mit einem Kiel in der Mitte der in eine eiförmige Verdickung an der Spitze übergeht, karminrot bis dunkelpurpurn, Lippenplatte kissenartig verdickt, vorn papillös, in 1–3 übereinanderliegende, fleischige Lamellen übergehend, davor ein erhobener, gespaltener, fleischiger Vorsprung.

Variation: *Phal. violacea* ist sehr variabel in der Ausfärbung der Blüte. Da diese Färbung stark von der Herkunft der Pflanzen abhängt, unterscheidet man folgende Typen, deren Bezeichnungen aber nicht auf offiziellen Beschreibungen beruhen.

Borneo-Typ: Dunkelpurpurn an der Basis der Petalen und des dorsalen Petalums gefärbt, während sich diese Färbung auf den seitlichen Sepalen bis zu etwa ⅓ flächig ausbreitet; Säule und Mittellappen der Lippe zeigen die gleiche Färbung, die Seitenlappen sind gelb. Dieser Typ entspricht etwa der var. *murtonia.*

Malaya-Typ: Hell karminrote Färbung der Blütensegmente fast bis zu den Spitzen hin, Mittellappen der Lippe und Säule karminrot, Seitenlappen gelb.

Zudem wurde eine Vielzahl von verschiedenen Varietäten beschrieben, auch wenn sich die Unterschiede der Normalform lediglich auf die Blütenfärbung beziehen, u. a.

var. *alba:* weiße Blütenblätter, aus Sumatra.

var. *murtonia:* farbschöner Borneo-Typ.

var. *punctata:* rote Punkte auf den seitlichen Sepalen.

Daneben ist in Kultur noch eine Farbvarietät unter dem Namen var. *coerulea* mit weißer Grundfarbe und bläulicher Lippe. Sie wurde nie offiziell beschrieben.

Verwechslungsmöglichkeiten: Keine.

Hinweise zur Kultur: Der Blütenstand darf nicht abgeschnitten werden, da er mitunter bei guter Kultur in weiteren Jahren erneut Blüten tragen kann.

Verbreitung: Sumatra (Simeuluë und Mentawei), Borneo, Malaya (Malakka, Perk, Selangor).

Blütezeit: Juni bis Oktober, wobei sich am Blütenstiel die Blüten nacheinander öffnen.

Geschichte: 1859 wurde *Phal. violacea* von dem holländischen Botaniker Teijsmann auf Borneo entdeckt. Er schickte Pflanzen an den Botanischen Garten Leiden, wo sie bei Witte erblühten. So beschrieb er diese neue Art 1860 in den Veröffentlichungen des Botanischen Gartens und verdeutlichte diese Art durch eine farbige Abbildung.

Zur gleichen Zeit wurden auch Pflanzen dieser Art an die Sammlung von Willink in Amsterdam geschickt. Er reichte sie Reichenbach weiter, der sie 1862 als *Stauritis violacea* in der Hamburger Gartenzeitung beschrieb. Zudem beschrieben Teijsmann und Binnendijk im gleichen Jahr Pflanzen der Erstaufsammlung, die in Bogor kultiviert wurden, ebenfalls als *Phal. violacea.*

Eindeutig stammt die erste Beschreibung von Witte, so daß die korrekte Bezeichnung dieser Art *Phal. violacea* Witte ist.

Namensgebung: violacea = lat. violett, veilchenblau nach der Färbung der Blüten.

Hybriden: 1862 beschrieben Teijsmann und Binnendijk eine scheinbar neue Varietät der *Phal. zebrina* als *Phal. zebrina* var. *gersenii*. Die Pflanzen entstammten einer Aufsammlung von Gersen, die er in der Provinz Palembang auf Sumatra gemacht hatte. 1917 wurde sie von Rolfe als Naturhybride gedeutet: *Phal. violacea* × *Phal. sumatrana* = *Phal.* × *gersenii*. Als künstliche Hybride wurde sie 1975 unter dem Namen *Phal.* Sulaceous angemeldet.

Eine weitere Naturhybride dieser Art wurde 1883 von Reichenbach beschrieben: *Phal. violacea* × *Phal. cornu-cervi* = *Phal.* × *valentinii*.

Wegen der intensiven Färbung wurde eine Vielzahl von Hybriden mit *Phal. violacea* gezüchtet.

Phalaenopsis violacea
× *Phal. amabilis* = *Phal.* Harriettae; Veitch, 1887
× *Phal. amboinensis* = *Phal.* Princess Kaiulani; Kirsch, 1961
× *Phal. cochlearis* = *Phal.* Little Darling; Jones & Scully, 1969
× *Phal. corningiana* = *Phal.* Corning's Violet; Sheviak, 1976
× *Phal. cornu-cervi* = *Phal.* × *valentinii;* Naturhybride
× *Phal. equestris* = *Phal.* Equalacea; Thornton, 1967
× *Phal. fasciata* = *Phal.* Norman; Beard, 1969
× *Phal. fimbriata* = *Phal.* Java; Thornton, 1970
× *Phal. fuscata* = *Phal.* Bee Ridge; Bates Orchids, 1980
× *Phal. gigantea* = *Phal.* Mok Choi Yew; Mok, 1968
× *Phal. inscriptiosinensis* = *Phal.* Fribourg; L. Vincent, 1992
× *Phal. javanica* = *Phal.* Lung Ching's Baby; Brothers, 1981
× *Phal.* × *leucorrhoda* = *Phal.* Bintang; Parnata, 1981
× *Phal. lindenii* = *Phal.* Vilind; Kirsch, 1969
× *Phal. lueddemanniana* = *Phal.* Luedde-violacea; Veitch, 1895
× *Phal. maculata* = *Phal.* Spring Rain; Hager, 1974
× *Phal. mannii* = *Phal.* Malacea; Thornton, 1970
× *Phal. mariae* = *Phal.* Violet Charm; Freed, 1971
× *Phal. micholitzii* = *Phal.* Penang Violacea; Ooi Leng Sun, 1987
× *Phal. parishii* = *Phal.* Iwan Kolopaking; Kolopaking, 1981
× *Phal. sanderiana* = *Phal.* Hans Burgeff; Ceylon Bot. Gard., 1960
× *Phal. schilleriana* = *Phal.* Lanny; Sukarya, 1980
× *Phal. stuartiana* = *Phal.* Punctatissima; Guillaumin, 1929; = *Phal.* Zuma Elf; Zuma Canyon, 1981
× *Phal. sumatrana* = *Phal.* × *gersenii;* Naturhybride = *Phal.* Sulaceous; Fort Caroline Orchids, 1975
× *Phal. venosa* = *Phal.* Penang Girl; Ooi Leng Sun, 1984

× *Arachnis hookerana* = *Arachnopsis* Khalsom; H. K. Kuok, 1961
× *Doritis pulcherrima* = *Doritaenopsis* Kenneth Schubert; Clarele, 1963
× *Kingiella philippinensis* = *Phaliella* Robert Weltz; Wallbrunn, 1988

Auswahl weiterer interessanter Hybriden:
× *Phal.* Betty Heuermann = *Phal.* Hausermann's Treasure, Hausermann, 1990
× *Phal.* Brandenburg = *Phal.* Märzstern; H. Bernhart, 1976
× *Phal.* Cadifa = *Phal.* Vicadi; A. Roehl, 1975
× *Phal.* Deventeriana = *Phal.* Sweet Memory; Universal (R. D. Smith), 1982
× *Phal.* Elsa Münz = *Phal.* Rodeo; Münz, 1985
× *Phal.* George Vasquez = *Phal.* Grosbeak; Griesbach, 1983
× *Phal.* Golden Sands = *Phal.* Golden Taiwan; Darling, 1983
× *Phal.* Harmony = *Phal.* Ruby Nichols; Kirsch, 1950

◁ *Oben links: Phalaenopsis violacea Typ Borneo*
Oben rechts: Phalaenopsis violacea Typ Malaya
Mitte links: Phalaenopsis violacea aus Sumatra
Mitte rechts: Phalaenopsis violacea var. alba
Unten links: Phalaenopsis violacea ‚coerulea'
Unten rechts: Phalaenopsis Princess Violet
Phal. Princess Kaiulani × Phal. violacea

× *Phal.* Lady Doreen = *Phal.* Pale Beauty; Freed, 1972
× *Phal.* Lippeglut = *Phal.* Michal Ooi; Ooi Leng Sun, 1983
× *Phal.* Lippezauber = *Phal.* Evening Cloud; Frese, 1976
× *Phal.* Little Leopard = *Phal.* William Louis Stern; Wallbrunn, 1981
× *Phal.* Luedde-violacea = *Phal.* Georges Vasquez; Freed, 1974
× *Phal.* Mad Hatter = *Phal.* Gabriel Schumacher; Gessner, 1978
× *Phal.* Münsterland Stern = *Phal.* Lemförde Super Violet; Lemförder Orchideen, 1984
× *Phal.* Princess Ruby = *Phal.* Viola Ruby; Frese, 1979
× *Phal.* Schaumburg = *Phal.* Uta Schmalstieg; Harmening, 1986
× *Phal.* Seestern = *Phal.* Remscheid; Maul, 1984
× *Phal.* Tiger Gold = *Phal.* Lemförde Success; Lemförder Orch., 1986
× *Phal.* × *valentinii* = *Phal.* Tan Swee Kim; Tan Siew Fong, 1985
× *Phal.* Vallehigh = *Phal.* Abendstern; H. Bernhart, 1976
× *Phal.* Vergilles = *Phal.* Maude Lyon; Foster, 1948
× *Doriella* Tiny = *Doriellaopsis* Hooda Thunkit; Southwood, 1982
× *Doritaenopsis* Eva Jones = *Doritaenopsis* Enzomondo; Enzomondo, 1986
× *Doritaenopsis* Kenneth Schubert = *Doritaenopsis* Purple Martin; Wallbrunn, 1989
× *Doritaenopsis* Red Coral = *Doritaenopsis* Violet; Beard, 1963

Phalaenopsis reichenbachiana
Reichenbach f. & Sander
Gardeners' Chronicle 18: 586; 1882

Synonym: *Phalaenopsis kimballiana* Gower: The Garden 34: 13; 1888

Geschichte: Obwohl diese Art bereits vor mehr als 100 Jahren durch Micholitz gefunden und 1882 durch Reichenbach f. beschrieben wurde und recht attraktiv wirkt, war sie in Kultur immer sehr selten und in den letzten Jahrzehnten nicht mehr vorhanden.

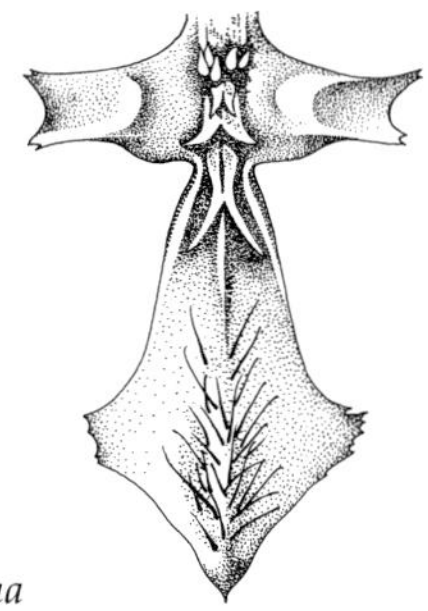

Phalaenopsis reichenbachiana

Nach Sweet entspricht der im Museum of National History in London hinterlegte Herbarbeleg der 1888 von Gower beschriebenen *Phal. kimballiana* völlig dieser Art.

1975 in Proc. VII. WOC Frankfurt schließt Sweet die Möglichkeit nicht mehr aus, daß es sich bei dieser Art um eine Naturhybride zwischen *Phal. fasciata* und *Phal. pallens* handelt.

Eine endgültige Entscheidung, ob es sich hierbei um eine Art, nur um eine Subspecies der *Phal. lueddemanniana*, wie Wallbrunn empfiehlt, oder aber um eine Naturhybride handelt, kann erst an Hand von weiteren Pflanzen getroffen werden. Auch die Nachzucht und die Kreuzung der *Phal. fasciata* mit der *Phal. pallens* können weitere Aufschlüsse geben.

Vor kurzem sind Pflanzen unter diesem Namen aufgetaucht und auch bei der Bewertung der D.O.G. vorgestellt worden. Ob es sich hierbei wirklich um die vermißte *Phal. reichenbachiana* handelt, kann noch nicht beurteilt werden.

Verbreitung: Philippinen, Mindanao.

Besondere Kennzeichen: Mittellappen der Lippe kellenförmig mit einer haarigen Schwiele vom zentralen Kiel bis hin zur Spitze, dadurch unterschiedlich von *Phal. fasciata;* Schwielen zwischen den Seitenlappen zur Spitze gerichtet; die Sepalen und Petalen sind grünlichweiß bis grünlichgelb und gelb mit rötlichbraunen Querstreifen; die Seitenlappen der Lippe sind weiß mit gelblichen Schwielen, während der basale Lippenteil orangegelb gefärbt ist. Die Spitze des Mittellappens und die Basis der Säule zeigen eine magentarote Farbe.

Untersektion *Hirsutae* Sweet

AOS-Bull. 37: 874, 1968

Typus: *Trichoglottis pallens* = *Phalaenopsis pallens*

Lippenplatte mit einem einfachen, zweifingrigen Kallus, Mittellappen zur Spitze hin verdickend, behaart.

Zu dieser Untersektion gehören:

Phal. mariae Burb. ex Warner & Williams: Orchid Album 2: t. 80, 1883
Phal. pallens (Lindl.) Rchb. f.: Walpers Ann. 6: 932, 1864

Beide Arten sind in Kultur, wenn auch nicht sehr verbreitet.

Phalaenopsis mariae Burb. ex Warner & Williams

Orchid Album 2: t. 80, 1883

Synonym: *Polychilos mariae* (Burbidge ex Warner & Williams) P. S. Shim: Malayan Nat. J. 36: 25, 1982

Blätter etwa 30 cm lang, 7 cm breit, riemenförmig, fleischig, hängend.
Blütenstand kürzer als die Blätter, hängend. **Blüten** fleischig, Tepalen weiß mit großen, kastanienbraunen Flecken zur Basis hin ins Violette gehend, Sepalen 16–22 mm lang, 7–11 mm breit, länglich-elliptisch, Petalen etwas kürzer und schmaler; **Lippe** hellviolett, 12–15 mm lang, 12 mm breit, dreilappig, Seitenlappen gelb, schmal-länglich, eine halbmondförmige Schwiele in der Mitte, Mittellappen verkehrt-eiförmig, Ränder nahe der Spitze hin ausgebissen, von der Basis bis zur Mitte ein Kiel, weitergehend in einen kissenartigen, haarigen Kallus, auf der Lippenplatte eine zweilappig nadelförmige Doppelschwiele, Säule an der Basis violett dann weiß, 7 mm lang.

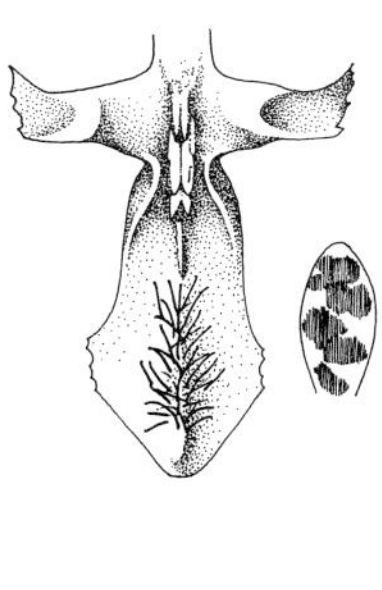

Phalaenopsis mariae

Variation: Die Pflanzen sind recht einheitlich, es wurden keine Varietäten beschrieben. Allenfalls die Größe der Flecken und das Violett an der Basis der Tepalen sind unterschiedlich. Eine beschriebene Varietät *alba* gehört zu *Phal. pallens.*

Verwechslungsmöglichkeiten: *Phal. mariae* wird häufig mit *Phal. lueddemanniana,* bisweilen auch mit *Phal. sumatrana* und *Phal. pallens,* verwechselt. Folgende Merkmale unterscheiden aber *Phal. mariae* von allen anderen Arten: Die Zeichnung auf den Tepalen ist viel großflächiger, nur 2–4 Flecken, also keine feine Striche oder Punkte; Vorderteil des Mittellappens der Lippe in violett und ganzflächig dicht behaart.

Die manchmal noch angebotene „*Phal. mariae* mit aufrechtem Blütenstand" ist eine *Phal. bastianii.*

Hinweise zur Kultur: Diese Art sollte nicht allzu hell gehalten werden, da sie in Natur im Schatten vorkommt. Wird diese Art zu hell gehalten, verweigert sie ein Blühen; auf diese Weise aber kann man sie zur Bildung von Kindeln anregen. Für eine *Phalaenopsis* ist sie verhältnismäßig kühl zu halten.

Verbreitung: Philippinen, Westborneo.

Blütezeit: Das ganze Jahr über möglich.

Geschichte: Burbidge, ein Sammler der Firma Veitch, fand diese Art 1878 auf der Insel Sulu (Joho). Auf sein Bitten hin wurde diese Art nach seiner Frau benannt. Er machte auch eine ausführliche Beschreibung und eine Zeichnung. Alles wurde an Reichenbach weitergereicht, später auch blühende Pflanzen. Dieser erwartete aber, daß Burbidge die Erstbeschreibung selber publizieren wollte und tat weiter nichts. In 1883 wurde diese Art das erste Mal von Warner & Williams im Orchid Album 2, t. 80 beschrieben und dabei Reichenbach als Autor genannt. Reichenbach bestand darauf, daß erwähnt werden müsse, daß er nicht der Autor sei. U. a. distanzierte er sich auch von dem Namen, da er weder die Frau kenne, noch

Phalaenopsis mariae

habe sie irgendetwas mit Pflanzen zu tun. Diese Forderung wurde dann auf t. 87 erfüllt.

1935 wurde von Ames & Quisumbing in Phil. Journ. Sci. 56: 461 eine *Phal. mariae* var. *alba* beschrieben. Hierbei handelt es sich aber um eine *Phal. pallens* var. *alba,* dieser Name ist also nicht korrekt.

Namensgebung: mariae = nach dem Namen der Ehefrau des Sammlers Burbidge.

Hybriden:

Phalaenopsis mariae
× *Phal. amboinensis* = *Phal.* Macassar; Kirsch, 1962
× *Phal cornu-cervi* = *Phal.* Little Leopard; Wallbrunn, 1973
× *Phal. equestris* = *Phal.* Rose Marie; Kirsch, 1961
× *Phal. fasciata* = *Phal.* Tigress; Dewey, 1970
× *Phal. fimbriata* = *Phal.* Vista Freckles; G. & B. (J. Ewing), 1984
× *Phal. fuscata* = *Phal.* Golden Jewel; Dobkin, 1973
× *Phal. gigantea* = *Phal.* Genesis; O. W. Inc, 1986
× *Phal. javanica* = *Phal.* Little Fox; Carlson, 1985
× *Phal. lindenii* = *Phal.* Marie Linden; Moir, 1975
× *Phal.* × *leucorrhoda* = *Phal.* Espiègle; Marcel Lecoufle, 1984
× *Phal. lueddemanniana* = *Phal.* Tigerette; Hausermann, 1974
× *Phal. maculata* = *Phal.* Marilata; J. Ewing, 1977
× *Phal. mannii* = *Phal.* Merryman; Wallbrunn, 1985
× *Phal. sanderiana* = *Phal.* Talisman; Vaughn, 1962
× *Phal. sumatrana* = *Phal.* James Burton; Maj Orchids, 1977
× *Phal. venosa* = *Phal.* Marie's Delight; W. Ellenberg (Jemmco), 1991
× *Phal. violacea* = *Phal.* Violet Charm; Freed, 1971

× *Doritis pulcherrima* = *Doritaenopsis* Imp; Wallbrunn, 1969
× *Kingiella philippinensis* = *Phaliella* Freckles; Thornton, 1972

Phalaenopsis Rose Marie
Phal. equestris ‚rosea‘ × *Phal. mariae*

Phalaenopsis Paifang's Merry
Phal. Mount Kaala × Phal. mariae

Phalaenopsis pallens (Lindl.) Rchb. f.

Walpers Ann. 6: 932, 1864

Basionym: *Trichoglottis pallens* Lindl.: J. Hort. Soc. 5: 34, 1850

Synonyme:
Stauropsis pallens (Lindl.) Rchb. f.: Hamb. Gartenz. 16: 117, 1860
Phalaenopsis lueddemanniana var. *pallens* Burb.: The Garden 22: 119, 1882
Phalaenopsis foerstermannii Rchb. f.: Gard. Chron. ser. 3, 1: 244, 1887
Phalaenopsis denticulata Rchb. f.: Gard. Chron. ser. 3, 3: 296, 1888
Phalaenopsis mariae var. *alba* Ames & Quis.: Phil. J. Sci. 56: 461, 1935
Polychilos pallens (Lindl.) P. S. Shim: Malayan Nat. J. 36: 25, 1982

Blätter 12–18 mm lang, 4–6 mm breit, elliptisch, hängend.
Blütenstand so lang wie die Blätter, wenigblütig.
Blüte zart, Tepalen weiß bis gelbgrün mit braunen Querstreifen, dorsales Sepalum 12–23 mm lang, 8–10 mm breit, länglichelliptisch, rückseits mit einer Spitze, seitliche Sepalen 15–22 mm lang, sonst dem dorsalen gleich, Petalen 11–20 mm lang, 5–10 mm breit; **Lippe** weiß, dreilappig, Seitenlappen schmal-länglich, eine gelbe, halbmondför-

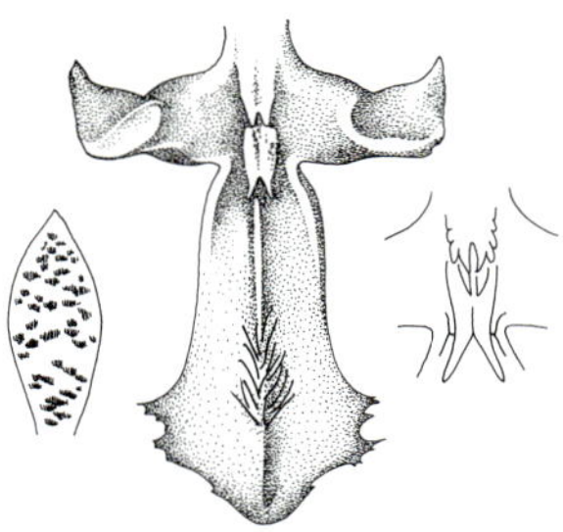

Phalaenopsis pallens

Phalaenopsis pallens

mige Schwiele in der Mitte, Mittellappen verkehrt-eiförmig, Längsleiste in der Mitte, an der Spitze kissenartige, behaarte Verdikkung, an den Rändern ausgebissen, Schwiele auf der Lippenplatte bestehend aus zwei hintereinanderstehenden, gegabelten Fortsätzen, Säule 8 mm lang.

Variation: Die Farbintensität, vor allem die gelbgrüne Grundfarbe der Tepalen, ist unterschiedlich. Es wurden drei Varietäten beschrieben, die alle von Sweet stammen. Da *Phal. pallens* nicht allgemein akzeptiert ist, ist es sehr fraglich, ob man auch noch Varietäten gelten lassen soll. Zumindest ist es unklug, eine solche Art als Typus einer Untersektion zu nehmen. Dennoch sollen die drei Varietäten hier erwähnt werden:

var. *alba:* Ursprünglich beschrieben als *Phal. mariae* var. *alba;* hat keine Zeichnung auf den Tepalen.

var. *denticulata:* Ursprünglich beschrieben als *Phal. denticulata;* Zeichnung in Form von Punkten oder unterbrochenen Linien, Sepalen cremefarben; zwei oder drei purpurfarbene Linien auf beiden Seiten des Kallus auf dem Mittellappen der Lippe.

var. *trullifera:* Größere Blüten, Mittellappen der Lippe in Form einer Maurerkelle.

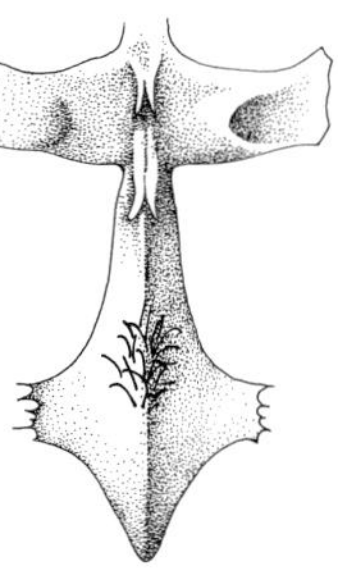

Phalaenopsis pallens var. trullifera

Verwechslungsmöglichkeiten: Eine Verwechslung ist leicht möglich mit *Phal. fasciata* und *Phal. lueddemanniana* var. *ochracea.* Bisweilen, z. B. bei der Registrierung von Hybriden, wird sie zu *Phal. lueddemanniana* gerechnet. Man kann die drei Arten an folgenden Merkmalen unterscheiden:

Phal. fasciata: Der Kallus auf der Lippenplatte hat nach hinten gerichtete Zähnchen.

Phal. lueddemanniana: Die Normalform erkennt man allein schon an der violetten Zeichnung auf den Tepalen; die var. *ochracea* hat eine komplizierter gebaute Schwiele.

Phal. pallens: Eine einfache, gespaltene Schwiele auf der Lippenplatte.

Hinweise zur Kultur: Keine Besonderheiten.

Verbreitung: Philippinen.

Blütezeit: Vornehmlich Herbst–Winter.

Geschichte: 1849 wurde diese Pflanze vom Herzog von Devonshire importiert und 1850 von Lindley kurioserweise als *Trichoglottis pallens* beschrieben. Ihm stand nur ein armseliges Pflänzchen zur Verfügung, so daß man diese falsche Eingruppierung verstehen kann. 1864 wurde sie von Reichenbach zu *Phalaenopsis* gestellt.

Diese Art war in der Vergangenheit selten in den Sammlungen zu finden. Daher beschrieb sie Reichenbach 1887 nochmals als *Phal. foerstermannii.* Sie blieb bis heute recht unbekannt. Der Grund dafür ist nicht, daß es so wenig Pflanzen gäbe, sondern weil man die Art meist nicht richtig identifiziert. So trägt sie in vielen Sammlungen einen falschen Namen.

Namensgebung: denticulata = lat. gezähnelt, bezieht sich auf den ausgebissenen Rand des Mittellappens der Lippe, foerstermannii = nach dem Sammler Förstermann, pallens = lat. blaß, hellgrün, bezieht sich auf die Grundfarbe der Tepalen.

Hybriden: *Phal. pallens* wird von der Registrierung nicht anerkannt. Es wurden aber Namen für zwei Hybriden vorgeschlagen, die heute keinerlei Gültigkeit haben. Sie werden als Synonyme der entsprechenden Kreuzungen der *Phal. lueddemanniana* angesehen und tragen deren Hybriden-Namen.

Phalaenopsis pallens
× *Phal. schilleriana* = *Phal.* Tigre; Regnier, 1922
× *Phal. stuartiana* = *Phal.* Moonrise; Crestwood Orchids, 1969

Untersektion *Glabrae* Sweet

AOS-Bull. 37: 874, 1968

Typus: *Phalaenopsis modesta*

Lippenplatte mit einem einzigen, einfachen Kallus, Mittellappen fleischig, verdickt, zur Spitze hin glatt.

Zu dieser Untersektion gehören:
Phal. maculata Rchb. f.: Gard. Chron. n. s. 16: 134, 1881
Phal. modesta J. J. Smith: Ic. Bogor. 3: 47, 1906
Beide Arten kommen in Kultur vor, wenn auch nicht sehr häufig.

Phalaenopsis maculata Rchb. f.

Gard. Chron. 16: 134, 1881

Synonyme:
Phalaenopsis cruciata Schlechter: Fedde Rep. 8: 457, 1910
Phalaenopsis muscicola Ridl.: Trans. Linn. Soc. 3: 373, 1893
Polychilos maculata (Rchb. f.) P. S. Shim: Malayan Nat. J. 36: 24, 1982

Blätter 2–4, länglich-elliptisch, 15–24 cm lang und nur 2,3–4 cm breit, nach außen rinnenartig zugespitzt und zur Basis verschmälert.

Blütenstand bei jüngeren Pflanzen nur selten länger als die Blätter, gut kultivierte, erwachsene Pflanzen entwickeln Blütenstände, die doppelt so lang sind wie die Blätter, leicht überhängend, wenigblütig, wobei sich die bis zu 7 Blüten nacheinander öffnen, selten verzweigt, kindelbildend.

Blüten Zarte Textur, 20–25 mm breit, dorsale Sepalum länglich-oval, zu einer Spitze auslaufend, 13–19 mm lang, 5–6 mm breit, die schräg angeordneten seitlichen Sepalen sind länglich-oval, zu einer Spitze auslaufend, rückseitig leicht gekielt, 12–16 mm lang und 5–6 mm breit, Petalen lanzettlich-oval, laufen fast spitz zu, 12–14 mm lang, 3–5 mm breit, die Petalen und Sepalen haben eine cremefarbene Grundfärbung und sind unregelmäßig mit bräunlich-roten bis purpurroten Flekken versehen; **Lippe** dreilappig, fleischig, die Seitenlappen fast quadratisch, obere Hälfte mit einem hufeisenförmigen, gerinnten Kallus, die Grundfarbe ist Creme, das nach unten über Gelb in Rot übergeht, der rote Mittellappen ist elliptisch, stark konvex, mit undeutlichen, länglichen Kerben versehen, ohne hervortretenden Kiel oder Schwellung, die Scheibe ist an der Basis vor der Vereinigung mit den Seitenlappen mit einer kurzen, zweigezähnten Schwiele versehen, Lippe etwa 10 mm lang und über die Seitenlappen 8–10 mm breit, Säule 7 mm lang, leicht nach oben gerichtet hervorstehend.

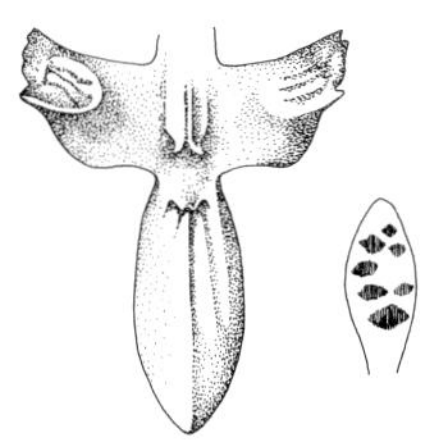

Phalaenopsis maculata

Variation: Keine.

Verwechslungsmöglichkeiten: Durch ihre geringe Blütengröße läßt sich diese Art leicht von allen anderen *Phalaenopsis*-Naturformen unterscheiden. Zuweilen wird sie aber mit *Phal. mariae* verwechselt. Diese beiden Arten lassen sich aber leicht durch ihre Schwiele und das Laub auseinanderhalten:

Phal. mariae hat zwei zweispaltige Schwielen zwischen den Seitenlappen der Lippe und eine Schwiele an der Spitze des Mitellappens, die behaart ist.
Phal. maculata hat nur eine zweispaltige Schwiele zwischen den Seitenlappen, bei der die Spitzen auseinanderlaufen. Der Mittellappen hingegen weist weder Behaarung noch eine Schwiele auf. Zudem ist das Laub dieser Art schmaler und kleiner als bei der *Phal. mariae.*

Verbreitung: Borneo (Sarawak).

Hinweise zur Kultur: An den abgeblühten Blütenständen können sich Seitentriebe entwickeln. Die alten Blütenstände können zudem an der Spitze weitertreiben und neue Blüten entwickeln. Deshalb sollten die Blütenstände nach dem Abblühen nicht abgeschnitten werden.

Phalaenopsis maculata 'Conny'

Phalaenopsis Millinova
Phal. Micro Nova × Phal. maculata

Blütezeit: Stark variierend, je nach Lichtintensität Frühsommer bis Spätherbst; Blühdauer der Einzelblüte 6–8 Wochen.

Geschichte: *Phalaenopsis maculata* wurde 1880 durch Curtis aus Sarawak auf Borneo nach Europa gebracht. Am Standort wuchsen sie nach den Angaben von Veitch auf Kalksteinhügeln in einer Höhe von 300–500 m auf feuchten, fast nackten Felsen im Schatten großer Bäume. Auf diesen wuchsen ganze Büschel von *Phal. cornu-cervi.*

Erstmals erblühte diese Art 1881 bei Veitch aus der Originalsammlung von Curtis. H. G. Reichenbach beschrieb sie nach dieser Pflanze im gleichen Jahr im Gardeners' Chronicle und bezeichnete dabei diese neue Art als einen „kleinen Edelstein".

In den folgenden Jahren wurden weitere Pflanzen durch Haviland in Brang entlang des Sarawak-Flusses, von Clemens in Bidi Cave im Mt. Boulder Forest und von Ridley am Tahai-Fluß gesammelt. Diese letzte Aufsammlung diente Ridley 1883 in Trans. Linn. Soc. zur Beschreibung einer neuen Art, der *Phal. muscicola.* Wie sich später herausstellte, war es aber die bereits vorher als *Phal. maculata* beschriebene Art. Auch die Beschreibung einer *Phal. cruciata* von Schlechter stellte sich als identisch mit *Phal. maculata* heraus. Sie war auf Borneo im Staat Koetai nahe Long Sele gefunden worden.

Leider war diese Art in den letzten Jahrzehnten trotz ihrer reizvollen Blüten fast nicht mehr in den Orchideensammlungen vertreten. Dies erkennt man auch daran, daß bis 1970 keine einzige Hybride mit dieser Naturform angemeldet wurde. Erst durch Neufunde und durch künstliche Vermehrung hat *Phal. maculata* wieder Eingang in die Kultur der Orchideenfreunde gefunden.

Namensgebung: maculata = lat. gefleckt, nach der Blütenfleckung, muscicola = lat. moosbewohnend, nach ihrem Standort, cruciata = lat. gekreuzt, nach der Form der Schwiele.

Hybriden:

Phalaenopsis maculata
- × *Phal. amboinensis* = *Phal.* Good Cheer; Herb. Hager, 1973
- × *Phal. cochlearis* = *Phal.* Maculearist; Shaffer's, 1985
- × *Phal. cornu-cervi* = *Phal.* Charm; Wallbrunn, 1987
- × *Phal. equestris* = *Phal.* Little Sister; Herb. Hager, 1973
- × *Phal. fasciata* = *Phal.* Little Mac; Herb. Hager, 1978
- × *Phal. fuscata* = *Phal.* Piebald; Wallbrunn, 1982
- × *Phal. gigantea* = *Phal.* Rare Delight; Wallbrunn, 1985

× *Phal.* × *leucorrhoda* = *Phal.* Orglade's Starship; Jones & Scully, 1989
× *Phal. lindenii* = *Phal.* Little Bit; Jones & Scully, 1970
× *Phal. mannii* = *Phal.* Aurelien; L. Vincent, 1993
× *Phal. mariae* = *Phal.* Marilata; John Ewing Orchids, 1977
× *Phal. micholitzii* = *Phal.* Selene; Wallbrunn, 1984
× *Phal. parishii* = *Phal.* Micro Nova; Wallbrunn, 1980
× *Phal. stuartiana* = *Phal.* Alicia Fowler; Wallbrunn, 1984
× *Phal. venosa* = *Phal.* Gerald; L. Vincent, 1993
× *Phal. violacea* = *Phal.* Spring Rain; Herb. Hager, 1974

Weitere interessante Hybriden:
× *Phal.* Dos Pueblos = *Phal.* Fireworks; Wallbrunn, 1982
× *Phal.* Micro Nova = *Phal.* Millinova; Wallbrunn, 1990
× *Phal.* Tiger Club = *Phal.* Burning Bright; Wallbrunn, 1982

Phalaenopsis modesta J. J. Smith

Ic. Bogor. 3: 47, t. 218, 1906

Synonym: *Polychilos modesta* (J. J. Smith) P. S. Shim: Malayan Nat. J. 36: 25, 1982

Blätter 2–4, fleischig, oval, zugespitzt, 10–15 cm lang, etwa 5 cm breit.

Phalaenopsis modesta 'Purpurzauber'

Phalaenopsis modesta 'Grünfink'

Blütenstand leicht hängend, kürzer als die Blätter, so daß die wenigen, zarten Blüten fast von ihnen verdeckt werden, trägt bis zu dreimal jährlich jeweils bis zu drei Blüten

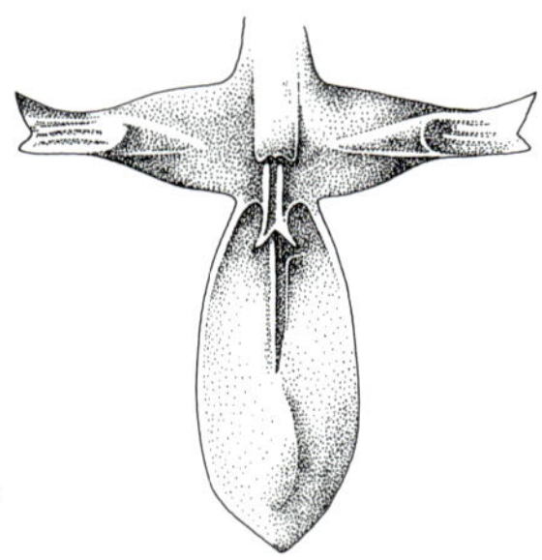

Phalaenopsis modesta

Phalaenopsis Ambolantha
Phal. amboinensis × *Phal. modesta*

und kann auch wieder im darauffolgenden Jahr Blüten tragen.

Blüten etwa 3 cm breit, zart, ausgebreitet, Tepalen cremeweiß, eine Vielzahl von purpurnen Querstreifen, besonders im basalen Teil, dorsales Sepalum länglich-oval, abgestumpft, bis 15 mm lang und 5 mm breit, seitliche Sepalen schräg angeordnet, oval, mit kleiner, weicher Spitze, 15 mm lang, bis 8 mm breit, Petalen oval, spitz, etwa 14 mm lang, 4 mm breit; **Lippe** dreilappig, 12–15 mm lang, 12–14 mm breit, Seitenlappen fast quadratisch, zur Basis von violett in gelb und weiß übergehend gefärbt, Mittellappen überwiegend violett, oval, an der Spitze gerundet, konvex, mit lamellenartigem Kiel, nur mit wenigen Härchen versehen, zwei Schwielen, zweispaltig.

Variation: Diese Art variiert etwas in der Ausfärbung der Blüte und der Blütenhaltung. Erwähnt wurde bislang eine Unterart *sabahensis* im Orchid Digest, es erfolgte aber keine offizielle Beschreibung.

Zudem wurde durch Gruß & Röllke die Varietät *bella* beschrieben, die sich u. a. durch den bedeutend größeren Pflanzenwuchs, die längeren Rispen und die krallenartig nach vorn gerichteten Blüten von der Normalform unterscheiden.

Verwechslungsmöglichkeiten: Keine.

Verbreitung: Zentral-Ostborneo, West-Koetai und Nordborneo (Sabah).

Hinweise zur Kultur: Da der Blütenstand auch im folgenden Jahr wieder Blüten tragen kann, darf er nicht abgeschnitten werden.

Blütezeit: Spätes Frühjahr bis Herbst in Intervallen.

Geschichte: Diese reizvolle, kleinblütige Art wurde von Nieuwenhuis auf Borneo gefunden. Auf der Grundlage einer Pflanze, die im Botanischen Garten Buitenzorg (heute Bogor) kultiviert wurde, beschrieb sie 1906 J. J. Smith als *Phal. modesta*.

1931 schreibt Smith im Bulletin du Jardin Botanique du Buitenzorg von einer weiteren Aufsammlung durch F. H. Endert in Zentral-Ostborneo, in West-Koetai. Der Standort lag bei Long Hoet in 150 m Höhe in einem hügeligen Gebiet, wo die Pflanzen epiphytisch in einem Primärwald wuchsen.

Obwohl in der Folgezeit verschiedene Aufsammlungen in Nordborneo gemacht wurden, so durch Winkler, Endert, Clemens und anderen, war diese Art nur selten in Kultur in den Orchideensammlungen zu finden. Die geringe Verbreitung dieser Art zeigt sich auch darin, daß die erste Primärhybride mit ihr erst im Jahre 1982 angemeldet wurde. Es war eine Kreuzung mit *Phal. amboinensis,* die als *Phal.* Ambolantha von A. S. Parnata zur Registrierung angemeldet wurde.

Kurzfristig hatte Sweet *Phal. psilantha* als Synonym für *Phal. modesta* eingeschätzt, bis er erkannte, daß dieser Name zu *Phal. amboinensis* gehört.

Namensgebung: modesta = lat. bescheiden, wegen der geringen Blütengröße.

Hybriden: Kaum eine der Hybriden ist in den Orchideensammlungen zu finden, auch wenn sie teils sehr reizvoll sind.

Phalaenopsis modesta
- × *Phal. amabilis* = *Phal.* Putrianda; Kolopaking, 1989
- × *Phal. amboinensis* = *Phal.* Ambolantha; Parnata, 1982
- × *Phal. corningiana* = *Phal.* Martell Rot; Martell, 1984
- × *Phal. cornu-cervi* = *Phal.* Jayamurni; Kolopaking, 1985
- × *Phal.* × *intermedia* = *Phal.* Marthias; Kolopaking, 1984
- × *Phal. lueddemanniana* = *Phal.* Triayu Maharani; Kolopaking, 1984
- × *Phal. micholitzii* = *Phal.* Jason Scott; J. Scott (O/U), 1989
- × *Phal. venosa* = *Phal.* Paul Baudat; L. Vincent, 1993

- × *Doritis pulcherima* = *Doritaenopsis* Myriam-Esther; L. Vincent, 1991

Weitere interessante Hybriden:
- × *Phal.* Phuket Beauty = *Phal.* Camba Beauty; Angkadiredja, 1986
- × *Doriella* Tiny = *Doriellaopsis* Kurcaci; Kolopaking, 1984
- × *Doritaenopsis* Nancy McLeod = *Doritaenopsis* Andre Nataniel; Kolopaking, 1984

Die Hybridisation der Gattung *Phalaenopsis*

Die erste künstliche Orchideenhybride (*Calanthe furcata* × *Calanthe masuca* = *Calanthe* Dominyi), die 1856 bei der Firma Veitch & Sons erblühte, regten den Obergärtner Dominy und seinen Mitarbeiter Seden zu vielen, weiteren Züchtungen an. So entstand 1864 bei der Firma Veitch u. a. auch die erste Hybride der Gattung *Paphiopedilum*. Es war eine Kreuzung von *Paph. villosum* × *Paph. barbatum*. Zu Ehren des Arztes Harris, der wichtige Hinweise zur künstlichen Bestäubung von Orchideen gegeben hatte, wurde diese Hybride *Paph.* Harrisianum genannt.

Bei Veitch erblühte 1886 auch die erste künstliche Hybride der Gattung *Phalaenopsis*. Es war die Kreuzung der *Phal. aphrodite* mit *Phal. equestris* (bezeichnet als *Phal. rosea*), die *Phalaenopsis* Intermedia, die später auch in Importen als Naturhybride *(Phal.* × *intermedia)* gefunden wurde. Ein Jahr später erblühte erneut bei Veitch die Hybride *Phal.* Rothschildiana, eine Kreuzung der *Phal. schilleriana* mit *Phal. amabilis*. Im gleichen Jahr folgte beim gleichen Züchter *Phal.* Harriettiae, eine Kreuzung der *Phal. amabilis* mit *Phal. violacea*. Hierbei wurden erstmals Arten unterschiedlicher Sektionen miteinander gekreuzt.

Am Anfang der Hybridisierungsgeschichte hatte man vorrangig das Ziel, Hybriden mit möglichst großen, schön geformten Blüten zu züchten. Die Blüten sollten zudem auch als Schnittblumen lange haltbar sein. So kreuzte man zunächst verschiedene, besonders attraktive Klone der *Phal. amabilis* miteinander. Diese waren zum Teil als eigene Arten beschrieben worden, so daß man den entstandenen Hybriden auch eigene Namen gab.

Bis Anfang 1920 gab es keine 20 Hybriden. Auch durch die Entwicklung der asymbiotischen Anzucht wurde das Sortiment kaum vergrößert. Bis 1946 wurden nur etwa 150 Hybriden in der Sander's List aufgeführt. Mehr als die Hälfte der Kreuzungsnamen sind aber heute nur noch als Synonyme einzustufen.

Der Schwerpunkt der Hybridisierung lag während dieser Zeit in England und in Frankreich (hier besonders bei Vacherot & Lecoufle).

Neben den großen, weißen Hybriden trat durch die Einkreuzung der *Phal. schilleriana* und *Phal. sanderiana* verstärkt die Zucht von rosa gefärbten Hybriden in den Vordergrund. Zudem strebte man Hybriden mit Aderung oder Punktierung an.

Durch Einkreuzung anderer Naturformen erreichte man die rotlippigen, gepunkteten und buntblumigen Hybriden. Lediglich die Anzucht einer genügenden Zahl rein gelber Hybriden mit haltbarer Einfärbung bereitet bis heute große Probleme.

Die Mehrgattungshybriden

Als erste Mehrgattungshybride der Gattung *Phalaenopsis* wurde 1923 die *Doritaenopsis* Asahi bekannt. Sie entsprang einer Kreuzung der *Doritis pulcherrima* mit *Phal. lindenii* durch Baron Toshito Awasaki aus Japan. Bis 1955 folgte keine weitere, derartige Hybride. In diesem Jahr wurde die *Doritaenopsis* Ralderose durch die Rod McLellan Co. angemeldet, eine Kreuzung der *Phal.* Victory Rose mit der *Doritis pulcherrima*. Bis 1960 folgten dann weitere 4 Hybriden, die alle mit der *Doritis pulcherrima* gemacht wurden.

1931 folgte die erste Hybride der Gattung *Phalaenopsis* mit der Gattung *Renanthera*, die

Renanthopsis Premier. Diese Kreuzung der *Renanthera imschootiana* mit *Phalaenopsis sanderiana* wurde von der Firma Vacherot & Lecoufle vorgestellt.

1931 folgte auch die erste *Vandaenopsis* (*Vdnps.* Ferrierensis = *Vanda tricolor* var. *suavis* × *Phal. amabilis,* Chassaing). 1938 *Aeridopsis* (*Aeridopsis* Shinjiku = *Aerides japonica* × *Phal.* Leda; Shinjiku). 1941 *Arachnopsis* (*Arachnopsis* Rosea = *Arachnis* maingayi × *Phal. schilleriana;* var. Brero).

1951 wurde mit der *Phalaerianda* (Synonym *Tanakara*) die erste Dreigattungshybride angemeldet: *Phalaerianda* Honolulu = *Aeridovanda* Ruth × *Phal. schilleriana;* B. Tanaka.

Vorwiegend südostasiatische und hawaiianische Orchideenzüchter kreuzten *Phalaenopsis* in der Folgezeit mit Arten und Hybriden nahe verwandter Gattungen, wie *Aerides, Ascocentrum, Renanthera* und *Vanda.*

Australische Züchter führten zudem vielfältige Kreuzungen mit der Gattung *Sarcochilus* durch. Sie züchteten dabei sehr blühfreudige, attraktive Hybriden mit kompaktem Wuchs, die im Gegensatz zu den Pflanzen der Gattung *Phalaenopsis* in der Regel kühl zu kultivieren sind.

Nachstehende Mehrgattungshybriden wurden in der Folgezeit gezüchtet:

1960 *Phalandopsis* Star of Hawaii (*Vandopsis waroqueana* × *Phal.* Grace Palm; Kirsch)
1962 *Trevorara* Hong Trevor (*Arachnopsis* Eric Holttum × *Vanda dearei;* Trevor)
1963 *Moirara* Sunbeam (*Renantanda* Gold Nuggett × *Phal.* Doris; W. W. G. Moir)
1965 *Sappanara* Ahmad Zahab (*Arachnopsis* Eric Holttum × *Renanthera storiei;* Alsagoff)
1965 *Rhynchonopsis* Winona Jordan (*Rhynchstylis gigantea* × *Phal.* Doris; Vaughn)
1966 *Laycockara* Lee Kim Hong (*Arachnopsis* Lee Siew Chin × *Vandopsis lissochiloides;* Singapore Orchids)
1966 *Yapara* Oi Yee (*Vandaenopsis* Suavei × *Rhynchovanda* Tan Geat Leng; Yap)
1968 *Asconopsis* Mini-Coral (*Phal. schilleriana* × *Ascocentrum miniatum;* Wallbrunn)
1968 *Doriellaopsis* Burma (*Doritaenopsis* Purple Gem × *Kingiella taenialis;* Moir)
1968 *Ernestara* Helga Reuter (*Renantopsis* Cape Sable × *Phal.* Dos Pueblos; Kirsch)
1970 *Beardara* Charles Beard (*Doritaenopsis* Red Coral × *Ascocentrum miniatum;* Beard)
1970 *Devereuxara* Ellis (*Vandaenopsis* Jawaii × *Ascocenda* Ophelia; Kirsch)
1970 *Phaliella* Pale Face (*Phal. lindenii* × *Kingiella philippinensis;* Thornton's)
1970 *Sarconopsis* Jean Cannons (*Sarcochilus hartmannii* × *Phal. schilleriana;* Cannons)
1973 *Hagerara* Herb (*Doritaenopsis* Mem. Clarence Schubert × *Vandaenopsis* Henriette Fujiwara; Moir)
1973 *Luinopsis* Soetan Mahmoed Latif (*Luisia teretifolia* × *'Phal.' laycockii;* Kolopaking)
1973 *Lutherara* Ruth Takemoto (*Renanthopsis* Jan Goo × *Rhynchostylis gigantea;* Takemoto)
1974 *Stamariaara* Noel (*Renanthopsis* Moon Walk × *Ascocenda* Meda Arnold; Yap)
1974 *Hausermannara* Lucie Hausermann (*Doritaenopsis* Mem. Clarence Schubert × *Vandopsis parishii;* Hausermann)
1975 *Vandewegheara* Jerry Vande Weghe (*Doritaenopsis* Mem. Clarence Schubert × *Ascocenda* Meda Arnold; June Fowler)
1975 *Phalanetia* Irene (*Neofinetia falcata* × *Phal. equestris;* Sagawa)
1976 *Edeara* Distinction (*Laycockara* Lee Kim Hong × *Renanthera storiei;* Singapore Orchids)
1976 *Trichonopsis* Das (*Trichoglottis brachiata* × *'Phal.'* serpentilingua; Das)
1977 *Bokchoonara* Khaw Bian Huat (*Arachnopsis* Eric Holttum × *Ascocenda* Tan Chai Beng; Alsagoff)
1977 *Cleisonopsis* Rumrill (*Cleisocentron trichromum* × *Phal. schilleriana;* Rumrill)
1977 *Eurynopsis* Fort Caroline (*Eurychone rothschildiana* × *Phal.* Terri Cook; Fort Caroline)
1977 *Diplonopsis* Rumrill Jewel (*Diploprora uraiensis* × *Phal.* Baguio; Rumrill)
1978 *Himoriara* Erin Himori (*Vascostylis* Susan × *Phal.* Diamond Pink; Himori)
1978 *Richardmizutaara* First Edition (*Asconopsis* Irene Dobkins × *Vandopsis parishii;* Richella)
1979 *Roseara* Peachy Keen (*Renanthopsis* Malibu Beach × *Doriella* Tiny; Breckinridge)

1980 *Owensara* William Owens (*Renanthera* Brookie Chandler × *Doritaenopsis* Kristine Teoh; Owens Orchids)
1980 *Trautara* Heritage (*Doritaenopsis* Red Coral × *Luisia teres;* Richella)
1980 *Nakagawaara* Elinor (*Doritaenopsis* Coral Gleam × *Aerides multiflora;* Perreira)
1981 *Isaoara* Elsie (*Aeridopsis* Pink Taffeta × *Ascocenda* Meda Arnold; Takemoto)
1981 *Rhyndoropsis* Center Fold (*Doritaenopsis* Purple Gem × *Rhynchostylis retusa;* Richella)
1982 *Sladeara* Kenneth Russell (*Doritaenopsis* Dungog × *Sarcochilus hartmannii;* Spence)
1982 *Dresslerara* Robert (*Renanthoglossum* Red Delight × *Phal.* Dos Pueblos; Wallbrunn)
1984 *Parnataara* Greg Scott (*Aeridachnis* Bogor × *Phal.* Zada; Scott)
1984 *Sutingara* Donny Low (*Laycockara* Ian Trevor × *Ascocenda* Mem. Choo Laikeun; D. Low)
1985 *Sidranara* Claire Bradshaw (*Renanthopsis* Osceola × *Ascocentrum curvifolium;* Sidran)
1986 *Paulara* Hawaiian Champion (*Renanthopsis* Mildred Jameson × *Vandewegheara* Mauna Kea; H. Paul)
1986 *Lichtara* Classic's Snowdrop (*Doritaenopsis* Purple Gem × *Gastrochilus bellinus;* McDaniel)
1990 *Macekara* Orange Scorpion (*Teohara* Taylor × *Phal.* Boediardjo; Macek)
1991 *Uptonara* Jill (*Sarcostylis* Blue Knob × *Sarconopsis* Lavinia; Upton)

Liste aller Mehrgattungshybriden der Gattung Phalaenopsis

Zitiert nach Sander's List 1986–1990, ergänzt durch Registrierungen nach 1990 aus Orchid Review.

Phalaenopsis (Phal.) = Natürliche Gattung		
× *Aerides*	= *Aeridopsis*	*Aerps.*
× *Aerides* × *Arachnis*	= *Parnataara*	*Parn.*
× *Aerides* × *Ascocentrum* × *Vanda*	= *Isaoara*	*Isr.*
× *Aerides* × *Doritis*	= *Nakagawaara*	*Nkgwa.*
× *Aerides* × *Vanda*	= *Phalaerianda*	*Phda.*
× *Arachnis*	= *Arachnopsis*	*Arnps.*
× *Arachnis* × *Ascocentrum* × *Vanda*	= *Bokchoonara*	*Bkch.*
× *Arachnis* × *Ascocentrum* × *Vanda* × *Vandopsis*	= *Sutingara*	*Sut.*
× *Arachnis* × *Renanthera*	= *Sappanara*	*Sapp.*
× *Arachnis* × *Renanthera* × *Vanda* × *Vandopsis*	= *Macekara*	*Maka.*
× *Arachnis* × *Renanthera* × *Vandopsis*	= *Edeara*	*Edr.*
× *Arachnis* × *Vanda*	= *Trevorara*	*Trev.*
× *Arachnis* × *Vandopsis*	= *Laycockara*	*Lay.*
× *Ascocentrum*	= *Asconopsis*	*Ascps.*
× *Ascocentrum* × *Doritis*	= *Beardara*	*Bdra.*
× *Ascocentrum* × *Doritis* × *Renanthera* × *Vanda*	= *Paulara*	*Plra.*
× *Ascocentrum* × *Doritis* × *Vanda*	= *Vandewegheara*	*Vwga.*
× *Ascocentrum* × *Renanthera*	= *Sidranara*	*Sidr.*
× *Ascocentrum* × *Renanthera* × *Vanda*	= *Stamariaara*	*Stmra.*
× *Ascocentrum* × *Rhynchostylis* × *Vanda*	= *Himoriara*	*Hmra.*
× *Ascocentrum* × *Vanda*	= *Devereuxara*	*Dvra.*
× *Ascocentrum* × *Vandopsis*	= *Richardmizutaara*	*Rcmza.*
× *Ascoglossum* × *Renanthera*	= *Dresslerara*	*Dres.*
× *Cleisocentron*	= *Cleisonopsis*	*Clnps.*
× *Diploprora*	= *Diplonopsis*	*Dpnps.*

Phalaenopsis (Phal.) = Natürliche Gattung		
× *Doritis*	= *Doritaenopsis*	*Dtps.*
× *Doritis* × *Gastrochilus*	= *Lichtara*	*Licht.*
× *Doritis* × *Kingiella*	= *Doriellaopsis*	*Dllps.*
× *Doritis* × *Kingiella* × *Renanthera*	= *Roseara*	*Rsra.*
× *Doritis* × *Luisia*	= *Trautara*	*Trta.*
× *Doritis* × *Renanthera*	= *Owensara*	*Owsr.*
× *Doritis* × *Rhynchostylis*	= *Rhyndoropsis*	*Rhdps.*
× *Doritis* × *Sarcochilus*	= *Sladeara*	*Slad.*
× *Doritis* × *Vanda*	= *Hagerara*	*Hgra.*
× *Doritis* × *Vandopsis*	= *Hausermannara*	*Haus.*
× *Eurychone*	= *Eurynopsis*	*Eunps.*
× *Kingiella*	= *Phaliella*	*Phlla.*
× *Luisia*	= *Luinopsis*	*Lnps.*
× *Neofinetia*	= *Phalanetia*	*Phnta.*
× *Renanthera*	= *Renanthopsis*	*Rnthps.*
× *Renanthera* × *Rhynchostylis*	= *Lutherara*	*Luth.*
× *Renanthera* × *Vanda*	= *Moirara*	*Moir.*
× *Renanthera* × *Vandopsis*	= *Ernestara*	*Entra.*
× *Rhynchostylis*	= *Rhynchonopsis*	*Rhnps.*
× *Rhynchostylis* × *Sarcochilus*	= *Uptonara*	*Upta.*
× *Rhynchostylis* × *Vanda*	= *Yapara*	*Yap.*
× *Sarcochilus*	= *Sarconopsis*	*Srnps.*
× *Trichoglottis*	= *Trichonopsis*	*Trnps.*
× *Vanda*	= *Vandaenopsis*	*Vdnps.*
× *Vandopsis*	= *Phalandopsis*	*Phdps.*

Die Primärhybriden

Einschließlich der Registrierungen März–April 1994.
Auf die Gattungsbezeichnung wurde in dieser Liste verzichtet.
Unterscheidet sich der Züchter vom Anmelder der Kreuzung, so wird der Züchter in Klammern genannt.

Name der Primärhybride	Samen-produzent	Pollen-spender	Züchter
A. Benick	*rimestadiana*	*stuartiana*	P. Wolter, 1933
Adri Witanta Husada	*javanica*	*cornu-cervi*	A. Kolopaking, 01. 11. 1986
Adyah Prapto	*lueddemanniana*	*javanica*	A. Kolopaking, 1981
Agus Ligo	*fimbriata*	*javanica*	A. Kolopaking, 1979
Alger	*aphrodite*	*sanderiana*	Vacherot & Lecoufle, 1930
Alice Millard	*stuartiana*	*amboinensis*	Ft. Caroline's (H. Wallbrunn), 01. 11. 1969
Alicia Fowler	*maculata*	*stuartiana*	H. Wallbrunn, 1984
Amblearis	*amboinensis*	*cochlearis*	H. Wallbrunn, 01. 11. 1972
Ambolantha	*amboinensis*	*modesta*	A. Parnata, 1982
Ambomanniana	*amboinensis*	*lueddemanniana*	Fredk. Thornton, 01. 11. 1965

Name der Primärhybride	Samen-produzent	Pollen-spender	Züchter
Ambonosa	*venosa*	*amboinensis*	A. Parnata, 1984
Ambotrana	*sumatrana*	*amboinensis*	Fredk. Thornton, 01. 11. 1965
Ambotris	*amboinensis*	*equestris*	Thornton, 1970
Ambriata	*amabilis*	*fimbriata*	Thornton, 1981
× *amphitrite*	*sanderiana*	*stuartiana*	Naturhybride
Andy Jackson	*cochlearis*	*stuartiana*	A. Kolopaking, 1982
Angdi Kolopaking	*venosa*	*micholitzii*	A. Kolopaking, 01. 11. 1986
Anthony The	*cochlearis*	*equestris*	A. Kolopaking, 1981
Anawar Mahayudin	*viridis*	*javanica*	A. Kolopaking, 1983
Apricot Glow	*fasciata*	*equestris*	Thornton, 1979
Ariadne	*aphrodite*	*stuartiana*	Veitch, 1896
Artemis	*amabilis*	*equestris*	Veitch, 1892
Asiani	*corningiana*	*kunstleri*	A. Kolopaking, 1985
Aurelien	*mannii*	*venosa*	L. Vincent, 1994
Ayleen	*schilleriana*	*cornu-cervi*	T. Sukarya, 1980
Baguio	*schilleriana*	*lindenii*	W. W. G. Moir, 1966
Bataan	*amabilis*	*aphrodite*	Rapella's, 1943
Batangas	*stuartiana*	*lindenii*	Thornton, 1979
Baylor	*gigantea*	*inscriptiosinensis*	T. Brown (A. Kolopaking), 1984
Bee Ridge	*fuscata*	*violacea*	Bates Orch. (Ray Brown), 1980
Bernice Maskin	*gigantea*	*equestris*	H. Wallbrunn, 1977
Billie Lawson	*bastianii*	*fasciata*	H. Wallbrunn, 1986
Bimantoro	*wilsonii*	*fimbriata*	A. Kolopaking, 1979
Boen Soepardii	*fimbriata*	*schilleriana*	A. Kolopaking, 1982
Bogoriensis	*amabilis*	*gigantea*	Buitenzorg Bot. Gdns., 1856
Borobodur	*equestris*	*fimbriata*	A. Kolopaking, 1980
Bronze Maiden	*schilleriana*	*mannii*	Mrs. L. McCoy, 1964
Carolina Tiny Phil	*philippinensis*	*equestris*	Lenette, 30. 07. 1992
Cassandra	*equestris*	*stuartiana*	Veitch, 01. 11. 1896
Cellinde	*lindenii*	*celebensis*	Zuma Canyon, 1988
Charm	*maculata*	*cornu-cervi*	H. Wallbrunn, 01. 11. 1987
Chickadee	*lindenii*	*amabilis*	R. Griesbach, 1982
Confirmation	*rimestadiana*	*schilleriana*	Bultel, 1925
Corbriata	*cornu-cervi*	*fimbriata*	Fredk. Thornton, 1968
Corning's Violet	*violacea*	*corningiana*	C. Sheviak, 01. 11. 1976
Corning-Ambo	*corningiana*	*amboinensis*	R. Takase, 1984
Cornustris	*equestris*	*cornu-cervi*	H. Wallbrunn, 1967
Corona	*cornu-cervi*	*amboinensis*	Shaffer, 1973
Crepuscule	*gigantea*	*fuscata*	H. Wallbrunn, 01. 11. 1985
Christine Magro	*equestris*	*javanica*	L. Vincent, 1994
David Ai	*gigantea*	*sumatrana*	I. Dobkin, 01. 11. 1977
David Lim	*amboinensis*	*gigantea*	David Lim (Y. Alsagoff), 1974
Deventeriana	*amabilis*	*amboinensis*	van Deventer, 1927
Didi	*fimbriata*	*celebensis*	A. Kolopaking, 1985
Doc Charles	*sanderiana*	*amboinensis*	J. H. Miller, 1961
Doris Blomquist	*pantherina*	*amboinensis*	A. Kolopaking, 1975
Double Eagle	*corningiana*	*sumatrana*	I. Dobkin, 1974

Name der Primärhybride	Samen-produzent	Pollen-spender	Züchter
Dragon's Fire	*venosa*	*corningiana*	Dragon Fire, 20. 07. 1992
Eiderstedt	*cornu-cervi*	*venosa*	A. Parnata (O. Schumann), 1985
El Tigre	*cornu-cervi*	*lueddemanniana*	J. H. Miller, 01. 11. 1964
Elaine-Liem	*fimbriata*	*amboinensis*	A. Kolopaking, 1972
Elisabethae	*amabilis*	*rimestadiana*	Vacherot & Lecoufle, 1927
Elizabeth Todd	*sumatrana*	*lueddemanniana*	Ft. Caroline, 1970
Ellen Hanoppo	*equestris*	*fuscata*	A. Kolopaking, 1984
Equalacea	*equestris*	*violacea*	Fredk. Thornton, 1967
Equitrana	*equestris*	*sumatrana*	Fredk. Thornton, 1967
Fimbritrana	*sumatrana*	*fimbriata*	H. Wallbrunn, 1970
Flava	*javanica*	*amabilis*	A. Parnata, 1982
Formosa Dream	*amabilis*	*parishii*	Hou Tse Liu, 08. 07. 1992
Formosa Star	*micholitzii*	*amabilis*	M. Young, 19. 12. 1991
Fribourg	*violacea*	*inscriptiosinensis*	L. Vincent, 01. 09. 1992
Fuscatilis	*amabilis*	*fuscata*	S. Minne (J. & L. Orch.), 1968
Gelblieber	*amboinensis*	*micholitzii*	T. Brown (A. Kolopaking), 1984
Genesis	*gigantea*	*mariae*	Orch. World Int., 01. 11. 1986
Gérald	*venosa*	*maculata*	L. Vincent, 1994
× *gersenii*	*sumatrana*	*violacea*	Naturhybride, 1917
Gerserana	*sanderiana*	*sumatrana*	Marcel Lecoufle, 1981
Gilles Gratiot	*aphrodite*	*rimestadiana*	Gratiot, 1920
Golden Bantam	*cornu-cervi*	*cochlearis*	H. Wallbrunn, 1970
Golden Butterfly	*venosa*	*celebensis*	Hou-Tse Liu, 01. 11. 1987
Golden Jewel	*mariae*	*fuscata*	I. Dobkin, 1973
Golden Jubilee	*cochlearis*	*fasciata*	I. Dobkin, 1975
Golden Pride	*amboinensis*	*fasciata*	I. Dobkin, 01. 11. 1975
Golden Princess	*fasciata*	*venosa*	David Lim, 1985
Good Cheer	*maculata*	*amboinensis*	Hager, 1973
Grand Conde	*sanderiana*	*schilleriana*	Vacherot & Lecoufle, 1929
Green Imp	*fimbriata*	*parishii*	Fredk. Thornton, 1973
Green Valley	*fimbriata*	*micholitzii*	Fredk. Thornton, 1972
Gretchen	*stuartiana*	*gigantea*	H. Wallbrunn, 1969
Hans Burgeff	*sanderiana*	*violacea*	R. B. G. Peradeniya, 1960
Hargianto	*mannii*	*sumatrana*	A. Kolopaking, 01. 11. 1986
Harriettiae	*amabilis*	*violacea*	Veitch, 1887
Harto Kolopaking	*viridis*	*stuartiana*	A. Kolopaking, 1989
Hebe	*equestris*	*sanderiana*	Veitch, 01. 11. 1897
Helene Burkhardt	*venosa*	*lindenii*	E. Burkhardt, 01. 11. 1988
Hermione	*lueddemanniana*	*stuartiana*	Veitch, 1899
Hymen	*lueddemanniana*	*mannii*	Veitch, 1900
Ibu Kasman	*viridis*	*cornu-cervi*	A. Kolopaking, 1978
Intermedia	*aphrodite*	*equestris*	Veitch, 1886
Iwan Kolopaking	*parishii*	*violacea*	A. Kolopaking, 1981
Jade Gold	*gigantea*	*venosa*	David Lim, 1984
James Burton	*mariae*	*sumatrana*	Maj Orch., 01. 11. 1977
Janine	*lindenii*	*speciosa*	L. Vincent, 1993
Jason Scott	*micholitzii*	*modesta*	G. & I. Scott O/U, 1989

Name der Primärhybride	Samen-produzent	Pollen-spender	Züchter
Java	*fimbriata*	*violacea*	Fredk. Thornton, 1970
Java Gem	*javanica*	*stuartiana*	Stones River, 1981
Javalin	*lindenii*	*javanica*	Zuma Canyon (Stones River), 1983
Jayamurni	*modesta*	*cornu-cervi*	A. Kolopaking, 1985
Jazz Man	*mannii*	*javanica*	Jones & Scully, 1982
Jean-Pierre Zryd	*lindenii*	*fuscata*	L. Vincent, 1994
Jiro Sumichan	*fimbriata*	*pantherina*	A. Kolopaking, 1981
Joey	*gigantea*	*lueddemanniana*	Ft. Caroline (H. Wallbrunn), 01. 11. 1973
John Seden	*amabilis*	*lueddemanniana*	Veitch, 1888
Kathy Kornahrens	*sumatrana*	*fasciata*	Ft. Caroline (H. Wallbr.), 1973
Kenanga	*javanica*	*amboinensis*	A. Parnata, 1981
Kuanida Kristanto	*stuartiana*	*fimbriata*	A. Kolopaking, 1976
Kuntrarti Rarashati	*equestris*	*venosa*	A. Kolopaking, 01. 11. 1986
Lanny	*violacea*	*schilleriana*	T. Sukarya, 1980
Leda	*amabilis*	*stuartiana*	Veitch, 1888
× *leucorrhoda*	*aphrodite*	*schilleriana*	Naturhybride, 1856
Li'l Bit	*maculata*	*lindenii*	Jones & Scully, 1970
Liliana	*sanderiana*	*pantheriana*	A. Kolopaking, 1984
Lincervi	*lindenii*	*cornu-cervi*	Fredk. Thornton, 1967
Linda Cheok	*mannii*	*equestris*	Cheok Jiak Kim (Mrs. L. McCoy), 1964
Little Darlin'	*violacea*	*cochlearis*	Jones & Scully, 1969
Little Dragon	*stuartiana*	*celebensis*	Hou-Tse Liu, 01. 11. 1987
Little Fox	*mariae*	*javanica*	E. Carlson, 1985
Little Girl	*fasciata*	*cornu-cervi*	Mrs. H. Webb (Fredk. Thornton), 1974
Little Leopard	*cornu-cervi*	*mariae*	H. Wallbrunn, 1973
Little Mac	*maculata*	*fasciata*	Hager Orch., 1978
Little Sister	*maculata*	*equestris*	Hager Orch., 1973
Little Star	*cornu-cervi*	*amabilis*	R. B. G. Peradeniya, 1962
Lokelani	*cornu-cervi*	*sanderiana*	O. Kirsch, 1949
Louisiana Pixie	*stuartiana*	*philippinensis*	Breckinridge, 08. 04. 1991
Lucata	*lueddemanniana*	*fuscata*	Fredk. Thornton, 1967
Luedde-violacea	*lueddemanniana*	*violacea*	Veitch, 1895
Lung Ching's Baby	*javanica*	*violacea*	Brother, 1981
Macassar	*amboinensis*	*mariae*	O. Kirsch, 01. 11. 1962
Maculearist	*maculata*	*cochlearis*	Shaffer, 1985
Mahinhin	*equestris*	*lueddemanniana*	J. H. Miller, 1957
Malacea	*violacea*	*mannii*	Thornton, 1970
Mambo	*amboinensis*	*mannii*	Fredk. Thornton, 01. 11. 1965
Manbriata	*mannii*	*fimbriata*	Fredk. Thornton, 1968
Mancervi	*mannii*	*cornu-cervi*	Fredk. Thornton, 1967
Mannicata	*mannii*	*fuscata*	L. Kuhn, 1966
Mannosa	*mannii*	*venosa*	Paphanatics (Stewart Orch.), 12. 12. 1991

Name der Primärhybride	Samen-produzent	Pollen-spender	Züchter
Margie Lane	*mannii*	*micholitzii*	Thornton (Fredk. Thornton), 1970
Maria-Theresia Berod	*amatilis*	*wilsonii*	L. Vincent, 1994
Marie Linden	*mariae*	*lindenii*	W. W. G. Moir, 1975
Marie's Delight	*mariae*	*venosa*	W. Ellenberg (Jemmco), 24. 10. 1991
Marilata	*maculata*	*mariae*	J. Ewing, 1977
Martell Rot	*modesta*	*corningiana*	Martell, 1984
Memoria Frederick Thornton	*fimbriata*	*cochlearis*	S. Pridgen, 1985
Memoria Margarete Buchholz	*corningiana*	*gigantea*	E. Baumann, 01. 11. 1987
Merryman	*mariae*	*mannii*	H. Wallbrunn, 1985
Micholart	*stuartiana*	*micholitzii*	H. Wallbrunn, 1970
Micro Nova	*maculata*	*parishii*	H. Wallbrunn, 1980
Mini Paskal	*pantherina*	*javanica*	A. Parnata, 1982
Minuet	*lueddemannia*	*parishii*	H. Wallbrunn, 1976
Mirth	*fuscata*	*fasciata*	Hager, 1977
Mok Choi Yew	*gigantea*	*violacea*	C. Y. Mok, 1968
Mrs. J. H. Veitch	*lueddemanniana*	*sanderiana*	Veitch, 1899
New Wave	*stuartiana*	*venosa*	Paphanatics, 1985
Norman	*fasciata*	*violacea*	C. Beard, 01. 11. 1969
Oberhausen Smart	*sumatrana*	*venosa*	E. Baumann, 1988
Ovin Hendriyanti	*sanderiana*	*corningiana*	A. Kolopaking, 1982
Parma	*mannii*	*parishii*	Norrsell, 1971
Partris	*equestris*	*parishii*	Fredk. Thornton, 1965
Paskal Indukbaru	*javanica*	*inscriptiosinensis*	A. Parnata, 1985
Paskal Terang	*pantherina*	*amabilis*	A. Parnata, 1984
Penang Girl	*violacea*	*venosa*	Ooi Leng Sun, 1984
Penang Violacea	*violacea*	*micholitzii*	Ooi Leng Sun, 01. 11. 1987
Pepin	*gigantea*	*micholitzii*	T. Brown (A. Kolopaking), 1984
Philippine Dancer	*philippinensis*	*celebensis*	Hou Tse Liu, 01. 09. 1992
Philisander	*philippinensis*	*sanderiana*	Marcel Lecoufle 1993
Philischill	*philippinensis*	*schilleriana*	Marcel Lecoufle 1993
Piebald	*maculata*	*fuscata*	H. Wallbrunn, 1982
Pierrot	*aphrodite*	*lueddemanniana*	J. H. Miller, 1961
Pink Heart	*schilleriana*	*parishii*	H. Wallbrunn, 1979
Princess Kaiulani	*violacea*	*amboinensis*	O. Kirsch, 1961
Prince Star	*celebensis*	*javanica*	Hou Tse Liu, 01. 09. 1992
Professor Rubinia	*lindenii*	*micholitzii*	A. Kolopaking, 1985
Purbo Sejati	*sumatrana*	*fuscata*	A. Parnata, 1983
Putrianda	*modesta*	*amabilis*	A. Kolopaking, 1989
Rare Delight	*gigantea*	*maculata*	H. Wallbrunn, 1985
Rasa Veniana	*venosa*	*lueddemanniana*	H. Wihardjo, 1985
Regnier	*lueddemanniana*	*schilleriana*	Regnier, 1922
Reichentea	*fasciata*	*gigantea*	W. W. G. Moir, 01. 11. 1975

Name der Primärhybride	Samen-produzent	Pollen-spender	Züchter
Robert W. Miller	*lindenii*	*sanderiana*	J. H. Miller, 1960
Rose Marie	*mariae*	*equestris*	O. Kirsch, 1961
Rosie Clouse	*gigantea*	*mannii*	Ft. Caroline (H. Wallbrunn), 01. 11. 1971
Sanderosa	*sanderiana*	*venosa*	K. Avant, 1989
Sandman	*mannii*	*sanderiana*	Fredk. Thornton, 1967
Sandriata	*sanderiana*	*fimbriata*	Thornton's (Fredk. Thornton), 1980
Schillambo	*schilleriana*	*amboinensis*	Fredk. Thornton, 1968
× *schilleriano-stuartiano*	*schilleriana*	*stuartiana*	Naturhybride, 1856
Schillgig	*gigantea*	*schilleriana*	H. Fernando (O/U), 01. 11. 1987
Selene	*maculata*	*micholitzii*	H. Wallbrunn, 1984
Seleraku	*celebensis*	*corningiana*	A. Kolopaking, 1989
Silbergrube	*celebensis*	*equestris*	E. Burkhardt, 1989
Siu-Fang Lin	*javanica*	*sumatrana*	A. Kolopaking, 1981
Spica	*fasciata*	*lueddemanniana*	W. Osgood (L. Kuhn), 01. 11. 1969
Spring Rain	*maculata*	*violacea*	Hager, 1974
Stern von Martell	*lindenii*	*sumatrana*	Martell, 1984
Stewed Corn	*cornu-cervi*	*stuartiana*	Thornton's (Fredk. Thornton), 1978
Stuartiano-Mannii	*mannii*	*stuartiana*	Veitch, 1898
Sulaceous	*sumatrana*	*violacea*	Ft. Caroline (H. Wallbrunn), 01. 11. 1975
Sulastini	*corningiana*	*javanica*	A. Kolopaking, 1983
Sumabilis	*amabilis*	*sumatrana*	F. Atherton, 1938
Sumitz	*sumatrana*	*micholitzii*	H. Wallbrunn, 1973
Sunfire	*lindenii*	*lueddemanniana*	J. H. Miller, 1964
Susanti	*sumatrana*	*stuartiana*	A. Kolopaking, 1975
Talisman	*sanderiana*	*mariae*	L. C. Vaughn, 1962
Thor-Flame	*amabilis*	*mannii*	Thornton's (Mrs. L. McCoy), 1963
Tiger Cub	*cornu-cervi*	*sumatrana*	H. Wallbrunn, 1972
Tigerette	*lueddemanniana*	*mariae*	Hausermann, 01. 11. 1974
Tigre	*denticulata*	*schilleriana*	Regnier, 1922
Tigress	*mariae*	*fasciata*	L. Dewey, 01. 11. 1970
Timmons	*fasciata*	*inscriptionensis*	T. Brown (A. Kolopaking), 1984
Triayu Maharani	*modesta*	*lueddemanniana*	A. Kolopaking, 1984
Tridacna	*gigantea*	*cochlearis*	H. Wallbrunn, 1983
× *valentinii*	*cornu-cervi*	*violacea*	Naturhybride, 1959
× *veitchiana*	*equestris*	*schilleriana*	Naturhybride, 1872
Venolis	*venosa*	*amabilis*	Zuma Canyon, 12. 08. 1991
Venus	*lindenii*	*equestris*	Misumi, 01. 12. 1923
Versailles	*rimestadiana*	*sanderiana*	Vacherot & Lecoufle, 1929
Vilind	*violacea*	*lindenii*	Wm. Kirsch (E. Iwanaga), 1969
Violet Charm	*violacea*	*mariae*	Freed, 01. 12. 1971

Name der Primärhybride	Samen-produzent	Pollen-spender	Züchter
Vista Freckles	*fimbriata*	*mariae*	G. & B. Orch. (J. Ewing), 1984
Wanda Williams	*lindenii*	*amboinensis*	H. Wallbrunn, 1967
Widodo	*corningiana*	*fimbriata*	A. Kolopaking, 1981
Wiganiae	*schilleriana*	*stuartiana*	S. Low, 1899
Wössner Luedde-Sin	*inscriptiosinensis*	*lueddemanniana*	F. Glanz, 21. 11. 1991
Yoshino	*amabilis*	*sanderiana*	Iwasaki, 1924
Younes Resal	*rimestadiana*	*equestris*	Gratiot, 1919
Zuma Elf	*violacea*	*stuartiana*	Zuma Canyon, 1981
Zuma's Angelita	*stuartiana*	*fuscata*	Zuma Canyon, 1978

Primärhybriden der Gattung Phalaenopsis mit anderen Gattungen

Verwendete Abkürzungen der beteiligten Gattungen:

Aer. = *Aerides*
Asctm. = *Ascocentrum*
Arach. = *Arachnis*
Clctn. = *Cleisocentron*
Dor. = *Doritis*
King. = *Kingiella* (botanisch richtig wäre *Kingidium*)
Lsa. = *Luisia*
Neof. = *Neofinetia*
Ren. = *Renanthera*
Sarco = *Sarcochilus*
Trgl. = *Trichoglottis*
Vdps. = *Vandopis*
V. = *Vanda*

Aerps. Nagomiyarabi	*schilleriana*	*Aer. japonica*	E. Tamaki, 15. 07. 1991
Aerps. Pink Taffeta	*Aer. jarckiana*	*schilleriana*	W. W. G. Moir, 1965
Arnps. Khalsom	*Arach. hookeriana*	*violacea*	Kuok (S'pore Bot. Gdns.), 1961
Arnps. Rosea	*Arach. maingayi*	*schilleriana*	van Brero, 1941
Ascps. Mini-Coral	*schilleriana*	*Asctm. miniatum*	H. Wallbrunn, 1967
Clnps. Pinky	*Clctn. trichromum*	*lindenii*	J. Rumrill, 01. 05. 1990
Clnps. Rumrill	*Clctn. trichromum*	*schilleriana*	J. Rumrill, 1977
Dtps. Anna-Larati Soekardi	*Dor. pulcherrima*	*parishii*	A. Kolopaking, 1980
Dtps. Asahi	*lindenii*	*Dor. pulcherrima*	Iwasaki, 1923
Dtps. Bonita	*stuartiana*	*Dor. pulcherrima*	L. C. Vaughn, 1965
Dtps. Eduardo Quisumbing	*amabilis*	*Dor. pulcherrima*	J. H. Miller, 1956
Dtps. Imp	*Dor. pulcherrima*	*mariae*	H. Wallbrunn, 1969
Dtps. Jim	*Dor. pulcherrima*	*venosa*	H. Norton, 1984
Dtps. Jim Chan	*amboinensis*	*Dor. pulcherrima*	Ft. Caroline (H. Wallbrunn), 1973
Dtps. Kenneth Schubert	*Dor. pulcherrima*	*violacea*	Clarelen, 1963
Dtps. Myriam-Ester	*modesta*	*Dor. pulcherrima*	L. Vincent, 31. 10. 1991
Dtps. Profusion	*Dor. pulcherrima*	*sanderiana*	L. C. Vaughn, 1961
Dtps. Purple Gem	*Dor. pulcherrima*	*equestris*	E. Iwanaga, 1963
Dtps. Purple Passion	*schilleriana*	*Dor. pulcherrima*	H. Wallbrunn, 1966
Dtps. Red Elf	*Dor. pulcherrima*	*fasciata*	Lenette (Oak Hill Gdns.), 1982
Dtps. Si Kancil	*pantherina*	*Dor. pulcherrima*	A. Parnata, 1979
Dtps. Suka Hati	*fimbriata*	*Dor. pulcherrima*	A. Parnata, 1981

Dtps. Summer Red	*cornu-cervi*	*Dor. pulcherrima*	I. Nagata, 1969
Dtps. Sweet Gem	*Dor. pulcherrima*	*lueddemanniana*	Hiews, 1970
Dtps. Tan Swee Eng	*Dor. pulcherrima*	*gigantea*	Teoh Eng Soon (Twins Teo), 1973
Dtps. Tarina	*javanica*	*Dor. pulcherrima*	A. Kolopaking, 1983
Phdps. Arizona Star	*amabilis*	*Vdps. gigantea*	Terrell/Turnbow (O/U), 1985
Phdps. Emily Chan	*Vdps. parishii*	*equestris*	J. H. Chan, 1982
Phdps. Lemon Pepper	*Vdps. gigantea*	*stuartiana*	Breckinridge (Zuma Canyon), 13. 11. 1990
Phdps. Siti Faunah	*pantherina*	*Vdps. parishii*	A. Kolopaking, 1979
Phlla. Freckles	*mariae*	*King. philippinensis*	Fredk. Thornton, 1972
Phlla. Jim Creasy	*fuscata*	*King. philippinensis*	H. Wallbrunn, 1982
Phlla. New Horizon	*equestris*	*King. philippinensis*	Fredk. Thornton, 1972
Phlla. Pale Face	*lindenii*	*King. philippinensis*	Thornton's (Fredk. Thornton), 1970
Phlla. Robert Weltz	*King. philippinensis*	*violacea*	H. Wallbrunn, 1988
Phlla. Snow Droplet	*King. philippinensis*	*parishi*	A. Kolopaking, 1978
Phlla. Speck o'Gold	*cornu-cervi*	*King. philippinensis*	Fredk. Thornton, 1972
Phlla. Suwarno	*King. philippinensis*	*amboinensis*	A. Kolopaking, 1984
Phnta. Irene	*Neof. falcata*	*equestris*	Y. Sagawa, 1975
Rnthps. Alice	*Ren. monachica*	*schilleriana*	Y. Sagawa, 1983
Rnthps. Coral Star	*Ren. coccinea*	*sanderiana*	L. C. Vaughn, 1959
Rnthps. Enzomoudo	*Ren. imschootiana*	*stuartiana*	Enzomoudo, 1993
Rnthps. Golden Dew Drops	*Ren. monachica*	*amabilis*	L. McCoy, 1965
Rnthps. Jan Goo	*sanderiana*	*Ren. monachica*	L. Goo, 1950
Rnthps. Jupiter	*Ren. imschootiana*	*schilleriana*	H. Wallbrunn, 1982
Rnthps. Kemehamea	*stuartiana*	*Ren. storiei*	O. Kirsch, 1950
Rnthps. Native Dancer	*Ren. storiei*	*amabilis*	L. McCoy, 1965
Rnthps. Premier	*Ren. imschootiana*	*sanderiana*	Vacherot & Lecoufle, 1931
Rnthps. Red Riding Hood	*Ren. storiei*	*sanderiana*	Mrs. Jan Goo, 1952
Rnthps. Thillai Ammah	*amabilis*	*Ren. coccinea*	G. Gnanasuntharam, 1968
Rnthps. Tiny Tim	*Ren. monachica*	*parishii*	L. McCoy, 1965
Rnthps. Uplb Diamond Jubilee	*Ren. philippinensis*	*equestris*	Green & Grow, 1984
Rnthps. Yuyake	*Ren. monachica*	*equestris*	H. Iwanaga, 1963
Srnps. Aussie Jem	*amabilis*	*Sarco. ceciliae*	P. Spence, 1983
Srnps. Florence	*Sarco. hartmannii*	*mannii*	R. Bedford, 1982
Srnps. Jean Cannons	*Sarco. hartmannii*	*schilleriana*	W. & J. Cannons, 1970
Srnps. Ken West	*Sarco. hartmannii*	*equestris*	D. & M. Crawford (K. West), 1988
Srnps. Lavinia	*Sarco. hartmannii*	*amabilis*	R. Bedford, 1981
Vdnps. Blue Horizon	*V. coerulea*	*amabilis*	E. de Saram, 1962
Vdnps. Blue Queen	*V. coerulea*	*sanderiana*	Mrs. Jan Goo, 1952
Vdnps. Deareiana	*schilleriana*	*V. dearei*	S. Oey, 1940
Vdnps. Ferrierensis	*amabilis*	*V. suavis*	Chassaing, 1931
Vdnps. Hawaii	*sanderiana*	*V. amesiana*	O. Kirsch, 1950
Vdnps. Kahekili	*sanderiana*	*V. merrillii*	O. Kirsch, 1956

Primärhybriden der Gattung Phalaenopsis mit anderen Gattungen

Vdnps. Launa Ellen Thornton	*V. spathulata*	*equestris*	Thornton's (Fredk. Thornton), 1970
Vdnps. Memoria Hugo Peiris	*V. suavis*	*parishii*	R. B. G. Peradeniya (Dr. J. W. L. Peiris), 1959
Vdnps. Penny Stewart	*V. cristata*	*stuartiana*	Maj, 1977
Vdnps. Twiggy	*V. coerulescens*	*mannii*	J. Rumrill, 1980

Primärhybriden der Gattung Paraphalaenopsis

In der Registrierung als *Phalaenopsis* eingestuft. Auf deren Gattungsbezeichnung wurde in folgender Liste verzichtet.

Phal. Boediardjo	*denevei*	*laycockii*	A. Kolopaking, 1972
Phal. Kimmy	*labukensis*	*denevei*	Serdang O. N. (T. P. Kuok), 17. 06. 1991
Phal. Kolopaking	*laycockii*	*serpentilingua*	M. Ilgenfritz (Liem Khe Wie), 01. 11. 1969
Phal. Ponce es Ponce	*labukensis*	*laycockii*	J. Izquierdo (O/U), 04. 08. 1992
Phal. Sunny	*serpentilingua*	*denevei*	Gracia Lewis, 1964

Primärhybriden der Gattung Paraphalaenopsis mit anderen Gattungen

Aerps. Spring Fragrance	*denevei*	*Aer. houlletiana*	H. Wallbrunn, 01. 01. 1982
Aerps. Teoh Phaik Khuan	*denevei*	*Aer. lawrenceae*	Teoh Eng Soon (Cheong Nam Kiong), 1968
Aerps. Trengganu	*Aer. odorata*	*serpentilingua*	O. Kirsch, 1970
Arnps. Adrian Cheok	*serpentilingua*	*Arch. hookeriana*	Raymond Cheok (S'pore Bot. Gdns), 1962
Arnps. Lee Siew Chin	*Arach. hookeriana*	*denevei*	Lee Kim Hong, 1953
Ascps. Diminutive	*denevei*	*Asctm. miniatum*	H. Wallbrunn, 1984
Ascps. Memoria Maurice Wallbrunn	*denevei*	*Asctm. curvifolium*	H. Wallbrunn, 1982
Ascps. Orange Sparkler	*serpentilingua*	*Asctm. miniatum*	H. Wallbrunn, 1984
Lnps. Soetan Mahmod Latif	*Lsa. teretifolia*	*laycockii*	A. Kolopaking, 1973
Rnthps. Firefly	*Ren. storiei*	*denevei*	Woodlawn, 1953
Rnthps. Heng Yee	*Ren. matutina*	*serpentilingua*	K. F. Yap, 1973
Rnthps. Margaret	*denevei*	*Ren. philippinense*	Singapore Bot. Gdns., 1973
Rnthps. Mildred Jameson	*Ren. monachica*	*stuartiana*	Ft. Caroline (H. Wallbrunn), 01. 12. 1969

Rnthps. Oriole	*Ren. imschootiana*	*denevei*	R. Griesbach (O/U), 1985
Rnthps. Osceola	*Ren. monachica*	*denevei*	Jones & Scully, 1971
Rnthps. Steven Lim	*serpentilingua*	*Ren. philippinensis*	Koh Keng Hoe, 1975
Rnthps. Yee Peng	*serpentilingua*	*Ren. storiei*	Edith Chun (How Yee Peng), 1966
Trnps. Das	*Trgl. brachiata*	*serpentilingua*	Das (J. Redlinger), 1976
Vdnps. Amoena	*denevei*	*V. hookeriana*	L. Tiggelovend, 1940
Vdnps. Bogoriana	*denevei*	*V. coerulea*	L. Tiggelovend, 1939
Vdnps. Charlotte de Neve	*denevei*	*V. luzonica*	van Brero, 1940
Vdnps. Darling	V. dearei	laycock	Singapore Orch., 1993
Vdnps. Datuk Seah Tee-Sui	*laycockii*	*V. gibbsiae*	Tham Chee Keong, 1989
Vdnps. Emily Yong	*V. lamellata*	*serpentilingua*	Yong Swee Kee, 1963
Vdnps. Frail Fancy	*serpentilingua*	*V. coerulea*	Singapore Orch., 1971
Vdnps. Genevieve Tan	*V. tesselata*	*denevei*	Thong, 1970
Vdnps. Helene Tan	*V. tricolor*	*serpentilingua*	Gaw Synn Ghee, 1967
Vdnps. Jawaii	*denevei*	*V. sanderiana*	F. Atherton, 1938
Vdnps. Judith Macdougal	*V. lamellata*	*denevei*	Gracia Lewis, 1964
Vdnps. Maragreg Moore	*V. stangeana*	*denevei*	Maj, 1983
Vdnps. Mecca's Candy	*laycockii*	*V. teres*	J. Lalli
Vdnps. Memoria Hugo Peiris	*V. suavis*	*parishii*	R. B. G. Peradeniya (Dr. J. W. L. Peiris), 1959 (R. Ciesinski), 19. 08. 1992
Vdnps. Moonbeam	*V. dearei*	*serpentilingua*	Singapore Orch., 1962
Vdnps. Ochreata	*denevei*	*V. insigne*	van Brero, 1941
Vdnps. Petite Beige	*V. concolor*	*denevei*	Woodlawn, 1954
Vdnps. Prosperitas	*V. dearei*	*denevei*	T. Hong, 1956
Vdnps. Quietude	*serpentilingua*	*V. tesselata*	Singapore Orch. (Gracia Lewis), 1972
Vdnps. Serpentinda	*serpentilingua*	*V. teres*	T. P. Tan, 1966
Vdnps. Suavei	*denevei*	*V. tricolor*	O. Kirsch, 1949
Vdnps. Superba	*denevei*	*V. teres*	L. Tiggelovend, 1940
Vdnps. Tiptoes	*serpentilingua*	*V. luzonica*	Singapore Orch., 1964

Die weißen Hybriden

Die Hybridisierung der Gattung hatte am Anfang das Ziel, Pflanzen mit möglichst großen, weißen Blüten in guter Haltung zu züchten. Zunächst kreuzte man verschiedene, besonders attraktive Klone der *Phal. amabilis* miteinander. Diese waren zum Teil als eigene Arten beschrieben worden, so daß man den entstandenen Hybriden auch eigene Namen gab. Daher wurde diese Species u. a. unter folgenden Namen kultiviert und hybridisiert:
Phal. rimestadiana, Phal. rosenstromii, Phal. grandiflora, Phal. gloriosa.

Zudem wurden die Hybriden auch unter verschiedenen Namen veröffentlicht, auch wenn die Eltern völlig identisch waren. So entspricht die *Phal.* Gilles Gratiot, 1920 von Gratiot gezüchtet, vollkommen der *Phal.* Eli-

Phalaenopsis Doris
Phal. Elisabethae × Phal. Katherine Siegwart

Phalaenopsis Conny
Phal. Fasching × Phal. Queen Emma

Phalaenopsis Naseweis 'Gerd'
Phal. Opaline × Phal. Schneewittchen

sabethae, die 1927 von Vacherot & Lecoufle vorgestellt wurde. Beide Hybriden stammten aus einer Kreuzung der *Phal. amabilis* mit der *Phal. rimestadiana.* Da letztere Species aber synonym zu *Phal. amabilis* ist, handelt es sich hierbei lediglich um eine Kreuzung verschiedener Klone der gleichen Art und nicht um eine Hybride. Verwirrender wird die Geschichte noch dadurch, daß mit diesen beiden vermeintlichen Hybriden weiter gekreuzt wurde. Dabei wurden neue Hybriden-Namen geprägt, auch wenn die Ergebnisse aus heutiger Sicht alles reine *Phal. amabilis* waren. Folgende „Kreuzungen" wurden so u. a. bis 1946 veröffentlicht:

Phal. Gilles Gratiot
× *Phal.* Elisabethae = *Phal.* Venustus; Vacherot & Lecoufle, 1933
× *Phal. rimestadiana* = *Phal.* Jeanne d'Arc; Vacherot & Lecoufle, 1931
× *Phal.* Jeanne d'Arc = *Phal.* La Canada; Orchid Research
× *Phal. amabilis* = *Phal.* Katherine Siegwert; Slotter 1932
× *Phal.* La Canada = *Phal.* Casablanca, Orchid Research, 1946
× *Phal.* Katherine Siegwert = *Phal.* San Marino; Orchid Research, 1946

Phal. Elisabethae
× *Phal. amabilis* = *Phal.* Jane L. Kingsbury; Pierson, 1939

Phalaenopsis Mont Sainte-Anne
Phal. Spitzberg × Phal. Winter Beauty

Phalaenopsis Hakalau Queen
Phal. Hakalau Wonder × Phal. Danny Lee

Phalaenopsis Gilles Gratiot
Phal. aphrodite × Phal. rimestadiana

Phalaenopsis Schneewittchen
Phal. Vallehigh × Phal. Alice Gloria

× *Phal.* Jeanne d'Arc = *Phal.* Mont Blanc; Vacherot & Lecoufle, 1939
× *Phal.* Katherine Siegwert = *Phal.* Doris; Duke Farms, 1940
× *Phal.* La Canada = *Phal.* Winged Victory; Orchid Research, 1946
× *Phal.* Venestus = *Phal.* Boulderi; Orchid Research, 1946

Phal. Katherine Siegwert
× *Phal. rimestadiana* = *Phal.* Florence Gunter; Gunter, 1941
× *Phal.* La Canada = *Phal.* Praha; Orchid Research, 1946

Phal. Jeanne d'Arc
× *Phal. amabilis* = *Phal.* Apparition; Vacherot & Lecoufle, 1935

Phal. Apparition
× *Phal.* Katherine Siegwart = *Phal.* Blizzard; Vacherot & Lecoufle, 1945
× *Phal.* Jeanne d'Arc = *Phal.* Orleans; Atherton, 1944

Alle diese vor 1945 entstandenen Kreuzungen entsprechen vollkommen der Ausgangsart, der *Phal. amabilis.* Man hatte aber durch ständige Selektion Pflanzen mit sehr großen, weißen Blüten mit herausragender Form erhalten. Eine Vielzahl der großen, weißen *Phalaenopsis*-Hybriden läßt sich so weitgehend nur auf *Phal. amabilis* zurückführen.

Besondere Bedeutung bei der Zucht hatte die Einkreuzung der tetraploiden *Phal. rimestadiana (Phal. amabilis)*. Gerade durch sie wurde der Grundstein zur Zucht der weißen, polyploiden Hochzuchthybriden für den Schnitt und die Topfkultur gelegt.

Der entscheidende Durchbruch zur Züchtung von Pflanzen mit großen Blüten von guter Substanz und Haltung wurde mit der *Phal.* Doris erreicht, einer Kreuzung der *Phal.* Elisabethae mit der *Phal.* Katherine Siegwart. Diese Kreuzung wurde 1940 von Duke Farms vorgestellt und wies einen leicht rosa Farbton auf. So war sie auch Ausgangspunkt der großen, rosa gefärbten Hybriden.

Durch Weiterkreuzung dieser außerordentlichen Hybride erzielte man weitere herausragende Kreuzungen. Am bemerkenswertesten war dabei die Kreuzung mit *Phal.* Winged Victory. Sie wurde 1950 von Ryerson unter dem Namen *Phal.* Grace Palm zur Registrierung angemeldet und hatte wohlgeformte Blüten von 12,5 cm Durchmesser mit guter Textur. Durch diesen Erfolg wurden die Züchter zu immer neuen weißen Hybriden angeregt. Neben der Größe der Blüte traten nun auch vermehrt weitere Ziele in den Vordergrund, wie z. B. eine Vielzahl der Blüten am Blütenstand und deren attraktive Verteilung.

So entstanden viele weitere herausragende Kreuzungen, wie z. B. *Phal.* Alice Gloria, *Phal.* Cast Iron Monarch, *Phal.* Elinor Shaffer, *Phal.* Gladys Read, *Phal.* Naseweis, *Phal.* Palm Beach, *Phal.* Papa Heide, *Phal.* Princess Grace, *Phal.* Wintermärchen.

Diese großblumigen, weißblütigen Hybriden waren auch Ausgangspunkt sowohl für die Zucht der rosa bis violett gefärbten Hybriden als auch der gestreiften und geaderten Kreuzungen.

Die rosa-violetten Hybriden

Zur Züchtung der rosa gefärbten Hybriden wurden besonders die *Phal. schilleriana* und *Phal. sanderiana* herangezogen. Dabei erlangte die größte Bedeutung die *Phal.* Reve Rose, eine Kreuzung aus *Phal.* Alger × *Phal. schilleriana* von 1932. Die *Phal.* Alger hatte *Phal. aphrodite* und *Phal. sanderiana* als Eltern.

Phalaenopsis Auteuil
Phal. Sourire × Phal. Mistinguett

Links oben: Phalaenopsis Carmela's Pixie
Phal. Terilyn Fujitake × Phal. Cassandra

Rechts oben: Phalaenopsis Hilo Lip
Phal. Hilo Beauty × Phal. Elaine Mishima

Links unten: Phalaenopsis Martina Wolff
Phal. Rubin Dreieich × Phal. Morgenrot

Rechts unten: Phalaenopsis Roter Franz
Phal. Line Renaud × Phal. Franz Glanz

Von großer Bedeutung waren zudem:
Phal. Fontainebleau, eine Kreuzung von Vacherot & Lecoufle 1930, aus *Phal. schilleriana* × *Phal.* Wiganiae (entspricht der Naturhybride *Phal.* × *schilleriano-stuartiana*)
Phal. Grand Conde, von Vacherot & Lecoufle von 1929 – *Phal. sanderiana* × *Phal. schilleriana.*

Aus der Kreuzung der *Phal.* Grand Conde mit der *Phal.* Alger entstand 1935 die *Phal.* Ninon. Diese Hybride wurde später mit der *Phal. schilleriana* gekreuzt und erbrachte 1943 die *Phal.* Marmouset.

So wurde Stufe für Stufe die rosa bis violette Einfärbung verstärkt und in der Vererbung stabilisiert. Manche der vielen Kreuzungen erbrachten anfänglich nur wenige Pflanzen mit gefärbten Blüten. Durch dauernde Selektion und Einkreuzung farbstabiler Einzelpflanzen oder Klone erzielte man über viele Jahrzehnte das Vererbungspotential, das die Grundlage für die Zucht der vielen violetten *Phalaenopsis*-Hybriden ist. Durch Einkreuzen der großen weißen bis rosa überhauchten Hybriden, wie z. B. der *Phal.* Doris, erzielte man zudem entscheidende Fortschritte bei der Größe und der festen Textur der Blüte.

Ein Höhepunkt in der Zucht war so die *Phal.* Zada 1958, eine Kreuzung aus *Phal.* San

Oben: Phalaenopsis Lemförde Classic Stripes
Phal. Fifi × Phal. Frisson

Oben: Phalaenopsis Roselynn Rumrill
Phal. Bella × Phal. Jessica McDonald

Unten links: Phalaenopsis Struber Frühling
Phal. Madella × Phal. Stadt Trier

Mitte rechts: Phalaenopsis Evelyn Weaver
Phal. Helen Miller × Phal. Spica

Unten rechts: Phalaenopsis Class President 'Wilson'
Phal. James Hausermann × Phal. Spica

Songer mit der *Phal.* Doris. Diese Kreuzung erbrachte eine Vielzahl intensiv gefärbter Pflanzen. Auch wenn noch viele der angezogenen Pflanzen nur relativ schwach gefärbte Blüten trugen, war diese Kreuzung nach entsprechender Selektion Ausgangspunkt für eine Vielzahl von intensiv gefärbten Hybriden, wie z. B. *Phal.* Malibu Pink, *Phal.* Denise Richardson, *Phal.* Barbara Beard.

In den folgenden 30 Jahren wurde die Zucht von intensiv rosa bis violett gefärbten Hybriden so weit fortentwickelt, daß sie zu einem selbstverständlichen Angebot durch die Orchideenfachbetriebe geworden sind. Sie zeichnen sich durch gut besetzte Blütenstände mit relativ großen Blüten bei guter Textur und guter Haltbarkeit aus.

Phalaenopsis Tosca
Phal. Sabine × Phal. Mouchette

Die gestreiften Hybriden

Ausgangspunkt der gestreiften Hybriden der Gattung *Phalaenopsis* war in erster Linie die *Phal. lindenii.* Sie zeigt in unterschiedlicher Intensität eine Streifung der Lippe und der anderen Blütenteile auf weißem Grund. Die Hybridisierung der *Phal. lindenii* wurde lange vernachlässigt, da man sich keine herausragenden Ergebnisse erwartete. So wurden bis 1960 nur 6 Kreuzungen zur Registrierung angemeldet.

Der große Umschwung ergab sich 1964 durch die Kreuzung von Hugo Freed mit der *Phal.* Pink Profusion. Die entstandene *Phal.* Peppermint zeigte zwar gegenüber der *Phal.* Profusion etwas verkleinerte Blüten, die aber eine intensive Zeichnung aufwiesen. Durch Weiterkreuzung mit großblütigen weißen oder rosa Hybriden erhielt man nach mehreren Zuchtgenerationen großblumige Hybriden mit fester Blütentextur und wunderschön, klar geaderten Blüten auf unterschiedlichem Hintergrund.

Sie werden heute in großer Stückzahl gezüchtet und im Blumen- und speziell im Orchideenfachhandel angeboten. Was vor 30 Jahren noch eine Sensation darstellte, ist heute schon zu einer Selbstverständlichkeit geworden.

Die gepunkteten Hybriden

Durch Einkreuzung weiterer Arten versuchte man in der Zucht das Farbspektrum der Hybriden zu erweitern. So wählte man gepunktete Arten, wie z. B. die *Phal. gigantea,* und erhoffte sich neben den geaderten Hybriden auch gepunktete oder gefleckte Blüten. Nach langen Zuchtversuchen erreichte man Spitzenhybriden, die auf weißem oder intensiv rosa Grund gleichmäßig durchgepunktet sind. Leider haben diese Kreuzungen zumeist keine großen Stückzahlen dieser besonders attraktiven Hybriden erbracht, so daß sie nur selten zu etwas höheren Preisen angeboten werden.

Phalaenopsis Elise de Valec
Phal. Raptigny × Phal. Mouchette

Die gelbgrundigen und reingelben Hybriden

Ausgangspunkt für die Zucht der gelbgrundigen Hybriden der Gattung *Phalaenopsis* waren die *Phal. mannii, Phal. lueddemanniana, Phal. sumatrana* und *Phal. fasciata.* Zwar ergaben die Kreuzungen eine Vielzahl verschiedener gelbgrundiger Blüten mit unterschiedlichsten Zeichnungen und Flecken, zumeist trugen die Blütenstände aber nur wenige nicht besonders große Blüten. Diese öffneten sich an den Infloreszenzen zumeist nacheinander, so daß sich die Blütezeit über das ganze Jahr erstreckte. Besonders herausragend war dabei die *Phal.* Golden Emperor, eine Kreuzung aus *Phal.* Snow Daffodil und *Phal.* Mambo. Sie bringt mittelgroße Blüten mit einer klaren gelben Färbung, die nicht verblaßt.

Das Ziel, große, reingelbe Hybriden zu züchten, erreichte man insbesondere durch die *Phal.* Deventeriana (Abb. Seite 44), eine Kreuzung aus *Phal. amabilis* und *Phal. amboinensis.* Zwar zeigte diese Hybride eine nur leicht gelbe Blüte, die Kreuzungen mit ihr brachten aber zumeist herausragende gelbe Hybriden. Besonders hervorzuheben ist dabei die *Phal.* Orchid World, eine Kreuzung mit der *Phal.* Malibu Imp. Sie hat intensiv gelbe Blüten mit einer roten Punktierung der Blütenblätter. Insbesondere besticht die feste Textur und Haltung der Blüte.

Phalaenopsis Rousserole
Phal. Cataracte × Phal. Frisson

Phalaenopsis Golden Buddah
Phal. Cher Ann × Phal. Spica

Phalaenopsis Sonnenfleck
Phal. Golden Amboin × Phal. Sonnentau

Intensiv gefärbte und bunte Hybriden

Auf verschiedenen Wegen versuchte man bei der Hybridisierung das Farbenspektrum zu erweitern. Besonders die *Phal. violacea* schien durch ihre intensiv violette Färbung die besten Voraussetzungen zu erfüllen. Aber auch die *Phal. pulchra, Phal. lueddemanniana* und *Phal. sumatrana* schienen geeignet, die Blütenfarben zu intensivieren.

Besonders hervorzuheben ist dabei eine Hybride, die wegweisend für die weitere Züchtung war, die *Phal.* Lueddeviolacea, eine Kreuzung zwischen *Phal. lueddemanniana* und *Phal. violacea.* Speziell bei der Verwendung der *Phal. pulchra,* die in der Hybridenregistrierung noch immer als *Phal. lueddemanniana* angesehen wird, zeigen sich intensiv violette Kreuzungen. Bei der Weiterkreuzung mit dieser Hybride ergaben sich herausragende Ergebnisse mit der *Phal.* George Vasquez und *Phal.* Malibu Imp.

Die intensive Färbung zeigt sich insbesondere auch bei der Weiterkreuzung der Hybriden der *Phal.* George Vasquez, wie z. B. mit der *Phal.* Tabasco Tex.

Die Züchtung dieser Art von Hybriden erfolgt über viele Pflanzen- und Menschengenerationen. Sie beinhalten oft Rückschläge und auch Erfolge. So erfolgte die Züchtung der *Phal.* Mahalo über 10 Generationen. Beteiligt waren dabei folgende Arten: *amboinensis* (2mal), *aphrodite* (2mal), *lueddemanniana* (2mal), *rimestadiana* (1mal), *sanderiana* (2mal), *schilleriana* (7mal), *stuartiana* (2mal) und *violacea* (1mal). Bedeutend langwieriger und aufwendiger war die Züchtung der *Phal.* Spirit House. Über 12 Generationen waren beteiligt: *amabilis* (26mal), *aphrodite* (21mal), *equestris* (4mal), *lueddemanniana* (2mal), *mariae* (1mal), *sanderiana* (8mal) und *violacea* (2mal). Zeitlich noch langwieriger gestaltete sich die Züchtung der *Phal.* Red Dream. Über 13 Generationen waren beteiligt: *amabilis* (20mal), *amboinensis* (2mal), *aphrodite* (11mal), *lueddemanniana* (2mal), *rimestadiana* (18mal), *san-*

◁ *Phalaenopsis Wössner Gold*
Phal. Deventeriana × Phal. Veronique Bert

Phalaenopsis Golden Emperor 'Sweet' FCC/AOS, SM/DOG
Phal. Snow Daffodill × Phal. Mambo

Phalaenopsis Orchid World 'Franzi'
Phal. Malibu Imp × Phal. Deventeriana

Phalaenopsis Spirit House
Phal. Golden Buddah × Phal. Bonita Roja

Phalaenopsis Mahalo
Phal. Penang × Phal. Malibu Hair

Phalaenopsis Red Dream
Phal. Dark Star × Phal. Tabasco Tex

Phalaenopsis Carnival Queen
Phal. Carnival × Phal. amboinensis

deriana (6mal), *schilleriana* (26mal), *stuartiana* (6mal) und *violacea* (4mal).

Diese langen züchterischen Wege lassen die Wiederholung dieser Kreuzung vom Anfang her kaum noch möglich erscheinen. Da aber die Zwischenstufen in Form von einzelnen Pflanzen dieser Hybriden noch in Kultur sind, besteht die Möglichkeit, diese Kreuzungen zu wiederholen.

Aber auch andere Wege der Hybridisierung zeigten sehr ansprechende Ergebnisse, die zur Erweiterung des Farbenspektrums einer Sammlung von *Phalaenopsis*-Hybriden sehr geeignet sind.

Die Gattung Doritis Lindl.

Gen. Spec. Orch. Pl. 178, 1833

Die Gattung *Doritis* wurde von der Gattung *Phalaenopsis* wegen des spornähnlichen Mentums (Kinn) abgespalten. Dieser relativ geringe Unterschied in der Blütengestaltung erscheint eigentlich zu belanglos zur Begründung einer eigenen Gattung. Deshalb wird diese Gattung auch von einigen Botanikern als zu *Phalaenopsis* gehörig angesehen. Zur Zeit wird jedoch mehrheitlich *Doritis* als eigenständige Gattung eingestuft.

Je nach Auffassung gehören zu dieser Gattung 1–3 Arten.

Doritis wurde besonders intensiv zur Hybridisierung mit *Phalaenopsis* verwendet, und es sind auch viele sogenannte *Doritaenopsis* im Angebot.

Die häufig kultivierte und als Kreuzungspartner verwendete *Doritis pulcherrima* soll ausführlicher behandelt werden.

Doritis pulcherrima Lindl.

Gen. Spec. Orch. Pl. 178, 1833

Synonyme:

Doritis pulchella: nur eine falsche Schreibwiese bei Sander Orchid Guide, Seite 373 f., 1927

Doritis buyssoniana Rchb. f.: Gard. Chron. ser. 3, 4: 295, 1888

Phalaenopsis antennifera Rchb. f.: Gard. Chron. ser. 2, 11: 398, 1879

Phalaenopsis buyssoniana Rchb. f.: Gard. Chron. ser. 3, 4: 295, 1888

Phalaenopsis esmeralda Rchb. f.: Gard. Chron. ser. 2, 2: 582, 1874

Phalaenopsis pulcherrima (Lindl.) J. J. Smith: Fedde Repert. 32, 366, 1933

Phalaenopsis regnieriana Rchb. f.: Gard. Chron. 2: 746, 1887

Pflanze: Kompakt wachsender Epiphyt mit einem Stamm von etwa 6 cm Höhe und mit 6–8 länglich-ovalen, steifen Blättern. Die Blätter sind bis zu 12 cm lang und etwa 3,5 cm breit. Die Pflanze hat die Eigenschaft, an der Basis Seitentriebe auszubilden, so daß sich in diesen Fällen nach einigen Jahren erfolgreicher Kultur große, mehrtriebige Pflanzen entwickeln können.

Blütenstand: Die in den Blattscheiden entspringende Infloreszenz wird bis zu 60 cm hoch, manchmal verzweigend, und trägt viele Einzelblüten, die sich nacheinander öffnen. Dabei sind immer mehrere Einzelblüten gleichzeitig geöffnet.

Blüten: Sie sind in der Regel karminrot bis violett gefärbt, mit Farbabstufungen bis weiß. Die Einzelblüte hat eine Gesamtgröße von 3–4 cm in Länge und Breite. Die Petalen und Sepalen klappen stark nach hinten und legen dabei die ca. 8 mm lange, nach vorn ragende Säule frei. Die dreilappige Lippe besticht besonders durch den intensiv gefärb-

Doritis pulcherrima

ten Mittellappen, der gefaltet spornartig nach vorn ragt.

Variation: Wegen ihres großen Verbreitungsgebietes weist diese Art eine große Variabilität in Blütenform und Färbung auf. Die auffälligsten Varietäten sind dabei:

var. *alba*, eine rein weiße Form.

var. *coerulea* mit kleinerem Wuchs und in der Regel kleineren Blüten mit tiefblauer Färbung der Lippe und bläulicher Färbung der Petalen und Sepalen.

var. *buyssoniana* wird von manchen Botanikern als eigene Art angesehen. Ursprünglich als Varietät mit kleineren Blüten beschrieben, wurde diese Bezeichnung später in den USA und auch in Europa für Pflanzen mit größeren Blüten verwendet, die besonders durch ihre starke Punktierung im unteren Teil der seitlichen Sepalen auffielen. Nach Sander im Orchid Guide sollen dies tetraploide Pflanzen gewesen sein.

Verwechslungsmöglichkeiten: Keine Verwechslungsmöglichkeiten mit Arten der Gattung *Phalaenopsis*.

Verbreitung: Burma, Vietnam, Thailand, Malaysia, Singapur, Sumatra.

Hinweise zur Kultur: *Doritis pulcherrima* wird wie alle Arten der Gattung *Phalaenopsis* kultiviert.

Blütezeit: August bis Dezember mit einer Blühdauer der Gesamtinfloreszenz von bis zu 5 Monaten.

Geschichte: John Lindley beschrieb 1833 diese Art in seinem Werk „Genera and Species of Orchidaceous Plants". Die der Beschreibung zugrunde liegende Pflanze war von Findlayson nahe Turon in Conchinchina gefunden worden und von Nathaniel Wallich in seinem Katalog mit der Nummer 7348 unter dem Namen *Doritis pulcherrima* angeboten worden (dieser Katalog wird bei mehreren Arten bisweilen als Ort der Erstbeschreibung angegeben; das aber ist nicht richtig). Sowohl H. G. Reichenbach als auch später J. J. Smith stuften diese Art unter verschiedenen Namen als *Phalaenopsis* sein, da sie nicht der Meinung waren, daß die Abweichung dieser Art durch ein spornähnliches Mentum die Begründung einer neuen Gattung rechtfertigen. Eindeutig stellte auch R. Holttum in seiner Arbeit „Orchids of Malaya", 3. Auflage 1964, diese Meinung dar. Die herrschende Meinung z. Z. ist aber, daß

Doritaenopsis nicht registriert
Dtps. Youthful × Phal. violacea

Doritaenopsis Malibu Queen
Doritaenopsis Mem. Clarence Schubert × Doritis pulcherrima

Hausermannara Lucie Hausermann
Doritaenopsis Mem. Clarence Schubert × Vandopsis parishii

Doritis von *Phalaenopsis* getrennt zu halten sei.

Namensgebung: Doritis = Beiname der Aphrodite, griechische Göttin der Liebe, evtl. auch Ableitung von dory gr. = Spieß, wegen der Form der Lippe; antennifera = lat. fühlertragend; buyssoniana = nach Comte F. de Buysson, einem belgischen Orchideenzüchter, esmeralda = lat. samaragdgrün wegen der Blattfärbung, pulchella = lat. schön, pulcherrima = lat. sehr schön, regnieriana = Regnier, Sammler der Art.

Hybriden: Mit *Doritis pulcherrima* wurden viele Mehrgattungshybriden erzeugt, die wegen ihrer farbintensiven Blüten, der Blühwilligkeit und langen Blühdauer für den Orchideenfreund von besonderem Interesse sind. Für den Gartenbau sind diese Hybriden von geringerem Interesse, da sie zumeist Sommerblüher sind.

Zweigattungshybriden:
Doritis × Aerides = Aeriditis
× Ascocentrum = Doricentrum
× Ascoglossum = Doriglossum
× Gastrochilus = Gastritis
× Kingiella = Doriella
× Luisia = Dorisia
× Neofinetia = Dorifinetia
× Phalaenopsis = Doritaenopsis
× Pelatantheria = Pelatoritis
× Renanthera = Dorthera
× Rhynchostylis = Doristylis
× Vanda = Vandoritis
× Vandopsis = Dorandopsis

Mehrgattungshybriden:
Doritis × Aerides × Phalaenopsis = Nakagawaara
× Ascocentrum × Kingidiella = Hugufreedara
× Ascocentrum × Phalaenopsis = Beardeara
× Ascocentrum × Phalaenopsis × Renanthera × Vanda = Paulara
× Ascocentrum × Phalaenopsis × Vanda = Vandewegheara
× Ascocentrum × Vanda = Ascovandoritis
× Gastrochilus × Phalaenopsis = Lichtara
× Kingiella × Phalaenopsis = Doriellaopsis
× Kingiella × Phalaenopsis × Renanthera = Roseara
× Luisia × Phalaenopsis = Trautara
× Phalaenopsis × Renanthera = Owensara
× Phalaenopsis × Rhynchostylis = Rhyndoropsis
× Phalaenopsis × Sarcochilus = Sladeara
× Phalaenopsis × Vanda = Hagerara
× Phalaenopsis × Vandopsis = Hausermannara
× Rhynchostylis × Vandopsis = Glanzara

Kurzbeschreibung weiterer Gattungen, die mit Phalaenopsis gekreuzt wurden

Aerides Lour. 1790

Epiphyten mit zum Teil recht großen, zweizeilig beblätterten Stämmen; Blätter ledrig, riemenförmig, steif; Blütenstände waagerecht abstehend, hängend und zumeist dicht mit Blüten besetzt. Meist gleichgestaltete Petalen und Sepalen; Lippe dreilappig, am Säulenfuß angewachsen; Vorderlappen ausgebreitet mit aufgewölbten Seitenrändern; Seitenlappen aufrecht stehend; Sporn in der Regel füllhornartig geformt und mit seiner stumpfen Spitze nach vorn gekrümmt.

Namensgebung: aer = gr. Luft, eides = gr. ähnlich, Aerides = luftähnlich, frei übersetzt „Kinder der Luft", in Anspielung auf die epiphytische Lebensweise der Pflanzen oder wegen der hängenden, ansehnlichen, vielblütigen Blütenstände.

Umfang: Etwa 20 Arten.

Beispiele: *Aerides multiflorum, Aerides odoratum, Aerides fieldingii.*

Verbreitung: Südostasien, Indonesien und Philippinen.

Mehrgattungshybriden mit der Gattung *Phalaenopsis*:
Aerides × *Phalaenopsis* = *Aeridopsis,* 1938
– × *Phalaenopsis* × *Vanda* = *Phalaerianda,* 1951
– × *Phalaenopsis* × *Arachnis* = *Parnataara,* 1980
– × *Phalaenopsis* × *Doritis* = *Nakagawaara,* 1980
– × *Phalaenopsis* × *Ascocentrum* × *Vanda* = *Isaoara,* 1981

Vor kurzem wurde eine Registrierung mit *Aerides japonicum* vorgenommen. Diese Art stellt eine eigene Gattung namens *Sedirea* dar, die aber bei der Registrierstelle nicht berücksichtigt wird.

Arachnis Bl. 1825

Terrestrische bis epiphytische Planzen mit sehr langen, teils verzweigten Stämmen; Blütenstände steif, teils verzweigt mit zumeist attraktiven, duftenden Blüten; Sepalen und Petalen sehr ähnlich, abstehend, schmal; Lippe dreilappig; Mittellappen fleischig mit einer erhabenen Mittelrippe und einem stumpfen, fleischigen Auswuchs unterhalb der Spitze; Seitenlappen aufgerichtet. Wenig in Liebhaberkultur, nur als Schnittblume von Bedeutung.

Namensgebung: Arachnis = Spinnenblume (arachne = gr. Spinne) wegen der Blütengestalt.

Umfang: 7 Arten.

Beispiel: *Arachnis flos-aeris.*

Verbreitung: Von Sikkim und Bhutan über Indonesien bis Hainan und West-Malaysia.

Mehrgattungshybriden mit der Gattung *Phalaenopsis*:
Arachnis × *Phalaenopsis* = *Arachnopsis,* 1941
– × *Phalaenopsis* × *Vanda* = *Trevorara,* 1962
– × *Phalaenopsis* × *Renanthera* = *Sappanara,* 1965
– × *Phalaenopsis* × *Vandopsis* = *Laycockara,* 1966
– × *Phalaenopsis* × *Renanthera* × *Vandopsis* = *Edeara,* 1976
– × *Phalaenopsis* × *Ascocentrum* × *Vanda* = *Bokchoonara,* 1977

– × *Phalaenopsis* × *Renanthera* × *Vanda* × *Vandopsis* = *Macekara*, 1990

Ascocentrum Schlechter 1913

Ziemlich einheitliche, recht kleinbleibende Pflanzen, zweizeilig beblättert, recht harte, fleischige, rinnige Blätter, mit reichblühender aufrechter Infloreszenz; Sepalen und Petalen einander recht ähnlich, Lippe dreiteilig mit kleinen, aufrecht stehenden Seitenlappen und rundlichem sackartigen Sporn.

Namensgebung: Ascos = gr. Sack, kentron = gr. Sporn, Ascocentrum = mit sackartigem Sporn.

Umfang: 5 Arten.

Beispiele: *Ascocentrum miniatum, Ascocentrum ampullaceum, Ascocentrum curvifolium.*

Verbreitung: Südostasien vom Himalaya und von Burma bis Java, Sulawesi und Philippinen.

Mehrgattungshybriden mit der Gattung *Phalaenopsis*:
Ascocentrum × *Phalaenopsis* = *Asconopsis*, 1968
– × *Phalaenopsis* × *Vanda* = *Devereuxara*, 1970
– × *Phalaenopsis* × *Doritis* = *Beardara*, 1970
– × *Phalaenopsis* × *Renanthera* × *Vanda* = *Stamariaara*, 1974
– × *Phalaenopsis* × *Doritis* × *Vanda* = *Vandewegheara*, 1975
– × *Phalaenopsis* × *Arachnis* × *Vanda* = *Bokchoonara*, 1977
– × *Phalaenopsis* × *Rhynchostylis* × *Vanda* = *Himoriara*, 1978
– × *Phalaenopsis* × *Vandopsis* = *Richardmizutaara* 1978
– × *Phalaenopsis* × *Aerides* × *Vanda* = *Isaoara*, 1981
– × *Phalaenopsis* × *Arachnis* × *Vanda* × *Vandopsis* = *Sutingara*, 1984
– × *Phalaenopsis* × *Renanthera* = *Sidranara*, 1986
– × *Phalaenopsis* × *Doritis* × *Renanthera* × *Vanda* = *Paulara*, 1986

Ascoglossum Schlechter 1913

Blätter zweizeilig, fleischig, steif, Blütenstand die Blätter überragend, verzweigt, vielblütig, Petalen und Sepalen einander ähnlich, meist zurückgeschlagen, Lippe dreilappig, einen ausgeprägten, am Ende etwas aufgeblasenen Sporn bildend, Mittellappen zungenförmig und nach unten gebogen.

Namensgebung: askos = gr. Schlauch, glossa = gr. Zunge, Ascoglossum = wegen des ausgeprägten, leicht aufgeblasenen Lippensporns.

Umfang: 2 Arten.

Beispiele: *Ascoglossum calopterum, Ascoglossum purpureum.*

Verbreitung: Neuguinea, Ambon.

Mehrgattungshybride mit der Gattung *Phalaenopsis*: *Ascoglossum* × *Phalaenopsis* × *Renanthera* = *Dresslerara*, 1983.

Cleisocentron Brühl 1926

Hängende, 30–90 cm lange Pflanze; zweizeilig beblättert, Blätter schmal, hart; Blütenstand aus der Blattachsel halb so lang wie Blätter mit 6–8 nicht allzu großen Blüten; Lippe besteht fast nur aus einem sackförmigen Sporn, der in halber Tiefe von einem Kallus an der Vorder- und Rückwand fast verschlossen ist.

Namensgebung: kleistos = gr. geschlossen, kentron = gr. Sporn, Cleisocentron = geschlossener Sporn, wegen der beiden Kalli im Sporn.

Umfang: 3 Arten.

Beispiel: *Cleisocentron trichromum.*

Verbreitung: Sikkim, Darjeeling, Bhutan, Malaya, Vietnam.

Mehrgattungshybride mit der Gattung *Phalaenopsis*: *Cleisocentron* × *Phalaenopsis* = *Cleisonopsis*, 1977.

Diplonopsis Rumrill Jewel
Diploprora uraiensis × Phal. Baguio

Diploprora Hook. f. 1890

Mittelgroße Epiphyten; Blätter sichelförmig; wenige, kleine Blüten; Sepalen und Petalen einander ähnlich; Lippe an der Basis mit der Säule verwachsen, dreiteilig, kahnförmig, an der Spitze gegabelt, Lippenplatte mit fleischigem Kallus, ohne Sack oder Sporn.

Namensgebung: diplous = gr. doppelt, prora = gr. Schiffsbug, Diploprora = Anspielung auf die gegabelte Lippenspitze der Typusart.

Umfang: 2–4 Arten.

Beispiele: *Diploprora championii, Diploprora truncata.*

Verbreitung: Indien, Sri Lanka, Burma, Thailand, China, Taiwan.

Mehrgattungshybride mit der Gattung *Phalaenopsis*: *Diploprora* × *Phalaenopsis* = *Diplonopsis,* 1977.

Eurychone Schlechter 1918

Kurzer Stamm; Blätter an der Spitze asymmetrisch eingeschnitten; bisweilen mehrere Blütenstände, hängend; wenige Blüten; Petalen und Sepalen einander ähnlich; Lippe groß, ausgebreitet tütenförmig, an der Basis in einen trichterförmigen Sporn übergehend, der am Ende etwas verdickt ist.

Namensgebung: Eurys = gr. breit, chonä = gr. Trichter, Eurychone = beschreibt die Form der Lippe.

Umfang: 2 Arten.

Beispiele: *Eurychone rothschildiana, Eurychone galeandrae.*

Verbreitung: Tropisches Afrika.

Mehrgattungshybride mit der Gattung *Phalaenopsis*: Es war schon sehr verwunderlich, als die erste (und bisher einzige) Hybride registriert wurde, da *Eurychone* nicht nur von einem ganz anderen Kontinent stammt, sondern auch zu einer ganz anderen Verwandtschaft, nämlich zu den *Aerangidinae,* gehört.
Eurychone × *Phalaenopsis* = *Eurynopsis,* 1977.

Gastrochilus D. Don 1825

Kurze Stämme; Blätter zweizeilig, derb, flach; Blütenstand recht kurz; Sepalen und Petalen einander ähnlich; hinterer Teil der Lippe sackförmig und mit der Säule verwachsen, Vorderteil der Lippe nach vorn weisend, schalenförmig

Namensgebung: gastär, gastros = gr. Bauch, cheilos = gr. Lippe, Gastrochilus = wegen des Lippensporns.

Umfang: 30–40 Arten.

Beispiele: *Gastrochilus dasypogon, Gastrochilus bellinus.*

Verbreitung: Von Indien über Thailand und China bis Japan und Philippinen.

Mehrgattungshybriden mit der Gattung *Phalaenopsis*:
Gastrochilus × *Doritis* = *Gastritis,* 1982
– × *Doritis* × *Phalaenopsis* = *Lichtara,* 1986.

Kingidium (Kingiella) Hunt 1970

Kingidium ist *Phalaenopsis* und *Doritis* sehr ähnlich. Diese Gattung unterscheidet sich von *Phalaenopsis* u. a. durch die 4 Pollinien, durch ein sackartiges Kinn, das gleiche Unterscheidungsmerkmal wie auch von *Doritis*. Von *Doritis* wiederum unterscheidet sie sich u. a. durch den kurzen Sporn.

Je nach Autor wird diese Gattung separat gehalten, zu *Doritis* gerechnet oder zu *Phalaenopsis* gezählt. Die Unterscheidungskriterien werden unterschiedlich gewichtet, deshalb erscheint der ganze Komplex sehr schwer verständlich und diffus. Selbst *Phalaenopsis stobartiana* (s. dort) wurde jüngst zu *Kingidium* überführt.

Bei der Registrierung von Hybriden wird noch immer der Name *Kingiella* Rolfe 1917 verwendet, taxonomisch muß aber der Name *Kingidium* genommen werden, da *Kingiella* schon früher für eine andere (Nicht-Orchideen-)Gattung verwendet wurde. Vgl. auch Rubrik „Beispiele".

Namensgebung: Benannt zu Ehren von Sir George King, 1840–1909, Mit-Autor des wichtigen Werkes „Die Orchideen von Sikkim-Himalaya" und anderer Werke.

Umfang: 2–10 Arten, je nach Interpretation.

Beispiele: Unstrittig sind *Kingidium taeniale* und *Kingidium deliciosum* (auch oft noch als *Kingidium decumbens* im Handel). Daneben werden auch häufig *Kingidium wightii* und *Kingidium philippinense* angeboten. Letztere Art wird bislang neben dem *Kingidium taeniale* als einzige Art dieser Gattung in der Hybridenregistrierung anerkannt.

Verbreitung: Von Sri Lanka und Indien über Thailand, China und Indonesien bis zu den Philippinen.

Mehrgattungshybriden mit der Gattung *Phalaenopsis*:
Kingiella × *Phalaenopsis* = *Phaliella*, 1970
– × *Phalaenopsis* × *Doritis* = *Doriellaopsis*, 1968
– × *Phalaenopsis* × *Doritis* × *Renanthera* = *Roseara*, 1979

Neofinetia Hu 1925

Epiphyt mit kurzem Stamm und zweizeilig angeordneten steifen Blättern, relativ kleinwüchsig, traubiger Blütenstand mit attraktiven, weißen, duftenden Blüten; Sepalen und Petalen sehr ähnlich, abstehend; Lippe aufrecht, undeutlich dreilappig mit einem fadenartigen, gekrümmten Sporn.

Namensgebung: Neofinetia = nach Achille Finet (1862–1913), einem Botaniker, der die Orchideen in Japan sowie China studierte.

Umfang: 1 Art.

Beispiel: *Neofinetia falcata*.

Verbreitung: China, Korea, Japan und auf den Ryu-Kyu-Inseln.

Mehrgattungshybride mit der Gattung *Phalaenopsis*: *Neofinetia* × *Phalaenopsis* = *Phalanetia*, 1964

Paraphalaenopsis Hawkes 1964

Paraphalaenopsis ist eine Abspaltung von *Phalaenopsis*. Die kleinen Pflanzen mit den großen Blüten unterscheiden sich von *Phalaenopsis* durch:
- verlängerte, stielrunde Blätter,
- Säulenfuß,
- Petalen durch eine Klaue dem Säulenfuß aufgesetzt,
- Lippenbasis mit einer Nektargrube hinter dem Kallus,
- Mittellappen ist Fortsetzung des Kallus an der Vereinigung der Seitenlappen,
- nicht mit *Phalaenopsis* kreuzbar!!!

Namensgebung: Die griechische Vorsilbe para soll in der Botanik eine Verwandtschaft oder eine Ähnlichkeit mit einer anderen Gattung zeigen.

Umfang: 4 Arten.

Beispiele: *Paraphalaenopsis denevei, Paraphalaenopsis laycockii, Paraphalaenopsis serpentilingua*.

Verbreitung: Alle Arten nur auf der Insel Borneo.

Mehrgattungshybriden mit *Phalaenopsis*: Bei der Hybridenregistrierung wird *Paraphalaenopsis* leider zu *Phalaenopsis* gezählt. Wir halten dies für ungerechtfertigt, ja sogar für falsch, denn beide Gattungen sind nicht miteinander kreuzbar. *Paraphalaenopsis* läßt sich aber sehr wohl mit anderen Gattungen kreuzen. Leider laufen dann diese Hybriden unter *„Phalaenopsis"*. Es wird hier darauf verzichtet, solche Kreuzungen aufzuzählen.

Renanthera Lour. 1790

Hochstämmige, monopodial wachsende Epiphyten mit zweizeilig angeordneten Blättern. Blütenstände rispig, oft sehr lang und vielblütig, attraktive, mittelgroße Blüten. Dorsales Sepalum und seitliche Sepalen einander ähnlich, recht klein, während die Petalen aus einer schmalen Basis fast überdimensional groß sind. Die Lippe ist klein und besitzt an der Basis einen sackartigen Sporn.

Namensgebung: ren = lat. Niere, anthera = gr. Staubgefäß, Renanthera = nach den nierenförmigen Pollinien dieser Gattung, was aber keineswegs ungewöhnlich ist.

Umfang: 15 Arten.

Beispiele: *Renanthera imschootiana, Renanthera monachica, Renanthera storiei.*

Verbreitung: Südostasien bis zu den Philippinen.

Mehrgattungshybriden mit der Gattung *Phalaenopsis*:
Renanthera × *Phalaenopsis* = *Renanthopsis*, 1931
- × *Phalaenopsis* × *Vanda* = *Moirara*, 1963
- × *Phalaenopsis* × *Arachnis* = *Sappanara*, 1963
- × *Phalaenopsis* × *Vandopsis* = *Ernestara*, 1968
- × *Phalaenopsis* × *Rhynchostylis* = *Lutherara*, 1973
- × *Phalaenopsis* × *Ascocentrum* × *Vanda* = *Stamariaara*, 1974
- × *Phalaenopsis* × *Arachnis* × *Vandopsis* = *Edeara*, 1976
- × *Phalaenopsis* × *Doritis* × *Kingidium* = *Roseara*, 1979
- × *Phalaenopsis* × *Doritis* = *Owensara*, 1980
- × *Phalaenopsis* × *Ascocentrum* × *Vanda* = *Stamariaara*, 1974

Rhynchostylis Bl. 1825

Relativ kurzer Sproß mit dicken Wurzeln; Blätter dick, linealisch und gerinnt; Blüten auffällig, wächsern, etwa 2 cm im Durchmesser, vielblütig; Petalen etwas schmaler als Sepalen; Lippe mit Säulenfuß verwachsen, sackartig ausgebuchtet oder mit nach hinten weisenden, seitlich abgeflachten Sporn.

Namensgebung: rhynchos = gr. Schnabel, stylos = gr. Säule, Rhynchostylis = wegen des vorgestreckten Rostellums an der Säulenspitze.

Umfang: Etwa 4 Arten.

Beispiele: *Rhynchostylis gigantea, Rhynchostylis retusa.*

Renanthopsis Zuma Canyon
Renanthera Brookie Chandler × Phal. stuartiana

Verbreitung: Indien bis Philippinen.

Mehrgattungshybriden mit der Gattung *Phalaenopsis*:
Rhynchostylis × *Phalaenopsis* = *Rhynchonopsis*, 1965
– × *Phalaenopsis* × *Doritis* = *Rhyndoropsis*, 1966
– × *Phalaenopsis* × *Renanthera* = *Luthercra*, 1973
– × *Phalaenopsis* × *Vanda* = *Yapara*, 1966
– × *Phalaenopsis* × *Vanda* × *Ascocentrum* = *Himoriara*, 1978

Sarconopsis Elanora
Sarcochilus Mavis × *Phal. Comtesse Bettina*

Sarcochilus R. Br. 1810

Kompakt wachsende Epi- und Lithophyten mit zweireihig angeordneten, ledrigen Blättern; Blütenstände zumeist stehend, traubig mit ansehnlichen, oft duftenden Blüten besetzt; Sepalen und Petalen ähnlich; Lippe dreilappig, mit oft dreigeteiltem, kleinen, fleischigen Mittellappen und großen aber meist schmalen Seitenlappen.

Namensgebung: sarx, sarkos = gr. Fleisch, cheilos = gr. Lippe, Sarcochilus = mit fleischiger Lippe.

Umfang: Etwa 12 Arten.

Beispiele: *Sarcochilus hartmannii, Sarcochilus fitzgeraldii.*

Verbreitung: Australien im Norden und Osten.

Mehrgattungshybriden mit der Gattung *Phalaenopsis*:
Sarcochilus × *Phalaenopsis* = *Sarconopsis*, 1971
– × *Phalaenopsis* × *Doritis* = *Sladeara*, 1982

Trichoglottis Bl. 1825

Lange, hängende oder kletternde, zweizeilig beblätterte Stämme; ein bis mehrblütig, Blüten fleischig, meist klein und wenig auffällig; Sepalen mit der Säule verwachsen; Lippe dreilappig, an der Basis sackförmig oder gespornt, Mittellappen dreilappig, im Sporn an der hinteren Wand unterhalb der Säule ein behaarter, zungenförmiger, hervortretender Auswuchs, Säulenfuß.

Namensgebung: thrix, trichos = gr. Haar, glotta = gr. Zunge, Trichoglottis = wegen der Haare auf der Lippe der Typusart *Trichoglottis retusa.*

Umfang: Etwa 60 Arten. Diese Gattung wurde noch nie monographisch bearbeitet, so daß eine Artabgrenzung recht schwierig ist.

Beispiele: *Trichoglottis retusa, Trichoglottis fasciata, Trichoglottis philippinensis.*

Verbreitung: Östliches Asien (Malaysia, Philippinen).

Mehrgattungshybride mit der Gattung *Phalaenopsis*: *Trichoglottis* × *Phalaenopsis* = *Trichonopsis*, 1976

Vanda W. Jones ex R. Br. 1820

Kleine bis sehr große Epiphyten mit monopodialen Stämmen und zweizeilig angeordneten, ledrigen Blättern; blattachselbürtige Infloreszenzen, locker bis traubig mit zum Teil vielen ansehnlichen Blüten besetzt. Sepalen und Petalen frei abstehend, sehr ähnlich; Lippe dreilappig; Mittellappen hervor-

Vandaenopsis Irene Mari
Vanda cristata × Phal. Dos Pueblos

stehend, Seitenlappen aufrecht; Sporn konisch, stumpf, innen nackt.

Namensgebung: Aus dem Sanskrit; damit waren *Vanda roxburghii* und ähnliche Pflanzen gemeint.

Umfang: Etwa 40–60 Arten.

Beispiele: *Vanda coerulea, Vanda coerulescens, Vanda tricolor.*

Verbreitung: Im tropischen Asien von Indien bis Südostasien, Indochina, Neuguinea, Australien, Phlippinen und Taiwan.

Mehrgattungshybriden mit der Gattung *Phalaenopsis*:
Einzelne Gruppen wie *Euante, Holcoglossum, Papilionanthe* und *Trudelia* werden in der Registrierung nicht als eigene Gattungen verwendet, sondern unter *Vanda* geführt.
Vanda × *Phalaenopsis* = *Vandaenopsis*, 1931
- × *Phalaenopsis* × *Aerides* = *Phalaerianda*, 1951
- × *Phalaenopsis* × *Arachnis* = *Trevorara*, 1963
- × *Phalaenopsis* × *Renanthera* = *Moirara*, 1963
- × *Phalaenopsis* × *Rhynchostylis* = *Yapara*, 1966
- × *Phalaenopsis* × *Ascocentrum* = *Devereuxara*, 1970
- × *Phalaenopsis* × *Doritis* = *Hagerara*, 1973
- × *Phalaenopsis* × *Ascocentrum* × *Renanthera* = *Stamariaara*, 1974
- × *Phalaenopsis* × *Ascocentrum* × *Doritis* = *Vandewegheara*, 1975
- × *Phalaenopsis* × *Arachnis* × *Ascocentrum* = *Bokchoonara*, 1977
- × *Phalaenopsis* × *Ascocentrum* × *Rhynchostylis* = *Himoriara*, 1978
- × *Phalaenopsis* × *Aerides* × *Ascocentrum* = *Isaoara*, 1981
- × *Phalaenopsis* × *Arachnis* × *Ascocentrum* × *Vandopsis* = *Sutingara*, 1984
- × *Phalaenopsis* × *Ascocentrum* × *Doritis* × *Renanthera* = *Paulara*, 1986

Vandopsis Pfitzer 1888

Monopodial wachsende Epiphyten mit kräftigem Stamm und zweizeilig angeordneten, fleischigen Blättern; Infloreszenz meist gebogen, vielblütig; Blüten auffallend, mit ähnlichen Petalen und Sepalen und dreilappiger Lippe; Mittellappen fleischig, mit einem Kiel versehen; Seitenlappen klein und durch eine fleischige über den Mittellappen brückenartig verlaufende Schnalle verbunden.

Namensgebung: Vandopsis = ähnlich der Gattung *Vanda.*

Umfang: Etwa 8 Arten.

Beispiele: *Vandopsis gigantea, Vandopsis lissochiloides, Vandopsis parishii.*

Verbreitung: Südostasien, Südchina, Philippinen und Neuguinea.

Mehrgattungshybriden mit der Gattung *Phalaenopsis*:
Vandopsis × *Phalaenopsis* = *Phalandopsis*, 1937
- × *Phalaenopsis* × *Arachnis* = *Laycockara*, 1966
- × *Phalaenopsis* × *Renanthera* = *Ernestara*, 1968
- × *Phalaenopsis* × *Doritis* = *Hausermannara*, 1974
- × *Phalaenopsis* × *Arachnis* × *Renanthera* = *Edeara*, 1976

- × *Phalaenopsis* × *Ascocentrum* = *Richardmizutaara,* 1978
- × *Phalaenopsis* × *Ascocentrum* × *Arachnis* × *Vanda* = *Sutingara,* 1984
- × *Phalaenopsis* × *Arachnis* × *Renanthera* × *Vanda* = *Macekara,* 1990

Phalandopsis Logo
Phalandopsis Milena Jost × *Phal. mannii*

Hybriden-Registrierung

1895 richtete die Firma Messrs. Sander & Sons ein System zur Registrierung der Orchideenhybriden ein. In den Jahren davor war bereits eine Vielzahl von Hybriden gezüchtet und in verschiedenen Zeitschriften oder Büchern veröffentlicht worden. Zum Teil wurden gleiche Kreuzungen unter mehr als 5 verschiedenen Namen veröffentlicht.

1906 erschien die erste Ausgabe der „Sander's List of Orchid Hybrids". Robert Allen Rolfe und Charles Chamberlain Hurst veröffentlichten 1909 ebenfalls eine Zusammenstellung aller bis dahin bekannt gewordenen Hybriden. Sie hatten dazu nahezu 60 verschiedene Zeitschriften und Bücher ausgewertet und die Ergebnisse in ihrem Buch übersichtlich dargestellt.

Es dauerte lange, bis das Durcheinander bei der Benennung der Orchideenhybriden überwunden werden konnte. Viele Einzelschritte waren dazu erforderlich.

So schlug 1918 F. K. Sander dem Chairman des Orchid Committee der Royal Horticultural Society vor, daß Hybriden mit den gleichen Eltern immer unter dem gleichen Namen registriert werden sollten. Dabei sollte es gleichgültig sein, welche Art der Pollenspender bzw. -empfänger sei. Leider wurde der Vorschlag nicht umgehend aufgenommen, so daß weiterhin unterschiedliche Namen für die gleiche Hybride gebraucht wurden.

Nachdem 1927 eine recht umfangreiche Liste aller Arten und Hybriden (450 Seiten) durch Sander veröffentlicht wurde, folgte 1946 die aktualisierte und korrigierte Sander's List, die bis heute ihre Gültigkeit behalten hat. Lediglich im taxonomischen Bereich wurden später einige Korrekturen vorgenommen.

Am 1. Januar 1961 wurde die offizielle Hybridenregistrierung durch die Royal Horticultural Society übernommen. Seitdem erscheinen in regelmäßiger Abfolge Listen der neuesten Hybriden, die beim Orchid Registrar angemeldet wurden. 1990 erfolgte die Umstellung auf Computer-Bearbeitung, so daß die Orchideenfreunde, die neue Hybriden anmelden wollen, schneller einen Bescheid erhalten. Zudem ist 1992 eine CD-ROM in den Handel gekommen, die eine Zusammenstellung aller Hybriden enthält und auf der auch Bilder verschiedener in den USA, Japan, Großbritannien und Deutschland bewerteter Klone von Arten und Hybriden zu finden sind.

Während bei der Orchideenregistrierung in der Anfangszeit noch Varietäten bzw. Farbformen, wie z. B. *alba,* bei der Registrierung berücksichtigt und auch veröffentlicht wurden, finden heute nur noch Arten oder Hybriden ohne Varietätsbezeichnung Eingang in die Registrierung.

Die Registrierung einer neuen Hybride erfordert heute die Einsendung eines ausgefüllten Anmeldungsformulars (siehe Abbildung) und eines Bildes der neuen Hybride und die Erstattung der Kosten in Höhe von $ 12.50, £ 7.50 (Sterling), DM 25.00 (Stand 1994). Der Orchid Registrar überprüft dann die Rechtmäßigkeit der Anmeldung, denn es könnte ja bereits ein anderer Züchter die gleiche Kreuzung angemeldet haben. Der Anmelder sollte zwei Namensvorschläge machen. Diese werden von der Registrierungsstelle daraufhin überprüft, ob sie bereits existieren oder einer anderen Hybride oder Naturform zu ähnlich sind. Der Anmelder erhält anschließend einen positiven oder negativen Bescheid. Im Falle der Ablehnung wird die Bearbeitungsgebühr nicht zurückerstattet. Bei einer möglichen Neuanmeldung

Payment must accompany the application / Die Bezahlung hat mit der Anmeldung zu erfolgen

I enclose cheque* / money order* for £ 7.50 / US$ 12.50
Ich füge einen Scheck* / Postanweisung* über £ 7.50 / US$ 12.50 bei
or / oder
debit £ 7.50 / Abbuchung £ 7.50
from my American Express* / Visa* / Access* / Mastercard* / Diners* credit card
von meiner American Express* / Visa* / Access* / Mastercard* / Diners* Kredit Karte

No.: / Nr.:

*delete those not applicable / *Bitte Nichtzutreffendes streichen

Application for Registration of an Orchid Hybrid
Antrag zur Registrierung einer Orchideen Hybride

Before filling in this form please consult the notes overleaf.
(Use block capitals or typescript)
Bevor Sie diesen Antrag ausfüllen, lesen Sie bitte die umseitigen Anmerkungen.
(Bitte in Druckbuchstaben oder Maschinenschrift)

Grex / Kreuzung

Genus / Gattung

Grex epithet (1st choice) / Kreuzungsname (1. Wahl)

Grex epithet (2nd choice) / Kreuzungsname (2. Wahl)

Two choices **must** be given / 2 Alternativen **müssen** angegeben werden

Parents / Eltern

Seed / Samen ♀ — **Pollen / Pollen ♂**

Genus: / Gattung: — Genus: / Gattung:

Epithet: / Bezeichnung: — Epithet: / Bezeichnung:

Specific or Grex Epithet / Spezifischer oder Kreuzungsname — Specific or Grex Epithet / Spezifischer oder Kreuzungsname

Epithet: / Bezeichnung: — Epithet: / Bezeichnung:

Varietal or Cultivar Epithet (optional) / Varietät oder Kultivar-Name (freigestellt) — Varietal or Cultivar Epithet (optional) / Varietät oder Kultivar-Name (freigestellt)

Applicant / Antragsteller

Title: / Titel: — Forenames: / Vorname:

Surname or trading name: / Nachname oder Firmenname:

Address: / Anschrift:

Postcode: / Postleitzahl: — Country: / Land:

Date of making cross (ie. pollination): / Datum der Kreuzung (der Pollenübertragung): — Date of first flowering: / Datum der ersten Blüte:

Brief description of first flowers / **Kurzbeschreibung** der ersten Blüte(n):

I do / do not* authorise the disclosure of parental cultivar epithets
Ich genehmige / genehmige nicht* die Veröffentlichung der Kultivare

*delete as appropriate
*Nichtzutreffendes bitte streichen

Colour photograph enclosed? Yes / No*
Farbbild beigefügt? Ja / Nein*

*delete as appropriate
*Nichtzutreffendes bitte streichen

Applicant's declaration regarding the originator / Erklärung des Anmelders in bezug auf den Urheber

Either (1) I am the originator as defined in Note 5 overleaf
Entweder (1) Ich bin der Urheber gemäß Absatz 5 umseitig ☐
or (2) The originator is unknown to me as explained overleaf
oder (2) Der Urheber ist mir unbekannt, Erklärung umseitig ☐
or (3) The originator's name and address is:
oder (3) Der Name und die Adresse des Urhebers lauten:

and (a) has give permission for this application
und (a) hat seine Erlaubnis für die Anmeldung gegeben ☐
or (b) is no longer extant, has no living spouse and no assignee is known to me
und (b) oder er existiert nicht mehr, hat keine lebenden Verwandten (Gatten), und mir sind auch keine Rechtsnachfolger bekannt ☐
or (c) has not replied to any written request for permission as sent to him on
oder (c) hat auf keine schriftliche Anfrage für die Erlaubnis geantwortet ☐
(date – over 3 months ago) / (Datum – vor mehr als 3 Monaten)

one Box above must be ticked — eins der obigen Kästchen muß angekreuzt sein

Signature of Applicant / Unterschrift des Anmelders .... Date / Datum ....

No Application can be accepted unless all the declarations above are completed / Nur wenn alle Erklärungen vollständig sind, wird die Anmeldung akzeptiert

unter einem anderen Namen muß die Gebühr erneut entrichtet werden.
Das Anmeldungsformular ist erhältlich bei der

Royal Horticultural Society,
The International Orchid Registrar
P. O. Box 1072
Frome
Somerset, BA 11 5 NY
England

oder bei der Geschäftsstelle der Deutschen Orchideen-Gesellschaft:

Deutsche Orchideen-Gesellschaft
z. H. Gerd Röllke
Von-Möller-Str. 25 c
33 649 Bielefeld

Die Hybridenlisten werden regelmäßig in der Britischen Orchideenzeitschrift „Orchid Review" veröffentlicht. Danach erfolgen Veröffentlichungen u. a. auch im „AOS Bulletin", „Die Orchidee" und im „Australian Orchid Review".

Orchideenbewertung

Die Orchideenbewertung hat die Aufgabe, überdurchschnittliche Pflanzen, sowohl reine Arten als auch Hybriden, durch Vergabe von Zertifikaten und Medaillen auszuzeichnen und zu dokumentieren. Damit kann zum einen die Fortentwicklung in der Zucht und Kultur der Orchideen dargestellt werden, zum anderen kann der Züchter wichtige Hinweise für die weitere Arbeit gewinnen. Er kann sich auf seinem Weg bestätigt fühlen oder aber er muß merken, daß er sich in einer züchterischen Sackgasse befindet. Um letzteres zu verhindern und auch die Informationen über die weltweite Zucht und deren Einschätzung zu erhalten, ist auch die regelmäßige Veröffentlichung der Bewertungsergebnisse in Wort und Bild in den entsprechenden Orchideenzeitschriften unabdingbar.

Bewertungen werden einerseits bei Ausstellungen und andererseits bei eigenen Bewertungssitzungen von fast allen Orchideen-Gesellschaften durchgeführt.

Das Orchideen-Komitee der Royal Horticultural Society (Orchid Committee)

Das Orchideen-Komitee der Royal Horticultural Society besitzt die älteste und anerkannteste Bewertungseinrichtung der Welt. Die erste Auszeichnung vergab sie 1859.

Das Komitee tritt jeweils am ersten Tag aller RHS-Shows zusammen und vergibt Auszeichnungen für die Qualität und Kultur. Es empfielt auch Auszeichnungen für Gruppen von Orchideen, die während des Jahres bei der Gesellschaft ausgestellt worden sind. Diese Auszeichnungen werden dann an das RHS-Council zur Bestätigung geschickt.

Seit 1879 wird die Bewertung durch farbige Zeichnungen aller ausgezeichneten Pflanzen dokumentiert.

Das Orchideen-Komitee schlägt die Pflanze oder den Blütenstand für eine der folgenden Auszeichnungen vor:

First Class Certificate (FCC/RHS): 1858 für Orchideen von *großer Vortrefflichkeit* begründet.

Award of Merit (AM/RHS): 1888 für *auszeichnungswürdige* Orchideen eingerichtet.

Preliminary Commendations (PC/RHS): 1931 für *neue verheißungsvolle* Orchideen begründet.

Certificate of Cultural Commendation (CCC/RHS): Diese Auszeichnung wurde 1872 begründet. Sie wird an die Züchter vergeben, deren Ausstellungsstück den Beweis für ihre *Kulturfertigkeiten* erbracht hat.

Das Orchideen-Komitee muß mit einer 3 : 1-Mehrheit dafür stimmen, daß eine Pflanze oder ein Blütenstand ein FCC/RHS erhält. Alle anderen Auszeichnungen erfordern eine 2 : 1-Mehrheit.

Alle Ausstellungspflanzen müssen mit einem Anmeldungsformular eine Stunde vor Beginn des Bewertungstreffens beim Sekretariat abgegeben werden. Alle ausgezeichneten Pflanzen werden durch die RHS fotografiert; eine Blüte wird an einen Künstler weitergegeben, der bis zur nächsten Sitzung eine Farbzeichnung angefertigt haben muß, die dort von den Wertungsrichtern gebilligt wird.

Bilder und Details über die Pflanzenbewertung werden regelmäßig in „The Orchid Review" dargestellt. Dort werden auch alle Termine bekannt gegeben, an denen sich das Orchideen-Komitee trifft.
(zitiert nach Bewertungsheft der RHS 1989)

Orchideenbewertung am Beispiel der Deutschen Orchideen-Gesellschaft e.V. (D.O.G.)

Tischbewertung

An der monatlich stattfindenden Tischbewertung der D.O.G. kann jeder Amateur oder Profi mit Pflanzen teilnehmen, von denen er glaubt, daß diese von ihrer Gestalt, Färbung, Größe oder anderen Gesichtspunkten über dem Durchschnitt liegen. Dies können eigene Züchtungen sein oder im Handel erworbene Naturformen oder Hybriden, aber auch Erstblüher, die weit über der Norm liegen. Die einzige Voraussetzung für die Teilnahme an diesen Bewertungen ist die Bezahlung eines geringen Unkostenbeitrags.

Die Bewertung findet in vier Klassen statt, **Botanische Art, Hybriden** (mindestens ein Elternteil muß eine botanische Art sein), **Blüten** (eine Kreuzung zwischen Hybriden) und **Kultur.** Fünf Bewertungsmerkmale werden von jedem Wertungsrichter einzeln ohne vorherige Diskussion jeweils mit 0–5 Punkten bewertet. Die Bewertungsklassen Botanische Art, Hybriden und Blüten haben vier Merkmale gemeinsam, nämlich **Größe, Form und Farbe der Blüten** und **spezifische Merkmale.** Dazu kommen bei der Botanischen Art der **Wert des Klons bzw. der Varietät,** bei Hybriden der **Wert des Klons** und bei Blüten die **Textur und Substanz der Blüten.**

In der Bewertungsklasse Kultur werden folgende Merkmale mit 0–5 Punkten bewertet: **Größe und Kultur der Pflanze, Zustand und Fülle der Blüten** und **spezifische Merkmale.** Für diese Bewertungsklasse muß die Pflanze von den Preisrichtern vorgeschlagen werden.

Je niedriger die Punktzahl je Merkmal ist, um so besser ist die Bewertung.

0 = vorzüglich	3 = befriedigend
1 = sehr gut	4 = ausreichend
2 = gut	5 = mangelhaft

Medaillenvorschläge ergeben sich bei folgenden Gesamtpunktergebnissen durch die einzelnen Preisrichter:

Goldmedaille	0, 1, 2 Punkte
Silbermedaille	3, 4, 5 Punkte
Bronzemedaille	6, 7, 8, 9 Punkte
Ohne Vorschlag	mehr als 10 Punkte

R = Richtzahl: Die Richtzahl zeigt deutlich, ob eine Pflanze nahe der unteren oder oberen Grenze dieser Medaille liegt. Als grobe Faustregel kann gelten:
Richtzahl 60–90 = Bronze
Richtzahl 20–50 = Silber
Richtzahl 0–20 = Gold
Grundsätzlich ist aber anzumerken, daß sich die Medaillen nicht aus den abgegebenen Punkten errechnen. Die vergebenen Zahlenwerte sind für den einzelnen Preisrichter eher eine verständliche Begründung seines Medaillenvorschlages. Die Prozentzahl der Medaillenvorschläge entscheidet allein über die Verleihung einer Medaille in Gold, Silber oder Bronze bei der Tischbewertung.

BM = Bronzemedaille: Falls die Pflanze 75% aller Vorschläge für eine der Medaillen auf sich vereinigen kann, erhält sie diese Medaille. 25% der anwesenden Richter können sich ruhig dagegen aussprechen, dies bleibt ohne Einfluß. Wenn die Pflanze also keine Medaille bekommt, haben weit mehr als 25% der Preisrichter keinen Medaillenvorschlag gemacht.

SM = Silbermedaille: Voraussetzung für diese Auszeichnung ist, daß sich 75% der votierenden Preisrichter für die Silbermedaille oder eine bessere Auszeichnung aussprechen müssen. Ein Vorschlag für eine Bronzemedaille ist in diesem Fall bereits als eine Stimme gegen Silber zu bewerten.

GM = Goldmedaille: 75% der anwesenden Preisrichter müssen sich für diese Auszeichnung aussprechen. Wer den kleinsten Fehler entdeckt und sich für eine Silber- oder Bronzemedaille ausspricht, stimmt also gegen diese hohe Auszeichnung. Damit übersteigt diese Medaille auch den Standard eines FCC (First Class Certificate).

(B) = Klasse Botanische Art: Hierunter fallen alle Naturformen, deren Blüten bewertet worden sind.

(H) = Klasse Hybriden: Unter dem Begriff Hybriden werden alle Kreuzungen bei der Bewertung zusammengefaßt, bei denen mindestens ein Elternteil eine reine Art ist.

(K) = Klasse Kulturzustand: Orchideen, die sich dem Bewertungsausschuß in einem außergewöhnlichen Kulturzustand präsentieren, werden auf Vorschlag auch in dieser Klasse bewertet. Diese Bewertungsklasse gibt Gelegenheit, die Kulturerfolge und das Können der einzelnen Mitglieder zu veranschaulichen.
BM/DOG – SM/DOG – GM/DOG [ohne Klammerangabe ()] = Klasse Blüten: In dieser Klasse werden fast ausschließlich hochhybridisierte Kreuzungen bewertet. Dabei würde es notfalls auch ausreichen, eine Einzelblüte oder eine Infloreszenz vorzustellen.

Alle Bewertungen werden mit dem Jahr ihrer Prämierung angegeben, da auch bei der Zucht und Kultur von Orchideen die Zeit nicht stehen bleibt. Die vollständige Medaillenangabe wäre also z. B.: SM (B) DOG 89 = Silbermedaille für eine Naturform im Jahr 1989.

Ausstellungsbewertung

In regelmäßigen Abständen veranstalten die regionalen Gruppen der Deutschen Orchideen-Gesellschaft Ausstellungen, auf denen der Blumenfreund die Vielfalt der Orchideen erleben kann. Diese Ausstellungen werden sowohl von Orchideenzüchtern oder -händlern und den Amateurgruppen gestaltet. Höhepunkt in jedem Jahr ist dabei der Kongreß der Deutschen Orchideen-Gesellschaft (D.O.G.) in jeweils wechselnden Orten mit einer großen Ausstellung von verschiedenen Händlern und Züchtern nicht nur aus Deutschland.

Auf diesen Veranstaltungen werden durch Preisrichter aus ganz Deutschland die einzelnen Ausstellungsstände nach Ausdruck, Gestaltung, Pflanzenvielfalt und -qualität beurteilt und mit Medaillen bedacht. Zudem werden die herausragenden Pflanzen dieser Ausstellung nach ähnlichen Gesichtspunkten wie bei der Tischbewertung einzeln beurteilt. Dabei können Bronze-, Silber- und Goldmedaillen vergeben werden, die aber durch den Zusatz **(A) = Klasse Ausstellung** gekennzeichnet sind.

Aus den Pflanzen, die mit einer Goldmedaille ausgezeichnet wurden, wird zum Abschluß der Bewertung der bzw. die Champions der Schau bestimmt. Damit könnte es vier Champions geben:
Amateure: beste Hybride
Amateure: beste Art
Gärtner: beste Hybride
Gärtner: beste Art

Die Auszeichnung wird durch den Zusatz **CH = Champion der Schau** gekennzeichnet.

Zusätzlich kann auf einer solchen Ausstellung eine besondere Leistung durch die Vergabe eines Ehrenpreises gewürdigt werden. Die Kennzeichnung ist in diesem Fall: **EP = Ehrenpreis.**

Auszeichnungen

Offizielle Abkürzungen der Auszeichnungen (international)

AD Award of Distinction
AM Award of Merit
AQ Award of Quality
BA Bronze Award
BC Botanical Certificate
BM Bronze Medal
BMC Bronze Medal Certificate
BRC Bronze Certificate
CBR Certificate of Botanical Recognition
CC Certificate of Cultural Commendation
CHM Certification of Horticultural Merit
CPC Certificate of Preliminary Commendation
FCC First Class Certificate
FCD First Class Diploma
GC Gold Certificate
GM Gold Medal
GMC Gold Medal Certificate
HCC Highly Commended Certificate
JC Judges' Commendation
PC Preliminary Commendation
RHC Rare Hybrid Certificate
SC Silver Certificate
SM Silver Medal
SMC Silver Medal Certificate
SMM Silver Medal of Merit

Offizielle Abkürzungen der Orchideen-Gesellschaften, die Auszeichnungen vergeben:

ACO	Asociación Costaricense de Orquideología (Orchideen-Gesellschaft von Costa Rica)
AEO	Asociación Ecuatoriana de Orquideología (Orchideen-Gesellschaft von Ekuador)
AGO	Asociación Guatemalteca de Orquideología (Orchideen-Gesellschaft von Guatemala)
AJOS	All Japan Orchid Society (Orchideen-Gesellschaft von Japan)
AMO	Asociación Mexicana de Orquideología (Orchideen-Gesellschaft von Mexiko)
AOC	Australian Orchid Council (Australische Orchideen-Vereinigung)
AOS	American Orchid Society (Amerikanische Orchideen-Gesellschaft)
CAOB	Coordenadoría das Associaçaes Orquidódilas do Brasil (Versammlung der Orchideen-Gesellschaften von Brasilien)
CFOS	Central Florida Orchid Society (Orchideen-Gesellschaft von Zentral-Florida)
CSA	Cymbidium Society of America (Cymbidium-Gesellschaft von Amerika)
DOG	Deutsche Orchideen-Gesellschaft
HOS	Honolulu Orchid Society (Orchideen-Gesellschaft von Honolulu)
KOS	Kenya Orchid Society (Orchideen-Gesellschaft von Kenia)
MNEOS	Manchester & North of England Orchid Society (Orchideen-Gesellschaft von Manchester und Nord-England)
MOS	Malayan Orchid Society (Orchideen-Gesellschaft von Malaya, siehe auch OSSEA)
NOOS	New Orleans Orchid Society (Orchideen-Gesellschaft von New Orleans)
NSW	Orchid Society of New South Wales (Orchideen-Gesellschaft von Neu-Süd-Wales, Australien)
NZOS	New Zealand Orchid Society (Orchideen-Gesellschaft von Neuseeland)
OCNZ	Orchid Council of New Zealand (Orchideen-Versammlung von Neuseeland)
OCSA	Orchid Club of South Australia (Orchideen-Verein von Süd-Australien)
ODC	Orchid Digest Society (Gesellschaft des Orchid Digest)
ÖDG	Österreichische Orchideen-Gesellschaft
OSGB	Orchid Society of Great Britain (Orchideen-Gesellschaft von Großbritannien)
OSROC	Orchid Society of the Republic of China (Taiwan) (Orchideen-Gesellschaft der Republik China, Taiwan)
OSSA	Orchid Society of South Africa (Orchideen-Gesellschaft von Südafrika)
OSSC	Orchid Society of Southern California (Orchideen-Gesellschaft von Süd-Kalifornien)
OSSEA	Orchid Society of South East Asia (formerly MOS) (Orchideen-Gesellschaft von Südost-Asien [ehemals MOS])
OST	Orchid Society of Thailand (Orchideen-Gesellschaft von Thailand)
OSWA	Orchid Society of Western Australia (Orchideen-Gesellschaft von West-Australien)
QOS	Queensland Orchid Society (Orchideen-Gesellschaft von Queensland, Australien)
RHS	Royal Horticultural Society, Great Britain (Königliche Gartenbau-Gesellschaft Großbritannien)
RHT	Royal Horticultural Society of Thailand (Königliche Gartenbau-Gesellschaft von Thailand)

SAOC South African Orchid Council (Orchideen-Versammlung von Süd-Afrika)

SEPOS Southeastern Pennsylvania Orchid Society (Orchideen-Gesellschaft von Südost-Pennsylvania)

SFO Société Francais d'Orchidophile (Französische Orchideen-Gesellschaft)

SIO Società Italiana Orchidea (Italienische Orchideen-Gesellschaft)

SOG Schweizerische Orchideen-Gesellschaft

STOCQ Sub-Tropical Orchid Council of Queensland (Subtropische Orchideen-Versammlung von Queensland, Australien)

SVCN Sociedad Venezolana de Ciencias Naturales (Venezuelanische Gesellschaft der Naturwissenschaften)

VKC V. K. C. Proefstation voor de Bloemisterij (Königliche Niederländische Gartenbau-Gesellschaft)

TASM Tasmanian Orchid Society (Orchideen-Gesellschaft von Tasmanien)

TOS Taiwan Orchid Society (Taiwanesische Orchideen-Gesellschaft)

TTOS Trinidad and Tobago Orchid Society (Orchideen-Gesellschaft von Trinidad und Tobago)

VIC Victorian Orchid Club, Australien

Verzeichnisse

Ausgewählte Literatur

Bechtel, H., Cribb, P., Launert, E.: Orchideen-Atlas. Verlag Eugen Ulmer, Stuttgart 1993, 3. Auflage.

Dressler, R. L.: Die Orchideen. Biologie und Systematik der Orchidaceae. Verlag Eugen Ulmer, Stuttgart 1987.

Freed, H.: New Horizons in Orchid Breeding. Day Printing Corp., Pomona 1979.

Gordon, B.: Culture of the *Phalaenopsis* Orchid. Laid-Back Publications, Rialto 1985.

Hsiang, R. C.: *Phalaenopsis* Superior Parentage. Orchid Society of the Republic of China, Tainan 1987.

Lin, W.-H., Chou, G.: *Phalaenopsis* Kingdom from Formosa. Asia Agri-Business Corp., Taipeh 1987.

Noble, M.: You can grow *Phalaenopsis* Orchids. Eigenverlag, Jaksonville 1991.

Pelz, H.-W.: Gedanken zur *Phalaenopsis*-Systematik. In: Orchideen (DDR) 14, 1, 7–14; 14, 2, 37–44, 1979.

Reichenbach, fil.: Eine neue *Phalaenopsis* (mit Revision der damals bekannten Arten). In: Hamburger Garten- und Blumenzeitung, 16, 114–117, 1860.

Richter, W., Röth, J.: Orchideen. Neumann Verlag, Radebeul 1993.

Rolfe, R. A.: A revision of the genus *Phalaenopsis*. In: Gardeners' Chronicle, n. s. 26, 168–170, 212–213, 276–277, 372, 1886.

Rolfe, R. A.: Notes on the genus *Phalaenopsis*. In: Orchid Review 13, 225–232, 1905.

Röllke, L.: Das praktische Orchideen-Buch. Verlag Eugen Ulmer, Stuttgart 1993.

Sander's List of Orchid Hybrids. Herausgegeben von der Royal Horticultural Society (Großbritannien), 7 Bände bis Stand 1990, monatliche Fortsetzung in der Zeitschrift „Orchid Review" und Nachdruck in „Die Orchidee" sowie anderen Zeitschriften.

Seidenfaden, G.: Orchid genera in Thailand XIV. Fifty-nine vandoid Genera. Opera Botanica 95, 1989.

Shim, P. S.: A new generic classification in the *Phalaenopsis*-complex. In: Malay. Nat. J. 36, 1–28, 1982.

Stein, B.: Stein's Orchideenbuch, 1892. Brücke Verlag Kurt Schumacher, Hildesheim, Reprint 1980.

Sweet, H.: The Genus *Phalaenopsis*. The Orchid Digest Inc., 1980 (wichtige Vorarbeiten zu diesem Buch erschienen in mehreren Fortsetzungen 1968/69 in American Orchid Society Bulletin und 1970–73 in Orchid Digest).

Sweet, H.: *Phalaenopsis* – A study of the importance of documentation. Tagungsberichte der 8. Welt-Orchideen-Konferenz, Frankfurt 1975, 217–220.

Wallbrunn, H.: The *Stauroglottis* (or confusing) group of *Phalaenopsis*. in: AOS Bull. 35, 12–19, 1966.

Wallbrunn, H.: A second look at the „Revision of the genus *Phalaenopsis*". In: AOS Bull. 40, 223–231, 1971.

Ferner sei die Zeitschrift „Die Orchidee" mit der beigehefteten „Kulturkartei" (Herausgeber: Deutsche Orchideen-Gesellschaft) erwähnt, in der in den letzten Jahren sehr viele Arten und Hybriden der Gattung *Phalaenopsis* dargestellt wurden.

Adressen von Orchideen-Gärtnern

Folgende Gärtner bieten *Phalaenopsis*-Naturformen und -Hybriden an, meist aus eigener Anzucht. Sie kümmern sich auch um den Anfänger und den einzelnen Interessenten für *Phalaenopsis*.

Cramer-Orchideen
Zum Steiner 9–13
83489 Berchtesgaden-Strub

Willi Elsner
Königsberger Str. 9
48493 Wattringen/Westf.

L. Gärtner
Flurstr. 2
30974 Wennigsen-Everstorf

Franz Glanz
Hauptstr. 23
83244 Unterwössen

Wilhelm Hennis
Gr. Venedig 4
31134 Hildesheim

Joachim Karge
Bahnhofstr. 24
21368 Dahlenburg

Orchideen-Kopf
Hindenburgstr. 18
94449 Deggendorf

Röllke Orchideenzucht
Floßweg 11
33758 Schloß Holte-Stukenbrock

Die Deutsche Orchideen-Gesellschaft

Für alle, die sich ernsthafter mit Orchideen beschäftigen wollen, empfiehlt sich sehr eine Mitgliedschaft in der Deutschen Orchideen-Gesellschaft (D.O.G.), von-Möller-Str. 25c, 33649 Bielefeld. Der Jahresbeitrag beträgt im Jahre 1995 DM 85,–. Im Beitrag eingeschlossen ist das zweimonatliche Vereinsorgan „Die Orchidee", eine der führenden Orchideen-Zeitschriften weltweit. Die Mitgliederzahl beträgt zur Zeit über 8000. Die D.O.G. hat viele Regional- bzw. Ortsgruppen, die sich regelmäßig treffen. Dort werden nicht nur interessante Vorträge gehalten, sondern man kümmert sich auch untereinander um die großen und kleinen Probleme unserer Liebhaberei. Auch können Pflanzen getauscht oder gekauft werden. Eine dieser Gruppen ist sicher auch in Ihrer Nähe. Adressen und Veranstaltungsprogramme werden laufend in „Die Orchidee" publiziert.

Glossar

Anthere = Staubbeutel, die Pollensäcke tragender Teil des Staubblattes.

Antherenkappe = Abdeckung der Antheren.

Assimilation = Aufbau körpereigener organischer Stoffe aus anorganischen Stoffen, insbesondere die Bildung von Stärke aus Kohlendioxid und Wasser mit Hilfe von Lichtenergie und Blattgrün (siehe auch Photosynthese).

asymbiotisch = Orchideensamen sind auf das Zusammenleben mit gewissen Pilzen angewiesen (Symbiose), um keimen und aufwachsen zu können. Die Züchter haben aber schon vor langem für die Kultur der meisten Arten Ersatzmedien gefunden, so daß es einer Symbiose nicht mehr bedarf.

Basionym = der Name, den eine Art als allerersten erhielt, auch wenn der Name später geändert werden mußte.

Braktee = Deckblatt; schuppenförmiges Blatt ohne Spreitenteil, das mit seiner Basis den Blütenstandsstiel umhüllt; in der Achsel zwischen Braktee und Blütenstandsstiel entstehen die Blüten oder Seitentriebe.

Chlorophyll = Blattgrün.

Columna siehe Säule.

cv. = Abkürzung für „cultivated variety" (siehe Kultivar).

diploid = doppelter Chromosomensatz; bei Orchideen üblich = 2n (siehe auch tetraploid).

dorsal = rückseitig, „das obere".

endemisch = auf ein bestimmtes geographisches Gebiet beschränkt.

Epichil = vorderer Teil der Lippe.

Epidermis = äußere Zellschicht.

epiphytisch = auf anderen Pflanzen wachsend; Epiphyten (Aufsitzer) sind keine Parasiten (Schmarotzer), sie sitzen lediglich auf anderen Pflanzen und ernähren sich selbständig.

Epithet = der zweite Teil eines botanischen Artnamens, nach dem Gattungsnamen stehend.

f. = lat. filius = Sohn, wird hinter den Namen eines Autors gesetzt, wenn auch dessen Vater schon wissenschaftliche Arbeiten schrieb.

fertil = fruchtbar, auch für keimfähig verwendet.

forma (f.) = niedrigste systematische Stufe unterhalb der Art; weicht in der Regel nur durch ein Merkmal von den übrigen Pflanzen der Art ab.

Grex = der zweite Teil des Namens einer Hybride.

Gynostemium = siehe Säule.

haploid = Bezeichnung für einen einfachen Chromosomensatz = n (siehe auch tetraploid).

Herbarbeleg = getrocknete und gepreßte, oder in spezielle Flüssigkeiten eingelegte Pflanze einer bestimmten Art oder niedrigeren Rangstufe. Bei der Neubeschreibung einer Art, Unterart (subspecies), Varietät oder Form muß unbedingt ein Herbarbeleg angelegt, bei einem international anerkannten Herbarium hinterlegt und in der Beschreibung zitiert werden.

hort. = lat. hortus (Garten), hortorum (der Gärtner) oder engl. horticultural; steht hinter einem Namen, der nur im Gartenbau geprägt wurde ohne wissenschaftliche Beschreibung. Der Name ist u. U. sehr geläufig, aber dennoch nicht zu verwenden.

Hybride = auch Bastard genannt; das Ergebnis einer Kreuzung zweier verschiedenartiger Eltern.

Hypochil = hinterer Teil der Lippe.

Infloreszenz = der gesamte Blütentrieb, Blütenstand.

in syn. = Angabe eines (neuen) Namens in der Synonymie.

Isthmus = Verengung.

Kallus = Schwiele, Wulst; verdickte oder höckerige Stelle in verschiedenen Formen auf der Lippe (Mehrzahl: Kalli).

Keiki siehe Kindel.

Kindel = neue Pflanzen, die bei *Phalaenopsis* am Blütentrieb entstehen, seltener auch aus den Wurzeln.

Klinandrium = Pollenschüssel; Hohlraum am Säulenende, in dem sich die Antheren befinden.

Klon = Gruppe von Einzelpflanzen, die durch vegetative Vermehrung einer Pflanze entstanden sind und die gleiche Erbmasse besitzen.

Kultivar = Abkürzung cv.; ein besonderer Name für eine einzelne, ganz bestimmte Pflanze. Wird für prämierte und in der Zucht eingesetzte Pflanzen verwendet. Dieser Name kann an die Nachkommen nur weitergegeben werden, wenn diese über Kindel, durch Teilung oder Meristemisierung vermehrt wurden.

Labellum siehe Lippe.

lateral = seitlich.

l. c. = Abkürzung von lat. loco citato = an schon erwähnter Stelle.

Lippe = besonderer Schauapparat bei den Orchideen. Manche Lippen sind dreigeteilt in die zwei Seitenlappen und den Mittellappen, der wiederum durch eine Einbuchtung nochmals geteilt sein kann. Die Lippe bzw. der Mittellappen ist unterteilt in den hinteren (Hypochil), mittleren (Mesochil) und vorderen Teil (Epichil).

lithophytisch = Pflanzen, die auf Felsen wachsen.

Lumen = Maßeinheit des Lichtstroms (lm): gleich der Lichtmenge, die eine Lichtquelle von der Lichtstärke 1 Candela pro Sekunde in die Raumwinkeleinheit ausstrahlt.

Lux = Maßeinheit für die Beleuchtungsstärke: Wenn 1 Lumen auf die Fläche von 1 m^2 fällt, so hat diese die Beleuchtungsstärke 1 Lux (lx).

Meristem = Vermehrung durch Gewebekultur; alle Nachkommen sehen gleich aus.

Mesochil = mittlerer Teil der Lippe.

monopodial = Die Pflanzen wachsen nicht in die Breite, sondern in die Höhe. Von einem Stamm aus entspringen abwechselnd nach links und rechts die Blätter.

Nodien = bei *Phalaenopsis* Vegetationspunkte am Blütentrieb, aus denen neue Blütentriebe oder auch neue Pflanzen (Kindel) entstehen können.

nom. = lat. nomen = Name, es wurde nur der Name geprägt ohne weitere Angaben.

nom. ill. = lat. nomen illegitimum = ungültiger Name.

nom. nud. = lat. nomen nudum = nackter Name. Es wurde zwar ein Name geprägt und auch einiges dazu geschrieben, aber eine gültige Beschreibung nach den botanischen Vorschriften fehlt.

Nomenklatur = Benennung der Pflanzen nach genau festgelegten Regeln.

n. r. = nicht registriert in den Hybridenlisten.

Petalen = die inneren Blätter der Blütenhülle (Kronblätter).

Photosynthese = physiologischer Prozeß, bei dem aus anorganischen Stoffen unter katalytischer Mitwirkung des Blattgrüns und unter Ausnutzung des Sonnenlichts organische Stoffe (Kohlenhydrate) aufgebaut werden. Wird auch als Assimilation im engeren Sinne bezeichnet.

Pollinien = Die Pollenkörner sind mehr oder weniger fest zu größeren Massen verklebt.

polyploid = mehrfacher Chromosomensatz (siehe auch tetraploid).

Pseudobulbe = „Scheinbulbe", fleischiges Speicherorgan.

Rhachis siehe Spindel.

Rostellum = Narbenlappen, der die Anthere von der Narbenfläche trennt.

rudimentär = zurückgebildet, schwach ausgebildet.

Sander = berühmte Orchideengärtnerei des letzten Jahrhunderts; begründete die Registrierung von Orchideen-Hybriden. Bis heute werden alle neuen Hybriden in die „Sander's Liste" eingetragen.

Säule = verwachsenes Organ der Blüte bei Orchideen, bestehend aus Stempel und Teilen der Staubblätter.

Schwiele siehe Kallus.

Sepalen = die äußeren Blätter der Blütenhülle (Kelchblätter).

Species = lat. Art.

Spindel = Hauptachse des Blütenstandes.

ssp., var., f. = taxonomische Rangstufen unterhalb der Art: **ssp.** für subspecies (Unterart), weicht durch 3–4 Merkmale von den übrigen Pflanzen der Art ab; **var.** für varietas (Varietät), siehe dort; **f.** für forma (Form), siehe dort.

Stipes = Stielchen an den Pollinien.

sukkulent = wasserspeichernd und dadurch Trockenheit vertragend.

sympodial = jedes Jahr wird waagrecht ein neues Sproßglied gebildet.

Synonym, Mehrzahl: Synonyma oder Synonyme = andere Namen, die für die gleiche Pflanzenart gegeben wurden.

Taxonomie = Wissenschaftszweig der Biologie (Zoologie und Botanik), der die Organismen benennt und aufgrund ihrer Verwandtschaftsverhältnisse zu (natürlichen) Gruppen vereinigt und in ein System einordnet.

Tepalen = die mehr oder weniger gleichartigen Blätter einer Blütenhülle; hier: die Blütenblätter insgesamt.

terrestrisch = Pflanzen, die „normal" in der Erde wachsen.

tetraploid = Die Anzahl der Chromosomen (Erbgut) wird mit n (haploid) angegeben. Orchideen haben normalerweise einen doppelten Chromosomensatz (diploid, 2n). Bisweilen wird dieser Chromosomensatz durch Röntgenstrahlen oder chemisch, z. B. durch Colchicinbehandlung, bei der Keimung künstlich nochmals verdoppelt, also vierfach (tetraploid, 4n). Meist sind diese Pflanzen kräftiger, häufig aber auch verkrüppelt und nicht mehr fruchtbar (infertil). Selten tauchen auch bei Hybriden tetraploide Pflanzen ohne künstliche Beeinflussung auf.

Typus = Durch Herbarbeleg (siehe dort) oder alte Zeichnung festgelegte Einzelpflanze, mit der alle anderen Pflanzen dieses Namens übereinstimmen müssen. Ferner die Beispiel-Art, nach der sich alle Arten der Gattung oder höheren Rangstufe richten.

var. = Varietät; systematische Rangstufe unterhalb der Art, sollte sich durch drei Merkmale von den übrigen Pflanzen der Art abgrenzen.

vegetativ = ungeschlechtlich.

Velamen = weiße bis silbrige Außenhaut der Wurzeln.

Viscidium = Klebkörper, dient zum Anheften der Pollinien an einen Bestäuber

× = Vor den 2. Teil des Namens einer Naturhybride wird ein × gesetzt, um eine Verwechslung mit sog. botanischen Arten zu vermeiden, z. B. *Phalaenopsis × intermedia.*

Weitere Erläuterungen: Bei den Hybridenlisten bedeutet der Eigenname nach dem Pflanzennamen die Person, die diese Kreuzung anmeldete. Sind Registrant und Züchter nicht identisch, so wird der Züchter in Klammer dahintergesetzt. Ist der Züchter unbekannt, wird dies mit (o/u) festgehalten.

Synonyme

Der Gattungsname *Phalaenopsis* wurde in dieser Liste weggelassen. Außer den Synonymen (gerade Schrift) sind zwecks vollständiger Übersicht auch die gültigen Artbezeichnungen (kursive Schrift) aufgeführt. Ein Sternchen * bei einem Namen bedeutet, daß die betreffende Art nur aus der Erstbeschreibung bekannt ist.

acutifolia = *sumatrana*
alboviolacea = *Kingidium deliciosum*
alcicornis = *sanderiana* var. *alba*
amabilis
ambigua = aphrodite
amboinensis
amethystina = *Kingidium deliciosum*
antennifera = *Doritis pulcherrima*
aphrodite
*appendiculata** = die Zugehörigkeit zu *Phalaenopsis* ist fraglich
babuyana = *aphrodite*
barrii = *tetraspis*
bastianii
bella = *Kingidium deliciosum* var. *bella*
boxallii = *manni*
braceana = *Kingidium braceanum*
brymeriana = × *intermedia*
buyssoniana = *Doritis pulcherrima*
celebica = *amabilis*
celebensis
cochlearis
corningiana
cornu-cervi
cruciata = *maculata*
cumingiana = *corningiana*
curnowiana = *schilleriana* var. *immaculata*
decumbens = *Kingidium deliciosum*
delicata = × *intermedia*
deliciosa = *Kingidium deliciosum*
deltonii = *bastianii*
denevei = *Paraphalaenopsis denevei*
denticulata = *pallens*
denisiana = *fuscata*
denticulata = *pallens*
devriesiana = *cornu-cervi*
diezii = × *intermedia*
equestris
erubescens = *aphrodite*
esmeralda = *Doritis pulcherrima*
fasciata
fimbriata
floresensis
forbesii = *viridis*
formosana = *aphrodite*
foerstermannii = *pallens*
fugax = *Pteroceras caligare* oder *pallidum*
fuscata
× *gersenii* = Naturhybride (*sumatrana* × *violacea*)
gertrudae = × *veitchiana*
gibbosa
gigantea
gloriosa = *amabilis*
grandiflora = *amabilis*
hainanensis = *stobartiana*
hebe Rchb.f. = *Kingidium deliciosum*
hieroglyphica
hombronii = *amboinensis*
*honghenensis** = jüngst beschriebene Art, die möglicherweise synonym zu *stobartiana* ist
imperati = *speciosa*
inscriptiosinensis
× intermedia = Hybride (*aphrodite* × *equestris*)
javanica
kimballiana = *reichenbachiana*
kunstleri
labukensis = *Paraphalaenopsis labukensis*
*lamelligera**
latisepala = *javanica*
laycockii = *Paraphalaenopsis laycockii*
× leucorrhoda = Hybride (*aphrodite* × *schilleriana*)
lindenii
listeri = *lobbii*
lobbii
lowii
lueddemanniana
luteola = *pantherina*
maculata
mannii
mariae
mariae var. alba = *pallens*
mastersii = *Doritis pulcherrima?*

micholitzii
minor = *wilsonii*
modesta
muscicola = *maculata*
*mysorensis** = möglicherweise ein *Kingidium*
ochracea = *lueddemanniana* var. *ochracea*
pallens
pantherina
parishii
paucivittata = *sumatrana* (var. *paucivittata)*
pleihary = *amabilis*
porteri = × *intermedia*
proboscidioides = *lowii*
psilantha = *amboinensis*
pulcherrima = *Doritis pulcherrima*
pulchra
regnieriana = *Doritis pulcherrima*
reichenbachiana
rimestadiana = *amabilis*
riteiwanensis = *equestris*
robinsonii
rosea = *equestris*
rothschildiana = × *leucorrhoda*
ruckeri = *Sarcochilus unguiculatus*
sanderiana
schilleriana
speciosa
stobartiana
stuartiana
sumatrana
sumatrana var. sanguinea = *corningiana*
taenialis = *Kingidium taeniale*
tetraspis
thalebanii
× *valentinii* = Naturhybride *(cornu-cervi* × *violacea)*
× *veitchiana* = Naturhybride *(equestris* × *schilleriana)*
venosa
Venus = Hybride *(lindenii* × *equestris)*
violacea
× virataii = Naturhybride *(equestris* × *schilleriana)*
viridis
wightii = *Kingidium wightii*
wilsonii
youngii = × *leucorrhoda*
zebrina = *sumatrana*

Bildquellen

Die weit überwiegende Zahl der Farbfotos stammt von den Autoren. Der übrige Teil wurde von Orchideen-Freunden, -Kultivateuren und -Fotografen zur Verfügung gestellt, denen für ihre Unterstützung herzlich gedankt sei: H. Fessel, M. Lecoufle (Frankreich), E. Lückel, E. Morell, Paifang Orchids (Taiwan), Parnata (Indonesien), H.-W. Pelz, L. Röllke, J. E. Rumrill (USA), W. T. Upton (Australien), L. Vincent (Schweiz), H. Wallbrunn (USA).

Die meisten Zeichnungen wurden von Frau K. Heß, die Karte Seite 14 von Herrn H. Flubacher (beide Stuttgart) nach Vorlagen und Angaben der Autoren angefertigt. Teilweise beruhen sie, sofern nicht im Text angegeben, auf folgenden Veröffentlichungen, die im Literaturverzeichnis dieses Buches zu finden sind: Bechtel/Cribb/Launert, Orchideen-Atlas: Seite 17; Richter/Röth, Orchideen: Seite 21, 35, 36; Sweet, The Genus Phalaenopsis: viele Lippenzeichnungen.

Register

Sternchen * verweisen auf Farbbilder, n. r. = nicht registriert.

Wenn Ihnen der Sinn nach mehr steht...

Einfach, klar und begeisternd bilderreich wird das ganze Grundwissen des Orchideengärtners geboten. Das Buch beruht auf jahrelangen praktischen Erfahrungen des Verfassers mit eigenen Kulturen sowie den Kenntnissen anderer Orchideengärtner und -liebhaber. Der Autor, der zu diesem Thema über 20 Vorträge gehalten hat, greift die häufigsten und wichtigsten Fragen auf und beantwortet sie. Auf botanische Fachausdrücke wurde weitgehend verzichtet, so daß auch der Laie ohne Nachschlagen lesen und lernen kann. Erstmals wurde in einem deutschsprachigen Werk umfassend auf das Thema 'Krankheiten und Schädlinge an Orchideen' eingegangen. Es ist eines der wenigen Bücher, das von einem ausgesprochenen Praktiker geschrieben wurde und zu dem auch andere erfolgreiche Orchideenkultivateure ihre Tips beisteuerten. Das vorliegende Buch ist das perfekte Bindeglied zwischen einfachen Anfängerbüchern und sehr anspruchsvollen Werken. Unentbehrlich für Anfänger, hilfreich für Fortgeschrittene.

Das praktische Orchideen-Buch. Lutz Röllke. 1993. 230 Seiten, 150 Farbfotos, 50 Zeichnungen. Pp. ISBN 3-8001-6505-8.

Die Schönheit einer Orchideenblüte ist etwas ganz Besonderes. Selten kann sich jemand der Faszination entziehen, die von den wundervollen Pflanzen dieser Familie ausgeht. Orchideenfreunde und -liebhaber erhalten mit diesem sehr praktisch angelegten Buch – einer Neubearbeitung des Titels „Orchideen pflegen, vermehren und züchten" aus dem Neumann Verlag – einen kundigen, ideenreichen Ratgeber, der alle Grundkenntnisse für eine erfolgreiche Orchideenpflege vermittelt. Aber auch Berufsgärtner finden so manchen nützlichen Hinweis. Ausgehend von den wichtigsten botanischen Kenntnissen werden Unterbringungsmöglichkeiten, Pflege, Pflanzstoffe und Hilfsmittel ebenso anschaulich erläutert wie die Methoden der Vermehrung und Züchtung von Orchideen. Der richtige Umgang mit ihnen ist durch detailreiche Fotos und Zeichnungen besonders gut und leicht nachzuvollziehen. Weitere Fotos und Zeichnungen zeigen, wie die Orchidee mit einigen gestalterischen Kniffen ihre ganze Pracht entfalten kann.

Orchideen. Dr. Walter Richter und Jürgen Röth. 1993. 160 Seiten, 32 Farbf, 204 Zeichn. Pp. ISBN 3-7402-0121-5. (Neumann Verlag, Radebeul).

Wie der Kenner weiß, macht die Orchideenkunde ständig rasche Fortschritte. Die dritte Auflage des großen Orchideenwerkes wurde deshalb stark überarbeitet: rund 140 Gattungen und doppelt so viele Arten sind hinzugekommen. Auch die Qualität aller Abbildungen wurde deutlich verbessert. Damit ist der Orchideen-Atlas jetzt wieder auf dem neuesten Stand. Der Hauptteil des Werkes enthält eine sorgfältig zusammengestellte, repräsentative Auswahl all jener Gattungen und Arten (ohne Hybriden), die bevorzugt in den Gewächshäusern der Orchideenfreunde und -gärtner gehalten werden. Von jeder kultivierten Gattung ist mindestens eine Art vertreten, auch einige, deren Kultur man künftig in Erwägung ziehen sollte. An erster Stelle der Beschreibungen stehen die botanischen Merkmale, die auch zur Unterscheidung nahe verwandter Orchideen wichtig sind. Darauf folgen Angaben zur Verbreitung und Geschichte und die wichtigsten Hinweise zur Kultur.

Orchideen-Atlas. Lexikon der Kulturorchideen. Prof. Dr. H. Bechtel, Dr. P. Cribb, Dr. E. Launert. 3., überarbeitete und erweiterte Auflage 1993. 590 Seiten, 864 Farbfotos, 212 Zeichnungen. Ln. ISBN 3-8001-6199-0.

Die vielfach bewährte, jetzt in 3. Auflage erscheinende „Orchideenkultur" erfuhr eine vollständige Überarbeitung und Erweiterung durch Einbeziehung neuer Interessengebiete: Vermehrung und Kultur heimischer Orchideen, biologische Schädlingsbekämpfung, Bedeutung der Artenschutzgesetze u. a. Das Schwergewicht des Buches liegt in der Vermittlung der durch wissenschaftliche Untersuchungen und praktische Erfahrungen gewonnenen Ergebnisse, welche die Kulturführung weitgehend beeinflußt haben. Ergänzend werden im Kapitel „Biologie der Orchideen" die Besonderheiten der Lebensweise und Ansprüche von Orchideen verschiedener Klimate ausführlich dargestellt, um damit weitere wichtige Hinweise für eine optimale Kultur zu geben.

Orchideenkultur. Botanische Grundlagen, Kulturverfahren, Pflanzenbeschreibungen. Dr. Gertrud Fast (Hrsg.), unter Mitarbeit von Dr. J. Coenraad Arends, Dr. Barbara Burr, Dr. Martin Hemer, Hans Koch, Kuno Krieger, Walter Vöth. 3., neubearbeitete und erweiterte Auflage 1995. Etwa 460 Seiten, 120 Farbfotos auf Tafeln, 120 Zeichnungen und sw-Fotos. Ln. m. SU. ISBN 3-8001-6451-5.